同人与门，坦荡包容

原文：同人于门，无咎。

释义：出门就能与他人和同，没有灾祸。

与人交往，没有门户之见；与下级交往，没有门第之见，这种交往不含杂私情，表现出一种公正与豁达。

释例：吴起是中国历史上的一位名将，既然身为名将，除了英勇善战以外，与士兵同甘共苦，在士兵中享有崇高威望，也是他成功的一个重要方面。吴起在军队中总是和下级士兵们同甘共苦，穿一样的衣服，吃一样的食物，睡觉时不铺席，行军时不愿乘车，自己备粮食，并且自动分担士兵的苦恼。

有一次，一位士兵在阵前因为生了肿瘤而痛苦不堪，吴起见状毫不犹豫地用口将其肿瘤内的脓汁吸出。那位士兵和在场的人都感动不已，后来，那位士兵的母亲听到了这个消息，忽然放声痛哭起来。旁边的人觉得很奇怪，就问她："你的儿子只不过是一个小小的士兵，却承蒙吴将军亲自将他身上的脓吸出来，你应该高兴才对，为什么反而伤心地哭泣呢？"那位母亲回答："先夫早年也是吴将军不弃，吸取他肿瘤里的脓，从此他跟随吴将军四处打仗，以此报答吴将军的大恩，最后终于死在战场上。如今吴将军又为我儿子吸出脓汁，这不是说明我儿子也将步他父亲的后尘吗？这叫我怎么不伤心呢？"

可见吴起的行为对士兵的影响多么大。与人相处如果能与其同甘苦共患难，处处为他人着想，难道还怕没有忠

诸葛亮伐魏，病死五丈原后，以度量大、能容人而著称的蒋琬升的任蜀国大将军。图为《三国志通俗演义》版画之孔明秋风五丈原

实于自己的朋友吗？

　　度量大的好处在于能化解矛盾，消融争端，从而做得成事。查字典，大度，气量宽宏能容人，豁达大度，大度包容。从这解释看，要大度，就得心特宽，心特大，能容人，能容事。

　　这解释还说明，大度是人的一种品格，品行。品格、品行这东西属于道德范畴，不是天生从娘肚子里带来的，而是后天经过磨炼逐步形成的。大度是一种人生智慧，是一种识见定力，是一种道德高境。一个心胸宽广能够包容的人，必然是一个大度的人。

　　大度，关乎人的德行，也关乎人的见识，有德识者方能有度量，德、识则靠不断学习、修养才能获得。有人问程颐："量可学否？"程颐回答："可，学进则识进，识进则量进。"夏元吉先生也曾结合自己的体验说：我年幼时，有人冒犯我，我没有不发怒的。长大后，开始是在神色上忍让，然后在心里克制忍耐，时间久了自然习惯绝不与人计较，何尝是不学就能有度量的。

　　1936年底，中共中央在延安开展了对张国焘长征途中阴谋分裂党、分裂红军的批判运动。由于这场运动出现了一些"左"的做法，激起了原红四方面军某些官兵的强烈不满。血气方刚的许世友第一个站了出来，并串联了一批原红四方面军的高中级指挥员，秘密商定重返大巴山打游击。事情泄露后，许世友、洪学智等三十余人一起被抓，投入大牢。

　　作为"反革命武装集团"的首犯，许世友受到了最严厉的惩罚。他被戴上手铐，上了脚镣；原本每天必喝的酒也给断了。

　　许世友是个性情刚烈的人，如今，冤屈加断酒，他怎受得了？许世友把这一切全部归咎到毛泽东身上，他当着看押人员的面大骂毛泽东。毛泽东得知此事后十分震惊。他了解到这起串联外逃事件并不是一次反叛行为，只是这些人对批张运动存在的扩大化倾向，把整个四方面军的官兵和张国焘一起当成批判对象而感到强烈不满，因此愤而反抗。

　　毛泽东知道，许世友是个打起仗来不怕死，喝起酒来不要命的人。此时给许世友断酒是十分失策的，他当即让警卫员给许世友送去两瓶茅台酒，并且亲自去看许世友。毛泽东没有料到，许世友并没有消减半点怨气，酒他喝了，却是边喝边骂，他甚至一步蹦上前要和毛泽东拼命，吓得卫士们赶紧把许世友用麻绳捆得结结实实。许世友仍冲着毛泽东破口大骂："我要有枪，今天就一枪崩了你！"毛泽东是领袖，但同样也有着平常人的喜怒哀乐。他的一片好心被许世友弄了个没趣，心中自然有气。因此，当有人提议杀掉许世友，以示惩戒时，他竟点了头。

命令下达后，毛泽东又有些心绪不宁了。当罗瑞卿向他报告，说许世友要求枪毙前再见毛泽东一面时，毛泽东未加思索地便答应了。没想到许世友坚持要带上他的手枪。毛泽东告诉罗瑞卿："把枪还给许世友，告诉他，还可以装上子弹。"

许世友听了以后惊呆了。眼前的事实，使他强烈地感受到了一位伟人的光明磊落、无所畏惧的胸怀……

很快，罗瑞卿便将许世友带进了毛泽东的窑洞。"许世友同志，你受委屈了。"毛泽东亲切地说道。听了这句话，许世友感动得泪花闪闪。他"咚"的一声双膝跪地，说道："毛主席，他们要缴我的枪，我不给，我把它交给你。能在死前见你一面，够了！我许世友只有一句话，姓许的不是反革命，王建安、詹才芳、洪学智、陈再道他们也都不是反革命！"

毛泽东双手将他扶起，动情地说道："四方面军的干部，都是党的干部、党的宝贝，不是他张国焘个人的干部。张国焘的错误应该由他自己负责，与你们这些同志没有关系。"

许世友哽咽道："毛主席，要早一点听到您这句话，我们就不会犯错误了。"

就这样，毛泽东以他伟人的大度和气魄，解救了许世友，解救了一批党和军队的栋梁之材。

三国蜀臣蒋琬在诸葛亮死后升为大将军，成了朝廷重臣。然而，蒋琬权大度量更大。部下杨戏性格狂傲粗疏，蒋琬和他商量事情，他常常不应不理。于是有人便在蒋琬面前陷害杨戏，说：杨戏对您真是太不尊敬了。蒋琬说：人心的不同，正像各人的面孔各异一样。表面上服从，背后又说反对的话，这是古人引以为戒的啊！要杨戏赞同我，这不是他的本性，要杨戏说反对我的话，又显示了我的错误，因此，他只好沉默，这可正是杨戏耿直的地方啊！位高权重的蒋琬竟能如此处事待人，足见他度量之大。

佛家有典故说：释迦牟尼佛功德圆满，有人却妒性大发，当面恶意中伤他。佛祖笑而不语，待那人骂完，佛问："假如有人送你东西，你不愿意要怎么办？"答："当然是归还了。"佛说："那就是了。"于是，那人羞惭而退。从某种意义上说，这个故事的喻意，不是在劝告人要像佛祖那样多些雅量么？

古今成大事业者，无不需要处理好各种人际关系。而在处理好人际关系的长期实践中，锻炼出一种大度容人的高贵品格。

有好的开始有助于成功

原文：乾元者，始而亨者也。

释义：在这里"元"与"亨"是连起来解释的，即原始的、完整的，整个是亨通的，而代表一个很好的开始。

释例：任何事情都是开头难，好的开始造就好的结果，这句话本是公元前8世纪希腊诗人海西奥德（Hesiodos）所说的，后来成为人人皆知的谚语。良好的开始，为成功打下了好的基础。

做任何事，总有个开始。开始时，有计划有目标，然后持之以恒地做下去，最后的成功将属于努力奋斗者。

"好的开始是成功的一半。"这是一句大家耳熟能详倒背如流的名言，它告诉我们做任何一件事都要有周全而完善的计划，拥有自己的理想与抱负，并努力实践，才会成功。

比如创业，创业者在寻找生财之道的时候，如何选准项目，避开陷阱，稳中求胜，必须三思而后行。项目本身一定要定位，也就是说要了解你的项目是干什么的，为哪些人服务。

时机也很重要。一个好项目，今年可能很好，过了今年也许就不好了，或者现在很好的项目，去年可能还不行。比如，五六年前就有朋友劝我开个数码冲印店，但当时数码相机很少，开个店消费群非常有限，如果搞个门面房慢慢撑着，到现在可能都赔完了。

所以，做一个项目还真要"天时地利人和"，要做通盘考虑。创业可以更好地实现自己的人生价值，但在时机不成熟的时候要走好人生的每一步。

凡事要一步一脚印，不疾不徐，不

好高骛远，一点一滴累积下来。

成功的路途非常遥远，也十分崎岖难行，必须有周密的计划，妥善的安排，如此迈步前进才能早日攀登成功的山巅，高唱胜利之歌。

如果给你一张报纸，然后重复这样的动作：对折，不停地对折。当你把这张报纸对折了51万次的时候，你猜所达到的厚度有多少？一个冰箱那么厚或者两层楼那么厚，这大概是你所能想到的最大值了吧？通过计算机的模拟，这个厚度接近于地球到太阳之间的距离。

没错，就是这样简简单单的动作，是不是让你感觉好似一个奇迹？为什么看似毫无分别的重复，会有这样惊人的结果呢？换句话说，这种貌似"突然"的成功，根基何在？

秋千所荡到的高度与每一次加力是分不开的，任何一次偷懒都会降低你的高度，所以动作虽然简单却依然要一丝不苟地"踏实"。

其实，这样的动作和事情我们每个人都会做，但又不屑于做，他们贯穿于整个日常生活，甚至你完成了这样的一个动作，自己都不记得。比如你每天都会把垃圾袋带出去扔掉，你会记得你用怎样的动作扔掉的吗？这也正像全世界都谈论"变化""创新"等等时髦的概念时，却把"踏实"给忘记了。"踏实"是每个人都能够做到的，可是你真正做到了新含义的"踏实"了吗？没有，所以你不是优秀的员工。

我们可以用比较形象的真实例子来说明"踏实"的巨大力量。在美西战争爆发以后，美国必须立即跟西班牙的反抗军首领加西亚取得联系，因为加西亚将军掌握着西班牙军队的各种情报。但是，美国军队只知道他在古巴丛林的山里，却没有人知道确切的地点，因此无法联络。然而，美国总统又要尽快地获得他的合作。一名叫作罗文的人被带到了总统的面前，送信的任务交给了这名年轻人。

一路上，罗文在牙买加遭遇过西班牙士兵的拦截，也在粗心大意的西属海军少尉眼皮底下溜过古巴海域，还在圣地亚哥参加了游击战，最后在巴亚莫河畔的瑞奥布伊把信交给了加西亚将军，因此罗文被奉为美国的英雄。

看过《致加西亚的信》的人也许会觉得罗文所做的事情一点也不需要超人的智能，只是一环扣一环地前进，因此认为把罗文塑造成英雄有点言过其实。但就是罗文的这种"一步一个脚印"，踏踏实实地把信送给加西亚，才使美国赢得了战争。踏实并不等于原地踏步、停滞不前，它需要的是有韧性而不失目标，时刻在前进，哪怕每一次都要前进很短的、不为人所瞩目的距离。然而"突然"的成功大多都来自于这些前进量微小而又不间断的"脚踏实地"。

身居优位，历练通达

原文： 拂经，居贞吉。不可涉大川。

释义： 违背颐养的正道，但是却能够安然地居于尊位，所以结果吉祥，只是尚不能处理极为艰险困难的事情，就像不能够涉过大河一样。

释例： 在职场中我们身为老板了，既要能够管理好部属，成为他们的领导者，又要精通其业务，成为这方面的专家，同时还要处理好公司与外界的关系，我们也确实还有很多困难的事要去处理。真可谓是身兼数职了。他们大多精明、干练、能力较强，这当然需要一定的天赋，但最主要还是来自后天的刻苦钻研，努力探讨。

当然，要做到各方面都具有较强的能力，是不大可能也是不大现实的，但有一点对于老板来说是必须要具备的，即沟通能力。因为在老板的日常工作中，无论是接洽业务、分配工作、制定计划，都需要这种能力。可以毫不夸张地说，沟通能力是老板必不可少的、极其重要的一种能力。

那么怎样才能提高自身的沟通能力呢？实践出真知，必然要从自己工作中的琐事做起。

首先要多听。听公司里高级职员关于业务工作的讨论，听部属对公司现状的评论，听其他公司同行介绍经验或是讲述教训，以及听与公司业务有关的专业讲座等等。

这里所谓的话，不是仅指听见而已，而是要用心去听，能从讲话者的长篇大论中抓重点，或是筛选出对自己有用的材料，然后判断、归纳，最后形成自己的新观点；或者从中汲取教训、获得经验。这样看来，"听"并不是一件容易的事情，一定要认真地听，并且要听"进去"，说不定从两名售货员的闲谈中，你会获得很重要的市场信息呢！

其次还要多读，读与听可以获得同样的效果，但是"听"比较被动，别人不说，你从何而听呢？相比之下，"读"的自主性就比较大了，但有的老板先生会说：我每天的工作都安排得很紧张，连吃饭都在谈工作，"读"即使是让人喜爱做的事，但无暇顾及。假如你是这样想的，那就大错特错了。能力的培养是长期的，不是靠一朝一夕就能完成的。的确，要从快节奏的商业活动中抽出整段的时间来读书、看杂志是不大可能的。

这里给你一个建议：不妨把要看的东西，比如一本书、一本杂志放在随身的公文包里，一有时间就拿出来读上一点，长期坚持下去，你就会感到能力倍增。当然，在读的同时，还要进行思考。如果采取走马观花的办法来读，那么即使你读得再多，也是毫无意义的。

"听"与"读"都是从外界输入东西，而"说"和"写"就是要向外界输出东西了。你必须把自己的想法整理成章，整理一个比较完善、系统的观点，然后介绍给别人，让别人能够正确地理解你的意思，同时还要注意搜集别人的反应，从中提炼出有用的东西，使自己的观点更加完善。

听、说、读、写是提高沟通能力的最有效有途径。作为老板要不断地学习，不断地充实自己，使自己成为一个名副其实卓越人士。

有思想更要有行动

原文：君子以成德为行，日可见之行也，潜之为言也，隐而未见，行而未成，是以君子弗用也。

释义：生活不是守株待兔的遐想，不是消极的自我研究，不是情绪化的虔敬神明，只有行动才能决定人生的价值。

释例：有思想没有构成行为，有好的理想，有好的计划，没有做出来，没有成果，对社会、国家没有贡献，尽管有很好的德性，仍不能算是成德，这可以作知行合一哲学的根本。

西奥多·瓦尔曾经这样说："现在商界的年轻人最要命的弱点，就是缺乏准备，缺乏实干精神和考虑周到的素养，空有一番进取心，不愿为之努力奋斗。"

有一种品质可以让一个年轻人实现自己的愿望，在芸芸众生中脱颖而出,这就是实干精神。而是否具备这种实干精神,常常因人而异。在失败者身上,往往蕴含着大量没有利用、没有开发的能力。为什么他们没有好好利用这些能力呢?他们中的许多人都理应获得成功,而不是仅仅在温饱线上挣扎。他们完全有机会做得更好,但是,为什么他们没有呢?

岳飞像。岳飞,字鹏举,宋朝抗金名将。《易经·比》卦说:疑中之疑。比之自内,不自失也。是说布下重重的疑阵后,能使来自敌内部的间谍归顺于我。南宋初期,宋高宗害怕金兵,不敢抵抗,朝中投降派得势,主战将领宗泽、岳飞、韩世忠等利用投降派极于讨好金兵,探听消息的心理,布下了重重疑阵,使金兵不敢轻易进犯

经常问问自己,我们是否在努力做好?我们是否充分利用了自己的机会?我们是进步了还是落后了?这些思考都是非常有益的。

奥利弗·霍尔姆斯说:"与我们行进的方向相比,处在哪个位置上倒是一个次要问题。"那么,我们究竟在向哪一个方向行进呢?

有千千万万的人拥有伟大的雄心、宏大的志向,他们也决定要实现这些理想,但是他们又因为疑虑困惑而停滞不前,甚至不肯迈出一小步。他们一直在等待着,不敢前进,就像有魔鬼守在门口一样。他们常常不愿意全力以赴,更不用说完全切断自己的退路了。

在我们的人生当中,我们期望自己的成功,就要为自己创造一个可进可退的人际宽松环境,这则是最好的处世之道。环境宽松了,我们的工作开展起来就显得游刃有余了,成功也不会离我们太遥远了。

依据《说岳全传》作者的见解,宋、金战争的真正起因在于:宋朝徽宗皇帝在祭天时,误将"玉皇大帝"的"玉"字上的一点,点到了"大"字上,结果写成了"王皇犬帝"。这惹得

天界的玉皇大帝龙颜震怒，于是派遣赤须龙下凡投胎金国皇室，让他长大后带兵扰乱宋室江山，以讨宋皇不恭之罪。

因此，赤须龙就是金邦元帅兀术的原身。至于宋方的主将岳飞，小说介绍他的"真身"乃雄踞如来佛头顶的大鹏金翅鸟。它之所以下凡，是因为有一日释迦牟尼聚众讲学，内有一听众乃女土蝠，忍不住放了一个屁，大鹏金翅鸟怒其不洁，展双翅飞下将她啄死。于是，佛祖将金翅鸟罚下红尘偿还冤债，规定它的任务是"保全宋室江山，以满一十八帝数"。

由此可见，岳飞是戴罪立功，这决定了他在凡间不可避免的悲剧命运。关于宋朝的权奸秦桧，小说指称他原为伪装人形的"蛟精"，因其真面目被大鹏金翅鸟在下凡投胎的途中识破，并被啄瞎了左眼；于是他怀恨投胎，长大后任宋朝宰相，千方百计将岳飞害死以报当年被啄之恨。

这样一来，八百多年前那场事关民族命运的金戈铁马，就被小说演义成由上天一手导演的冤冤相报的"天数"。然而，既然是"天数"，报应必须"公平"，历史的事实又做不到这一点。于是，小说的作者不得不无视历史，按一厢情愿的笔法，杜撰出荒诞无稽的"大团圆"结局。比如，金兀术侵犯中原，本是奉天命行事，行为无可厚非，结局也不应悲惨。但这不符合善恶报应的逻辑。

于是作者节外生枝，借玉皇大帝的旨意给他安排的命运是："火龙虽奉玉旨下凡，不应私污秦桧之妻，难逃淫乱之罪，罚打铁鞭一百，摘去项下火珠，着南海龙王敖钦锁禁丹霞山下，令他潜修返本。"再比如，如来佛在罚大鹏金翅鸟下凡时，规定"直待功成行满，方许你归山，再成正果。"然而，岳飞并未完成保全宋室江山的使命，因此大鹏金翅鸟难以找到复归神界的理由。如此的结局同样不符合因果报应逻辑。这迫使作者进一步虚构故事：岳飞的二公子岳雷子承父业，经历千辛万苦，终于廓清宋廷奸佞；然后领兵北伐，直捣黄龙府，完成了父辈的未竟之志。于是，大鹏金翅鸟得以功成名就，重登佛顶，获得了善有善报的完满结局。《说岳全传》将人事委诸"天数"的自我逻辑最终是完成了，但它为完成逻辑而导致的史实捏造，却逆向证明了：人的历史是人自己创造的，要想在人之外找到历史的根据，只能是天方夜谭。

实际上，只要不是瞎子，谁都能一目了然地看到，人每日每时都在以社会的方式创造自己的历史。正是在这个意义上，马克思概括道："社会生活在本质上是实践的。"也就是，人类创造的世界，不单单靠的是思想，更主要的是靠人类的行动。

当我们看到一棵树的时候——我们看到苹果树，我们知道这个人之前种了什么样的种子？苹果种子。当我们看到香蕉树呢？香蕉种子。樱桃树呢？樱桃种子。当我们在树上没有看到任何果实呢？表示之前没有种果树。

没有辛勤的付出就不会有收获的季节，想要收获丰硕的果实就得先有播种的行为。

生活不是守株待兔的遐想，不是消极的自我研究，不是情绪化的虔敬神明，只有行动才能决定人生的价值。

行动是一个人敢于改变自我、拯救自我的标志，是一个人能力有多大的证明。光心想、光会说，都是虚的，不能看到一点实际的东西。美国著名成功学大师马克·杰弗逊说："一次行动足以显示一个人的弱点和优点是什么，能够及时提醒此人找到人生的突破口。"毫无疑问，那些成大事者都是勤于行动和巧妙行动的大师。

人是自然的一部分，怎么来的又怎么去，真正属于自己的是经历。你的经历决定了你是什么，你感觉到了什么，你又创造了什么。

不管你的肉体怎么来的，也不管你的灵魂如何丧失，作为人，一个完整的人，你应该知道你是什么。男人或女人，医生或学生，丈夫和教授等等，都不能代表你是什么。就像水有河水、污水、雨水、口水等等，可水是什么？无色、无味、透明的液体。如果你知道了你是什么，你就能像水一样，遇冷成冰，遇火成气，遇堵能绕，滴水穿石。

你的感觉是你对外部周围世界反应。你要爱和美好，你爱的一切都是美好的。从最初的感觉来认识和接受别人和事物，适应和选择你的爱，决定付出。当你付出而不图回报时，你已感觉到付出和回报是同步的。像你的呼吸是自然地一体，如果刻意地把呼和吸分开进行，就感到累，即使努力去协调，也不如忘掉它而让它自然调节来得舒服。

当你认识到了你是什么，而不是去把你做成什么其他谁，你就会感觉到这世界里的一切都不是你的敌人。如果你是水，就可解渴、荡涤、蒸发、灌溉、任意流淌，甚至成为雨、雪、彩虹。

你认识了自己也感觉了世界，同时你势必采取了行动。你的行动决定了你对世界的影响，也是你被认可的依据。别人不如你了解你自己，但他们可根据你的行动来判断你。当你爱上一个人、你的生活、这个世界，你必然会有所行动。也许你会犹豫、彷徨，但你终会做个决定且付诸行动。你的行动是创造性的，只要你爱你的行动而且没有无奈的压力。你有所创造，世界会更美好，你会爱也会得到爱，你知道你是必然的存在，任何其他人都不能替代你。

随丈夫行事，势在必得

原文：系丈夫，失小子。随有求得，利居贞。

释义：随从阳刚方正的丈夫行事，则必然丢失年轻小子。随从于丈夫，有求必得，有利于安居乐业，坚守妇道，贞节处世。

释例：一位年轻的工程师想请三天假去陪家人郊游，但他的领导者没有批准，因为部门最近的工作很紧，工人们每天都要加班，连星期六也不能休息。

有一天，这位保持最高迟到记录的工程师又晚到了30分钟。领导十分生气，并警告他："如果你再迟到一次，我将让你停职三天并扣除工资。"你猜第二天谁迟到了？还是这位工程师！那位工程师听到这一警告，为这一难得的机会而沾沾自喜。他终于可以实现自己郊游的愿望了。于是第二天，他故意去得很晚。如其所料，他被停工三天，扣除三天工资。但他可以出去与家人一起郊游了，满足了自己的需求。

那位领导也自以为做得正确，他"正确"地维护了管理制度，但部门的工作还是无法按时完成。

以上事例中的领导按常规办事的做法，造成了惩罚行为与惩罚效果的严重脱节。因此，这位领导者打的这一巴掌还是没有打到实处，反而正中那位工程师的下怀。

奖励也是一样，有时造成奖励行为与奖励目的的脱节。一般来说，你奖励什么行为，将会得到更多这种行为。因此虽说赞扬与抚慰应该是经常性的行为,但也应注意不要奖励所不该奖的。如果那样,你将不会得到你所希望的东西,而是得到你所奖励的东西。譬如你不慎奖励了一个人,是他的投机取巧的工作瞒过了你的眼睛,那么这种投机取巧行为将被你纵容滋长起来。

"随时"者昌,"随人"者亡

原文:大亨贞无咎,而天下随时。

释义:"随时变通",语出《周易·随卦》卦辞。卦辞说:"大亨贞无咎,而天下随时。"顺时以动,人必随之,动皆走正道,故上下悦从,这说明大亨通,也会发生错误,要"大亨通无咎",则必准之于理,随时变通。理在于上之随下,则随其下;理在于下之随上,则随其上;理在于泰,则随其时之泰;理在于否,则随其时之否,总之,要随其时之所宜而变通。

释例:赵子龙随从刘玄德的道理很简单:"良禽择木而栖,良臣择主而事"。自古以来,随人就是跟人。但是究竟跟什么样的人才能成就大业,这就颇费踌躇,需要有所抉择。《随》卦六三:"系丈夫,失小子",或者不失为一种正当的抉择。《随》卦又说大丈夫为人所随,假如真想当好一个成功的领导者,胸中就应该深怀"四德":以善为先导是"元"德;畅通礼法是"亨"德;以义相和是"利"德;行正无邪是"贞"德。

关、张、赵、马、黄随从刘玄德,那么刘玄德又随从谁呢?按照《随》卦的说法,不论谁随谁,只要是人相随,一概必须服从另一个不可逾越的原则:"天下随时。"那就是说"随时"高于"随人",为人所随的人应当"随

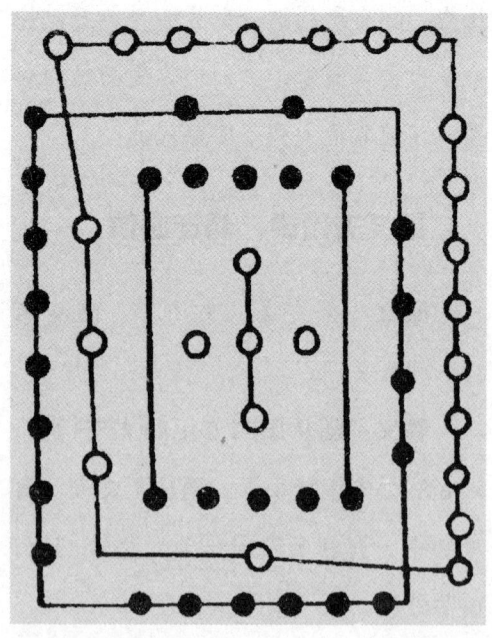

河图,选自元·保巴《易源奥义》

时"。"随时"高于一切！肩负重任，被天下共随的人，无论如何不可以不随时。只有随其时，才能以其昭昭使人昭昭。所以《象传》才意味深长地说："随时之义大矣哉！"

随时者生，随人者死！

随人者必然会迷失自己。

小和尚想跟老和尚学书法，老和尚说，从"我"字练起吧，并给小和尚提供了几个前辈和名家们的"我"字帖。

小和尚练了一个上午的"我"字之后，拣自己比较满意的一个"我"字，拿去让师傅指点。老和尚斜乜了一眼说：太潦草了，接着练。

小和尚接着练了一个星期，自己也记不清究竟练了多少个"我"字了。便又拣几个自己满意的字，拿去让师傅看。老和尚随手翻了翻那几个字，一边背过身去一边轻声说：太漂浮了，接着练。

小和尚存住气，接着练了半年，基本上能把前辈和名家们的几个"我"字临摹得惟妙惟肖了。便又拿去，请教师傅。老和尚静静地看了一阵那几个字，拍拍小和尚的肩膀说：有长进，有出息，不过，还得接着练，因为你还没掌握"我"字的要领。

受到承认和鼓励之后，小和尚终于静下心来，揣摩着师傅的开导，一遍遍、一天天地练下去。半年之后，小和尚又来找师傅了。这次他只拿来唯一的一个"我"字，不过，这个"我"字再不是泛写和临摹了，每个笔画都是异样的一种新写法。很显然，小和尚熟能生巧地练就、独创了一种书法新体。

老和尚终于满意地笑了，他意味深长地对小和尚说：你终于写出自己的"我"、找到"自我"了。

好雨是知时节的雨，好人是知时适世以为务的人。——"识时务者为俊杰"。"时"生"务"，不知"时"则不知"务"。俊杰所识者，首当以"时"，因其"时"而务其"务"。若"务"不以"时"，碌碌无为，误入歧途。

《乾》卦《大象传》说："天行健，君子以自强不息。"那么君子怎样才能做到"自强不息"呢？《乾·文言》："终日乾乾，与时偕行"一语最为典要。康有为《论语注》释"学而时习之"言之凿凿，心有独到：《白虎通》

曰：'学者，觉也。……先觉觉后觉，后觉效先觉……但时势不同，则所学亦异。时当乱世，则为乱世学；时当升平太平，则为升平太平之学。礼时为大，故学亦必随时而后适。'"

《周易》认为，你有了，也就意味着你无；如果你无，也许意味着你有。

这样饶舌的说法，让人云里雾里，摸不清底细。但举一个例子，你兴许会明白。

比方说，你已经有了一块手表，就意味着你也许不会再拥有更好的手表了。因为你已经有了，不再留意，不再争取，所以就"没有"了，只剩原来的这一块。如果我现在没有手表，也许我明天会有一块比现在好多人戴的还要好的手表。因为我没有，我会争取，所以我会"有"。

我把这个道理向一个年轻人说过。他十分高兴，对我说：那我现在没有女朋友还是好事一桩，用不着愁眉苦脸。我说：是呵，你现在没有女朋友，意味着你有在众多女孩子中间选择的权利；如果你已经有了，你就没有了这种权利。

基于这认识，那么，你"有"了，你又有什么值得骄傲和自豪的呢？你"没有"，你又有什么值得自卑的呢？

况且，你有了，如果你稍稍疏忽，你就会变成了没有。"大意失荆州"已经是一个历史的证明。所以世上才有"创业难，守业更难"的说法。

如果你还没有，那并不可怕，只要你真诚地去追求，去拼搏，总有一天，你会拥有。可怕的是，你没有，你又没有真诚去拥抱，那你真是什么都没有！

弄通了这一点，我们做人做事就不会那么浮躁和急躁了。急有什么用呢？只能徒添烦恼，于事无补。

我们怎么才做得"有"呢？

《周易》告诉我们，因应时势。

你早起，你会拥有朝阳；你晚睡，你会拥有月亮。

需要等待的时候，你要等待。《周易》的《序卦》中说："需者，饮食之道。"需，原来是指还幼小，需要养护。也就是说，时机还未成熟，力量还未足够，只有等待。等待需要时日，也就要饮食。有时候，吃饭比急着干事好。如果你留意生活的时候，你会听到一位老者对一位年轻人说："急什么呢？先吃饭。吃完饭再说。"这就是最形象的等机会，去争取成功。大成者也就是"有"了。

有时候，为了"有"，就要断然冒险。明知不可为而为之，那叫冒险。我们年纪小小的时候，都读过《董存瑞炸碉堡》的文章。对于个人来说，这个险是断然冒不得的，代价太大了。但对于事业，对于更多人的生命来说，冒这个险是值得的。这是有无的转换。小无大有。

《周易》里有一个击缶而歌的场面甚是悲壮。说一个老者面对黄昏敲着陶而歌唱：我从哪里来，就回归到哪里去。

你曾经拥有过，到最终你就会没有。——这是人生的法则。

人生是一个有有无无的过程。即使你有了，你又有什么值得骄傲？即使你没有，你又有什么值得自卑？

有就要倍加珍惜。没有就要真诚拥抱。

也是如此而已。

鲁国一家姓施的有两个儿子，其中一个学文，一个学武。

学文的儿子用自己的道理，打动了齐侯。齐侯挽留他担任了教导诸公子的太傅。学武的儿子到了楚国，向楚王讲述了自己的韬略，楚王高兴地请他留下协理军政。

施家二子功成名就，以致全家富贵，九族荣耀。

他们的邻居孟家，也有两个儿子，也分别习文就武，但却一直穷困潦倒。

孟家很羡慕施家的富有，就登门请教晋升的方法。施家二子如实相告。于是，孟家学文的儿子跑到秦国，向秦王鼓吹仁义。不料，秦王听了很生气，说："如今诸侯称霸，武力相争，我们应该致力于耕战。如果用你的那套仁义治理我们国家，就会走上灭亡的道路。"说罢，下令将他处以宫刑，赶出秦国。

另一个学武的儿子投奔卫国，向卫侯大谈强兵之道。卫侯很反感，气恼地说："我们是弱小国家，又处在几个大国之间。对大国，我们恭顺礼貌；对小国，我们爱护帮助。这才是保持和平，求得安全的正确策略。如果照你所说的，去兴兵动武，很快就会灭亡。今天如果让你全躯而归，跑到其他国家，蛊惑人心，穷兵黩武，一定会给我们造成很大的危害。"于是，下令剁掉他的足，撑回鲁国。

孟家二子回到家里，父子三人一起来到施家，拍着胸膛责骂。

施家问明情况，感慨地说："凡识时务的人，就能一帆风顺；反之，不识时务，就要惨遭失败。您儿子学的和我们一样，而结果却和我们相反，就是因为他们不识时务，并非做法有什么错误啊！"

有时你并不知你的路该如何走，但你至少有感觉你内心的向往，或者你会有经常重复的梦吧。从你成熟的那一天开始，你所求的不再是受别人的限制，对别人的依附。你所求的是自我的认识和实现，我是谁，我是什么，我做了和得到了什么。别人只是帮你认识你自己的媒介。你的价值是通过别人实现，而非通过和别人比较而体现的。

窥视内心，以身作则

原文：观我生，君子无咎。

释义：对照高尚的道德标准省察自己的言行，不断地完善自己，君子就不会有祸患。

释例：我们社交处世全在于以身作则。在每个工作日（甚至包括休息日）的每时每刻，人们都在观察身边的人。这构成了周围的人判断依据。

在交往活动中，每一名相关人员的一言一行，往往代表着一个国家、一个民族、一个地区、一个城市的形象，若是对自我形象毫不修饰，不但难言对交往对象的尊重，而且亦属失礼行为。所以我们不论是领导干部还是接待人员在公务活动中，都应时时刻刻注重个人言谈举止、服饰仪容，不可蓬头垢面、不修边幅。

人们的行为举止，包括他穿的衣服和如何穿着，包括他的发型和指甲修剪，也包括他们说的每句话，以及是否使用拉格菲尔德香水，或是否有狐臭。人们的行为举止还包括居室的格调，以及如何回答电话（不同的回答，如"我是杰基·琼斯"，或"是我"或"是琼斯"，可以透露许多东西）；另外，还包括他的待人接物，即他是否表现得过分粗鲁或者礼貌过度。

行为包括人们所做的每一件事。成就源自行为。

风度可看作是人在社交活动中所有的言行举止的总和，包括精神状态、待人态度、礼节仪表、言谈举止等等。这些因素制约着你在交往对象心目中的形象，也影响着对方以什么样的方式对你做出反应。

在人际交往中，人们常常用"气质很好"这句模糊其意的话来评价对某个人的总体印象，似乎正是其模糊性才体现的较高的概括力。然而，一旦要把这个具体的感觉用抽象的概念作解释，就变得难以表达了，大有"可意会而不可言传"的味道。

如果说气质源于陶冶，那么风度则可以借助于技术因素，或者说有时是可以操作的。风度总是伴随着礼仪，一个有风度的人，必定谙知礼仪的重要，既彬彬有礼，又落落大方，顺乎自然，合乎人情——这便是现代人的潇洒风度。

有人说："高雅的风度是通向朋友心灵的畅通无阻的护照。"风度是社交活动中给人印象深刻的内在潜质的综合反映。风度是一个人的姿态举止、言谈、作风等表现出来的美。这种美既是一种外在美，又是一个人内心美的自然流露，也就是内在美和外在美的和谐统一。正如屈原所说："纷吾既此内在美兮，又重之以修能。"

举止风度所展现出来的性格魅力是令人为之折服的，这在很大程度上还与人本身内在的个性化的东西有关。举止魅力产生凝聚力，往往会感染他人。一个有风度有性格魅力的人，就会在团队中激发出一种力量，这种力量将会超越一切，将为优秀的你锦上添花。

知道麦特卡夫是谁吗？提起卡麦夫，也许你会问："麦特卡夫是谁？"

他就是以太网之父、3Com创始人、一位广受欢迎的专栏作家、一位见多识广的博学者，还是业内著名的会议主办人。这些头衔和成就都集中在他身上。有人评价麦特卡夫是一口汇集魅力的"大锅炉"。他坚忍不拔，举止风度翩翩，具有极强的说服力，也知道如何倾听别人，善于鼓动，却又能避免过多树敌。正是这些才能使他自己发明的以太网最终成为网络标准（如今连接有1亿多台电脑），也使麦卡夫挣到了他的第一个100万美元，办起了3Com公司。可见这口有魅力的"大锅炉"散发出来的影响力是多么巨大。成功人士在举止风度上注重表现自己的魅力，从而彰显其个性特征。这也是他们容易成功的因素之一。

可见，许多成功人士之所以能够成功，除了努力、奋斗、智能、机遇等重要因素外，还需有自身的性格魅力和独特的个性做基石，他的举止风度所展现的效果会非同寻常。在一个团队中，要想稳坐如山，呼风唤雨，让领导和下属为之钦佩和叹服，你的举止风度的展现尤为重要。

因此，我们既要重视化妆、服饰与姿态的美，更要看重内在的修养，何况外在仪表本身就渗透着个人内在的修养。要想在社交场合风度翩翩，应从根本做起：

1.1 洒脱的仪表，周到的礼节。

仪表和礼节是人初次见面所要接收的信息，第一次印象就从这里产生。一个人神貌端庄，俊逸潇洒，就能使人产生乐意接近的魅力。这种魅力不仅来自相貌和服装，而且来自人的气质。风度的培养是人内在气质的展现。气质不佳者，难有好的风度。内在气质的优化是靠平时修养、陶冶而成，因而它会不经意地显露出风度。

《世说新语》记载：曹操个子较矮，一次匈奴来使，应由曹操接见，可是曹操怕使者见自己矮而看不起，于是请大臣崔琰冒充自己，曹操则持刀扮成卫士站在崔琰的旁边观察使者。崔琰"眉目疏朗，须长四尺，甚有威重"。接见后，曹操派人去探听使者的反应，使者说："魏王雅望非常，然床头提刀者，此乃英雄也。"曹操具有高度的政治、军事、文化素养，养成了封建时代的政治家特有的气质，因此他的风度并不因他身材矮小而受到影响，也不因他扮成地位低下的卫士而被掩盖。

而周到适宜的礼节，是人的内在品质的流露。得体的礼仪则使得交际可以顺畅地进行，你敬重别人，别人也敬重你。一个良好的开端是成功的一半，如果第一印象好，那么以后就感到情感的距离近多了。

2.1 饱满的精神状态。

一个人神采奕奕，精力充沛，显得自信和富有活力，才能较好地激发对方的交际热情。如果无精打采，有气无力，会使人家感到你并不乐于交际，觉得兴味索然。即使你有交际的诚意，对方也难以理解，因为你言行不一。

3.1 诚恳的对人态度。

对人应当诚恳而坦率。对人不应居高临下或卑躬屈膝，这都是不应该的或不必要的。言谈之时也可看出态度之诚恳与否。切忌支支吾吾，言语和表情自相矛盾。比较恰当而中肯的待人态度是端庄而不矜持冷漠，谦逊而不矫饰伪作。

不过，社交虽应注重诚实的原则，但也不必看得过死，只要不是损人利己，能达到社交的目的，不妨可以"不诚恳"一点。灵活机动处理问题比一味追求诚实效果要好。

4.1 适当的表情动作。

人的体态和面部表情，是沟通人际关系的非语言交际形式。也是社交风度的具体表现方式。从体态来说，上身倾向于对方，表示兴趣与热情，也显得谦恭有礼；身体后仰，显得坦然随便，但有时会显得过于傲慢；侧转身子，表示嫌恶与蔑视；背朝对方则很不礼貌，意味着不理不睬了。在面部表情上，自自然然微笑，是友好热情的表示；如果肌肉紧绷，面若冰霜，不是心有敌意，就是过分拘谨，因此别人就不易接近了。

在说话语调上，语气应柔和自然，诚恳友善，切忌阴阳怪气，冷嘲热讽。当然也要掌握好谈话时阳刚与阴柔的分寸。朴实大方，温文尔雅的行为，能正确地表达你的愿望；粗俗不雅观的动作使人讨厌，给人留下很不好的印象，也根本谈不上有什么风度。

总之，高雅的言谈举止，是社交中必须具备的素质和修养。每个人的风度不可能是千篇一律的，一个人身上优雅的风度到了另一个人身上就不一定合适。所以每个人都应培养适合自己的性格特点的"风度"。正如一位艺术家所言："只有你自己才能识别自己的长处和魅力。它们也许是你的低回浅笑，也许是你的开怀畅谈，也许是你的亲切和蔼。它可能是你对生活乐趣的领悟，也可能是你的沉静安详。不管你那特有的吸引力是什么，它都会因为魅力的技术因素而得到加强。"

君子三思后立即行

原文：不良之举自我阻止在脚趾欲动之时。

释义：凡事不想一想就行动叫做莽撞，往往会导致后患。但想得太多，瞻前顾后，翻来覆去，则容易陷入犹豫不决的狐疑之中，导致优柔寡断。

释例："三思而后行，谋定而后动"是克服冲动的最佳良药，是古代先贤留下的不朽名言。这两条警句不但应该让那些冲动型的人熟记,而且也应该让所有中国学子都深刻领悟。

三思而后行,思考些什么东西呢?思考的是问题的根源和起因。问题发生后,就需要知道发生问题的根源是什么,导致问题的诱因是什么。只有当这些问题的正确答案都找到后,才能考虑解决的方法。

之所以要三思,是因为问题的发生是很多原因导致的,其背景是复杂的,单凭直觉很难得出正确结论,往往需要一段时间的分析归纳或者调查研究,才能理出头绪。而且也有被人制造假象,提供虚假线索的可能,一不小心就有误入歧途的危险。所以,思维必须要精细缜密。思考一遍还不够,还需要检查一遍,然后在行动之前还要复查一遍,确保行动万无一失。

三思过以后,在解决问题的方案上,还要再考虑。这就是"谋定而后动"的道理。谋就是计划,方略,是解决问题的方针和策略。只有行动方针确定了,才能采取行动。这种行动方针是经过思考的,而不是那种本能冲动型行动。

谋略思考是为了寻找合适的方案。本能冲动型的人总是只想到一种行动,只考虑解决面上的问题,对后续行动和影响却不考虑。仔细考虑对策后,就有可能既把问题解决,又避免了出现副作用。这样才能使问题得到圆满的解决。

谋定而后动就需要在发生问题时沉着镇静,不急于立即采取行动,而是要静下心来冷静地想一想。心急的人往往会不耐烦地催促赶快采取行动,因为他们总是担心时间紧急,再不采取行动就来不及了。其实,越忙就越容易出差错。如果事先没有考虑好,路子没走对,反而会耽误时间。

所以,中国古代有句俗话,叫"磨刀不误砍柴工"。先把刀磨快了,看起来耽误了工夫,但是在砍的时候由于刀口锋利,所以效率高,反而节省了工夫。也像出门开车,事先把地图看好了,顺着标志一路开去,就可以不绕弯路,节省时间。如果慌忙上路,看起来节省了看地图的时间,但是一旦走错了路,可能就会浪费比看地图长很多倍的时间。

而且,条条大路通罗马,但是肯定有最便当,最短路程的捷径。不可能一条条地找，然后才发现最短的路。如果事先花时间做研究，问清路线，就可以免去在路上摸索的时间，一出发就登上最佳的路线。解决问题也是这样。一个问题可能会有许多解决方案，但是肯定有的方案是不好的，有的方案可以省时省事，还有最佳方案。所以，谋定就是要找到最佳方案。

所以，凡是冲动型的人，一定要认识到自己的莽撞行事往往会带来更多更大的麻烦。要时刻记住"在任何处境下保持从容理性的风度。心存制约；遇事三思；留有余地。"让自己成为有勇有谋的人。

实在没有控制住，发了火了，生了气了，失了态了，怎么办？无它，赶快降温灭火。这还算我的一个好处，我的火来得快去得也快，叫做不黏不滞，叫做日月之蚀，叫做迅雷暴雨之后，仍然是雨过天晴。我完全做不到无过无咎，但是无论如何也不能将错就错，变本加厉，讳疾忌医，自取灭亡。

凡事不想一想就行动叫做莽撞，往往会导致后患。但想得太多，瞻前顾后，翻来覆去，则容易陷入犹豫不决的狐疑之中，导致优柔寡断。

季文子遇事总要考虑三次以上才行动。孔子听说后说："考虑两次也就可以了。"

凡事不想一想就行动叫做莽撞，往往会导致后患。但想得太多，瞻前顾后，翻来覆去，则容易陷入犹豫不决的狐疑之中，导致优柔寡断。

忧郁的丹麦王子为报叔父的杀父娶母之忧而思虑再三，左右为难，因此而错过了下手的大好机会，结果与敌人同归于尽。"生存还是毁灭？这是一个严重的问题！"这就是莎士比亚笔下著名的"哈姆雷特式的犹豫"。当断不断，反被其乱。

所以，"三思而后行"不能作为优柔寡断的借口，有时候，有些事，是必须果断处理的，正所谓当断不断，反受其乱。所以，"君子务穷理而贵果断。"（朱熹）既要想清楚，有所思考而后行动，又不要优柔寡断。有人往往把"三思而行"作为孔子的教导，实在是张冠李戴，歪曲了圣人的意思。记住：考虑两次也就可以了啊，不要想得太多。

战国时代，楚国令尹（掌握军政大权的大官）春申君黄歇任职期间，有人劝他及早地把一个实力派人物李园除掉。黄歇犹豫不决，优柔寡断，迟迟没有接受劝告，后来反被李园派来的刺客杀死。

从经济学的角度来说，这种封建士大夫之间的争权夺利，没有任何可取之处。但是，《史记》通过这个故事却揭示出一个千古以来一直被人高度重视的谋略——当断不断，反受其乱。遇事"当断不断"，犹豫不决，就会贻误时机，进而"反受其乱"。

历史上，因为当断不断而反受其乱的例子真不少。

比如，三国时期的袁绍集团，虽然曾经谋士如云，战将如雨，但是由于袁绍的"多谋少决"，官渡一战，却败于曹操之手。

"多谋少决"，是缺乏主见，缺少判断能力，不能及时正确地决策的表现，这对一个统帅或决策人物来说，是最致命的弱点。

袁绍手下谋士如云，这是一个极为有利的条件，但一到决策时，众谋士各抒己见，他就失去了主心骨，不分良莠，不知取舍，优柔寡断。

比如在白马之战中，袁绍听说有一位赤脸长须使大刀的勇将斩了他的大将颜良后大怒，谋士沮授乘机建议他及时除去刘备。

此时袁绍指着刘备说："汝弟斩吾大将，汝必通谋，留尔何用！"说着就要推刘备出去斩首。

刘备从容地说："天下同貌者不少，岂赤面长须之人，即为关某也？明公何不鉴之？"

袁绍听后，马上改变了主意，反而责怪沮授："误听汝言，险杀好人。"遂仍请玄德上帐坐，议报颜良之仇。

接着，关羽又杀了大将文丑。

郭图、审配入见袁绍说："今番又是关某杀了文丑，刘备佯推不知。"

袁绍听后大骂："大耳贼！焉敢如此！"命令将刘备拿下斩首。

刘备又辩道："曹操素忌备，今知备在明公处，恐备助公，故特使云长诛杀二将。公知必怒。此借公之手以杀刘备也。愿明公思之。"

袁绍听后，反过来责备郭图、审配等人："玄德之言是也。汝等几使我受害贤之名。"

袁绍两次欲杀刘备，而刘备都化险为夷，从中可看出刘备的机敏和袁绍出尔反尔、多谋少决、谋而不断。

俗话说，机不可失，时不我待。面对良机，应当当机立断，果敢地、及时地做出有利于自我的决策。

温暖互换好人缘

原文：无平不陂，无往不复，艰贞无咎。勿恤其孚，于食有福。

释义：没有平地不变为陡坡的，没有只出去不回来的，处在艰难困苦的环境中坚守正道就没有灾害，不要怕不能取信于人，安心享用自己的俸禄是很有福分的。

释例：大自然的规律，盛极必衰，否极泰来，刚刚是"夕阳无限好"，转眼间"只是近黄昏"。所以经文告诫我们：安泰的局面到达极盛，必然遭遇阻塞。

前进的路途，没有平坦，只有起伏，没有只往不返，只有艰难曲折。所以，必须明白，安泰得来不易，仍需坚守纯正，一本初衷。这样，该得到的自然能得到，该享受的自然能享受。

这是智者的一种先见之明，是优秀人士的一种远见卓识。

在伊索寓言中有这样一则故事：太阳和北风打赌，看谁能先让行人把大衣脱去。于是太阳用它温暖的光轻而易举地使人脱下大衣；而北风使劲地吹，反而使行人的大衣裹得更紧。

太阳与北风的故事向我们展示了这样一个道理：对朋友要像太阳那样，用温暖去感化他们，让他们从中体会到温暖；如果一味地强逼压制，这样，会使人感到有一种极强的心理压力。

人与人之间需要以诚相待，要心心相印。要了解一个人的心，并不仅凭读几本心理学教科书就能做到的。

学习心理学固然有必要，那只是纸

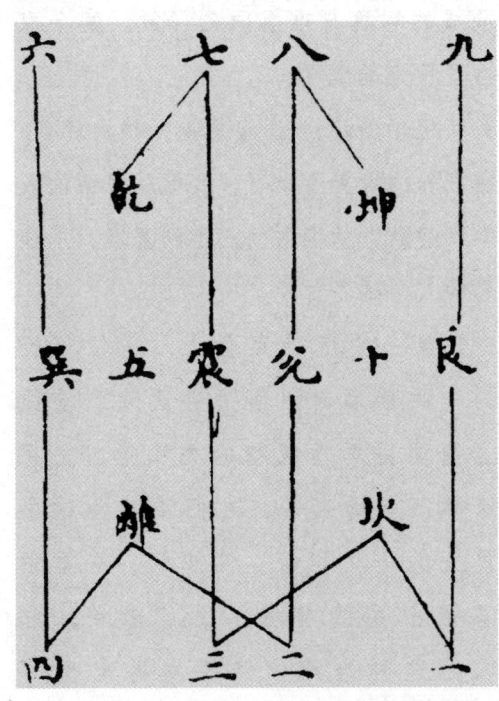

卦数之方图，出自元·吴澄《易传言外翼》

上谈兵，人们只能从中借鉴一些与人相处的方法。拿着心理学教科书去与人打交道，无论你把对方的心理分析得多么透彻，对方绝不会对你倾吐心语。你也许会问长问短，甚至不惜逢迎，但在对方看来，这一切不过是虚情假意，你们之间有一条极宽的鸿沟。

要做一个人缘好的人，你就要有一个很大的胸怀，人与人相处，总要有一方先打开胸襟，对他人要真诚实意，把自己的热情温暖送到每一个相识的人心坎上，不能做两面三刀的事。如果彼此间等待对方先有所表示，那么别指望会有互相理解、彼此友好的那一天了。

在生活中我们是想做北风呢，还是想做太阳呢？

有容者不妒，一个有包容心的人，能够包容异己，对于不同意我的人，不同的思想、种族、国家、语言行为，都有包容的雅量。对于他人的成就、荣誉、声名也不会嫉妒。乐于随喜他人的成就，不妒不忌，这就是包容者总表现出的涵养。

一个富有的人，可以用金钱财富来将房子打点得富丽堂皇；一个有智能的人，则是以敦品励德，来涵养仪态容貌

的庄严。一个人的内心修养，显现在外就成为气质风度，所以说：诚于中，形于外。

英国王室为了招待印度当地居民的首领，在伦敦举行晚宴，身为"皇太子"的温莎公爵主持这次宴会。宴会快要结束时，侍者为每一个客人端来了洗手盘，印度客人看到这个精致的银制器皿，以为是喝的呢，就端起来一饮而尽，作陪的英国贵族目瞪口呆。温莎公爵神色自若，一边与众人说笑，一边也端起自己面前的洗手水，像客人那样"自然而得体"地一饮而尽。接着，大家也纷纷效仿，本来要造成的尴尬与难堪顷刻释放，宴会取得了预期的成功。

纪伯伦说："大智慧是一种大涵养，有涵养的人善于学习，我们从多话的人学到静默，从偏狭的人学到宽容，从残忍的人学到了仁爱。"

在一次庆功宴会上，一位年轻的士兵斟酒时，不慎将酒泼到前民主德国将军乌戴特的秃头上。士兵悚然，全场寂静，人们不禁为这个冒失的士兵担心。没想到，将军拍了拍士兵的肩膀，说："老弟，你以为这种治疗能让头发再生吗？"全场顿时爆发出一阵笑声，尴尬

紧张的气氛因此而变得欢快热烈。

乌戴特不愧是化解尴尬、消除矛盾的高手。但在高超技巧的背后，反映出的却是将军令人敬佩的涵养和襟怀。要是换了一个待人苛刻、缺乏容人雅量的人，结果会怎样呢？那个士兵可能就要倒点小霉了。

正所谓"意识支配行动"，一个人的言行反映出的就是这个人的思想境界与心理修维，虽然我并不是一个大奸大恶之人，仅是暴躁的脾气和急躁的性格在作祟，但也足以看出我的素质修养还修炼得不到火候，仍欠缺内功心法的引导啊。在生活中，同样还有很多人都是如此，就是因为一时之气而大骂出口或者大打出手，忍不得一时、吃不得一点亏，遇见无赖就比无赖还无赖，遇见流氓就比流氓还流氓，不论是市井小民，还是高级知识分子全然没了形象。

如若能做到心静如水、泰然处之、心中无气、无怒，也便没有了争辩与争吵。所以，一个人的涵养还应先从思想境界上去提高，当意识上升了，行为也就受到控制了。

或许有人会说自己根本不在乎别人如何看待自己，那么，请问为什么就不能在别人心中留有一个好的形象呢？难道让人厌恶自己给自己带了极大的乐趣吗？但丁虽然说过"走自己的路，让别人说去吧"这句话，可我想他本意并不是要人们去坚持走一条错误的道路，而是鼓励人们坚持真理、坚持美好的人生理想与追求。如果有人举着彰显自我的牌子，打着标榜个性的牌子，依旧我行我素，不知悔改，那便是执迷不悟、无可救药、自甘堕落！

确实做一个有涵养的人不易，但是做一个有涵养的人应是我们给自己做人处事的形象定位，更是我们行事的准则，为了早日实现这一目标，希望大家和我一起从现在做起，时时刻刻提醒自己，从思想上端正态度，从行为上严于律己。若不幸遇上低素质低修养之人，我们更应高姿态面对，不与之争辩争吵，以宽宏大量的心胸，宽容以待，绝不屈尊下骂而尽损了尊严。

语言常是惹祸的根苗

原文： 不妄语不妄为。

释义： 要把话说得八面玲珑、滴水不漏却不是那么容易。有古训云"祸从口出"，还有那"是非只为多开口，烦恼皆因强出头"。所以，在某些地方说话稍不小心，即会祸事临头，难怪古人要"三缄其口"了。

释例：说话，我想除了哑巴之外，每个人都会说。张口即来，兴致好时还连比带划，更有那能说会道者自是滔滔不绝，大有"语倒三峡水"之势。然而，要把话说得八面玲珑、滴水不漏却不是那么容易。有古训云"祸从口出"，还有那"是非只为多开口，烦恼皆因强出头"。所以，在某些地方说话稍不小心，即会祸事临头，难怪古人要"三缄其口"了。古时候有一个人很爱卖弄自己的文采，爱吟一种叫什么"三句半"的诗。成天东游西晃，不管遇到什么事，一旦"诗兴"大发，就难免摇头晃脑，信口开河。却说有一天，他见一妇女从远处走来，待走近一打量，他灵感来了，随口吟道："远看一娇娘，近看却平常，金莲整三寸，横量。"他倒过诗瘾，可那位却是个不好惹的主，闻听此言，岂有不怒之理。于是，也不顾什么"男女授受不亲"，扭住他便要去对簿公堂，竟敢在光天化日之下，调戏良家妇女！到了公堂上，那县太爷刚询问了两名，忽然丫鬟来报，说夫人生下一千金。

闻听此言，那家伙又来了兴致，竟又开口吟道："老爷上公堂，太太进产房，生下一千金，像娘。"那县太爷一听：吆，你小子还真了得，连本官也敢调侃两句，一定不是个好东西，还用得着审问吗？于是，他大喝一声："来人！拖下去重打四十大板，发配南阳充军！"

那南阳却是他娘舅家，外甥被发配来了，那当娘舅的自然要去探望一下外甥。这甥舅俩一见面就抱头痛哭，哭着哭着，他灵光一闪，竟又吟起"三句半"来了："充军到南阳，见舅如见娘，二人同落泪，三行。"他娘舅一听，先一愣，随后就给了他两耳光。你道为何，原来他娘舅只有一眼，自己的不足被外甥指出，他老人家又怎能不生气呢？你看，这个人就是不识时务者，姑且不论他的诗才如何，只说他的话惹的祸。他娘舅是独眼龙这倒是事实，可哪容得别人拿来调侃呢？更何况这个还是他的亲外甥，也是他老人家肚量大，才两个耳光了事。或许那"远看的娇娘"的确有双大脚，可又关他何事，又不是他讨来的老婆，反而惹出一场官司。更不该的是他连县太爷也敢调侃，因自己本来就官司缠身，对主审人讨好送礼都来不及，又怎敢得罪于他呢？不幸之中的万幸是那位父母官权力有限，只把他打顿屁股、发配了事。若惹上手持尚方宝剑钦差大臣，弄不好还落得个"先斩后奏"，那岂不更冤枉了。如此看来，在不该说的时候，还是"三缄其口"的好，以免"祸从口出"。实在是不得已开口时，就按鲁迅先生教的这样说："哎呀，这孩子！你瞧！多么……啊呃！哈哈？嘿嘿！嘿！嘿！嘿！嘿！"我想这样听者也会心照不宣，附上几句嘿嘿！岂不皆大欢喜。

在社交场所，有很多我们了解不够深的陌生人，本来可以结成知己的，可是因为我们在初次谈话时，毫无顾忌地谈论诸如死亡、离婚、身体特征、或是其他微妙的问题。我们自己不觉得，但却刺伤了人家的心，就此疏远，甚至不再往来！

有社交经验的人都会有这种切身的体会：在某些特殊的场合，说话都要谨慎，要像收紧的小口袋那样，将想表达的意思好好地组织成合适的语言，用合适的语气表达出来，切不可张嘴就说，说过后又不负责任，不认账。要知道这样会给自己惹出些不必要的麻烦，还会丧失自己的信誉。

所以对于那种口无遮拦的人切切要谨慎，否则会误事的。

有位企业人事资源部部长讲过这么一件事：一天，她办公室来了一位应聘的年轻人。表面上看去很内向，回答问题时，显得有些木讷嘴笨。但在十几分钟时间里，竟抢着别人的话题说了不该他说的话。于是，她果断地判断这是个爱管闲事，并且口无遮拦又缺乏经验和修养的人。于是对他说："请到其他单位去试试吧"、"不过，我想送你一句话，今后无论你在何处高就，都要谨开口，不该说的话半句也不说，该说的话一定要认真、诚恳地说好。"真是一位心肠太软的女士，宁可得罪一个人，也要想办法帮助一位青年改正自己的缺点。

试想，如果这位年轻人依然我行我素，还能找到理想的单位吗？还能受到朋友的喜欢吗？人都说："人言可畏"，要知道那些可畏的人言正是从"快嘴""油嘴"中溜出来的。用绳子将那些"快嘴""油嘴"扎紧吧，闲言散语少了，是非也会少许多，烦恼自然也会少了许多。

英国诗人兼外交家马修·勃利奥说："只顾说话，便无暇深思。"

许多人往往未经深思，就把话和盘托出来了。可是有几个人肯坦白承认自己有这个毛病呢？

有一位年长者曾经说：不要以承认自己不知道为可耻，更不要用伶牙俐齿来掩饰自己的无知。

大巴西勒说，说别人的坏话会同时使三方受害：一是那被恶言谈论的人，二是听到这坏话的人，但最主要的是那说别人坏话的人。

当你在指责别人的时候，要记住，即使你确切地知道那人的过错，也不可谈论他的是非，更何况假如你不知道情况，那就是人云亦云了。

一般来说，有三种人喜欢散布闲言：一是无聊者无事生非，于是便有了飞短流长；二是心胸狭窄者，由嫉妒而生猜疑，由猜疑而生闲言；三是懦弱、猥琐的人，不敢当面评人是非，总爱背后论人短长。

惹祸只因闲口舌，人间灾祸，大半因舌头的翻翻搅搅；是非麻烦，大都出于闲口舌。说的人无心，听的人有意，不知不觉衍生漫天风波，很容易伤害别人，使亲友反目成冤仇。至于某些故意说话伤人，造谣生事者，甚至一言兴邦，一言丧邦，就更容易引发天大的灾祸了。

闲谈莫论人非。不要以惯于诽谤他人而知名。不要精明于怎样损人利己，因为这并不困难，只是会遭人唾弃。所有的人都会向你寻求报复，说你的坏话，并且由于你孤立无援而他们人多势众，你会很容易被打败。

不要对别人幸灾乐祸，也不要多嘴多舌。一个搬弄是非的人会被人们深恶痛绝。他或许可以混迹在高尚的人群中，但他们只会把他作为一个笑料，而不是作为谨慎的榜样。说人坏话的人会听到别人说他的更不堪入耳的话。

越出名，就越要小心

原文： 在师中吉，无咎；王三锡命。

释义： 在军中任统帅，持中不偏可得吉祥，不会有什么灾祸；君王多次进行奖励，并被委以重任。

释例：有抱负、有才能的人都会垂涎这个"在师中"举足轻重的职权，但并非每个人轻而易举就能干好，就能得到上司的"锡命"（赏赐）。因为人才越出名，职权越大，就越要小心！

职权意味着权力，而权力意味着腐败。利己主义会因职权而膨胀，而不称职的管理人员却不知足地追求职权。他们要权，为的是可以更多地开销费用，更多地网罗亲信，更多地旅行出差。他们到处攫取权力以便为所欲为。但是这样的权力是不存在的，也是绝不会有的，除非你是个体经营者。

职权的行使是一件事关信任的事务。在充满不信任的组织内，权力问题总是显得相当突出。

人们为权力而钩心斗角，为失去权力而悲叹哀鸣。在这类组织内，管理人员相信，在人们眼里额外的职权意味着额外的荣誉，将提高他们在其他人眼里的身价，给他们一种高于他人的权力。在这样的组织里，追求和获得权力是一种自私自利的行为，目的在于个人的满足，而不是为了整个公司及其全体员工的最大利益。

优秀的管理者则是谨慎小心地运用其职权。他寻求的仅仅是足以使自己有效履行职责的那部分职权，以便完成公司要求他做出的贡献。优秀经理并不将这份职权视为"高于他人的权力"，而更多地看作是实现本组织目标需要的决策权。如果他感到自己缺少完成所担任的工作需要的职权，他会说服上司授予他更多的权力。

见好就收是高手

原文：肥遁，无不利。

释义："肥遁"就是赚了大钱功成身退。激流勇退，于企业，于自己，于接班人都有好处。

释例：急流勇退，见好就收。及时而漂亮的撤退与漂亮的进攻同样重要。扶助某人久了，连幸运女神也会累的。凡事终了时务必小心谨慎，顺利抽身退出要比顺利地进入时更难。最重要的不是到场时博得别人的喝彩，而是离开时别人对你的想念。

有人去见宋襄王，得到了十辆车子赏赐，这个人便向庄子夸耀。

庄子就用以上道理告诫他，还说出一个故事。有个人住在河边，家境贫寒，他靠编芦苇制品养家活口。某日，他的儿子潜入河中最深的水底，得到一颗价值千金的珍珠。

这个人见了儿子送上的珍珠，没有高兴，而是叫儿子，赶紧找块石头砸碎它。他对儿子说：珍珠虽然很值钱，但一定产生在极深的潭底，在黑龙的下巴下面。你能取得这颗珍珠，一定是碰上黑龙在睡大觉。假使黑龙那下子醒了，你还有命吗？

庄子告诉这个人说："如今宋国的形势凶险无比，还不止像深渊，宋襄王的凶残狠毒，远远超过黑龙逞威。你能够得到十辆车子，一定是碰到襄王在睡梦中。假如他突然醒悟过来，你只怕想当他的阶下囚也不可得了。"

知道不可侥幸，便知道取舍，便知道和气的生活，自由的人身可贵。

有位诸侯用厚礼招聘庄子做官，庄子一笑，回复这位诸侯的使者说："你见过作为祭品的牛吗？祭祀时，它满身文采，还披着彩绸，吃的嫩草和黄豆，受宠极了。等到它被牵进太庙宰杀的时候，即使这时它想作一条山野无人照料的野牛，也已经不可能了！"

所以，贤能的人一定要认真选择可以服务的对象，才接受职位；美好的飞鸟一定要寻找适合栖身的树林，才筑巢做窝。

侥幸求利，小则终身遗憾，大则当时就丧失性命。

有人生阅历的老人知道，人的寿命并非越长越好，最好是在别人还需要自己的时候就撒手人寰，这叫做见好就收。恋世以至于苟延残喘，终会让人生厌，活得没有滋味。

有艺术经验的演员知道，"再来一个"得有严格的节制，最好是在观众

留侯张良像。张良辅佐刘邦取得天下后归隐，功成身退。张良见好就收。此做法与《周易》"肥遁，无不利"思想相一致

兴致正浓的时候就悄然退场，这也叫见好就收。因为台下掌声热烈，就没完没了地"再来一个"，等到观众倒了胃口再收场，总是有点灰溜溜的。

中国历史上有不少政治家功成身退，他们懂得见好就收。

李泌要与唐肃宗分手时，是与唐肃宗同榻而寝的，简直情同手足。但李泌决意离唐肃宗而去，他说"臣有五不可留"："臣遇陛下太早，陛下任臣太重，宠臣太深，臣功太高，亦太奇。"李泌明白，倘若迷恋这一切而不想"收"，那么，事情就会悄悄地发生变化。周围的环境会变，信任会变成猜疑，拥戴会变成妒忌；自己的心态也会变，功能使人变骄，权会使人变蛮，弄不好就会身败名裂，以至像李斯那样，想当平民百姓而不得。

当然，这类功成身退的政治家大致都是官僚，当君主的没有这回事，非到迫不得已之时，他们是决不肯让位于人的，尽管见好就收这句话，对他们也同样适用。

当然，激流勇退见好就收，并不是舍弃如火如荼的生活主流走远，激流勇退更不是强求不食人间烟火的脱俗。而是呼唤一种率直的生活分析，一种近乎平淡却真挚的人生态度。当生活向我们发出真善的召唤，当弱者向我们伸出求援的双手，你、我、他就应奔涌着呼啸向前。

恩威并用，宽猛相济

原文：有孚挛如，富以其邻。

释义：具有诚信的德行，与别人紧密联系并互相帮助，自己致富也要使邻人跟着一同富起来。

释例：事业能否成功，关键在于人的个人修养、志向、威信如何。

所谓威信，就是威严加诚信，没有威严的诚信，会使诚信淡然无味，没有诚信的威严只能是空架子。

下面是一个关于美国电话业巨擘——密西根贝尔电话公司总经理福拉多的生活片段：在一个寒冷的深夜，纽约的一条不算繁华的道路很少有车辆行驶。这时从街中心的地下管道洞内钻出一位衣着笔挺的人来。路旁的一个行人十分狐疑，他上前想看个究竟，一看却怔住了，他认出这人，竟是大名鼎鼎的福拉多。

原来地下管道内有两名接线工在紧

急施工，福拉多特意去表示慰问。

福拉多被称作"十万人的好友"，他与他的同事、下属、顾客乃至竞争对手都保持着良好的关系，这位富有人情味的企业巨子，事业如日中天。

当然，作为一个行政主管，要做到令出必行，指挥若定，必须保持一定的威严。在领导与指挥业务上，没有令对方与下属感到畏惧的威慑力，是难以尽责称职的。仅靠有一张和蔼的脸，一番美丽动听的言辞所起的推动作用，可以说非常有限。唯有恩威并用，宽猛相济才是上策。

但是威严不等于严言相向，开口大骂，整日板着面孔训人。只是在工作时对待属下错误必须不姑息，立即指出，及时纠正。不允许讨价还价，要让属下滋生敬畏之心，才会使你威风凛凛，在万马千军冲锋陷阵商界中指挥自如。

居安思危的忧患意识

原文：明于忧患与故。

释义：凡是衰落的，都是由于过去曾经荒淫腐败；凡是灭亡的，都是由于过去曾自以为平安无事；凡是败乱的，都是由于过去曾自以为治理得宜。

释例：中国生命哲学可谓源远流长，但其第一个系统性的成熟形态无疑是《周易》大传的哲学体系。这个哲学的终极关怀是"观我生""观其生"（《易·观》），即对人生的高度关注；它把"三才"（天地人）一体的宇宙视为一个大生命系统，从而提出了"天地之大德曰生"，"生生之谓易"（《易·系辞传》）的思想；它引领我们去直观地领悟这个生命系统

范仲淹像，选自《吴郡名贤图传赞》。范仲淹"先天下之忧而忧，后天下之乐而乐"的感慨也许是受到了《周易》忧患意识的影响

的"易道"——天道，地道，尤其人道；它让我们倾听"道言"，然后"言道"。由此，它指示我们将所领悟到的人道运用于我们的人事中，求得天人之际的和谐、人际的和谐、身心的和谐。

毫无疑问，周易哲学的核心可以归结为"阴阳"范畴；而我们更进一步认为，阴阳范畴的实质则可以概括为"生命的结构"：从其内容来看，阴阳范畴是一种"生命忧患"意识；而从其形式方面来看，阴阳范畴则是一种"结构思维"方法。

阴阳范畴的内容，就是生命关怀，或曰生命忧患意识。故《系辞传》一言以蔽之："生生之谓易。"孔颖达曰："生生，不绝之辞。阴阳变转，后生次于前生，是万物恒生，谓之'易'也。"这是讲的生命绵延之道，所以我说周易哲学就是生命哲学。又云："作《易》者其有忧患乎！"此即生命忧患意识，或者生存忧患意识。忧患的具体内容随时代而转变，但生命忧患本身是中国哲学永恒的主题。

《周易》作为一部形成于殷周之际的占筮之书，其目的是为了引导人们防患于未然，化险为夷，趋吉避凶。因而，在其卦爻辞中，包含了较为深沉的忧患意识。成书于战国时期的《易传》把这种意识概括为"明于忧患与故"。其曰："《易》之为书也不可远，为道也屡迁。变动不居，周流六虚，上下无常，刚柔相易，不可为典要，唯变所适。其出入以度，外内使知惧，又明于忧患与故，无有师保，如临父母。"（《系辞传》）"明于忧患与故"，就是使人认识忧患所在及忧患之因，这就是忧患意识。

忧患意识，说得通俗一点，就是"居安思危"。《周易·系辞传》借春秋末期的著名思想家孔子之口说："危者，安其位者也；亡者，保其存者也；乱者，有其治者也。是故君子安而不忘危，存而不忘亡，治而不忘乱。是以身安而国家可保也。"大意是说，凡是衰落的，都是由于过去曾经荒淫腐败；凡是灭亡的，都是由于过去曾自以为平安无事；凡是败乱的，都是由于过去曾自以为治理得宜。

因此，君子安居而不忘倾危，生存而不忘灭亡，整治而不忘败乱。这样才可以自身安全而国运常新。这是叫人对自己的处境和现状，时刻抱有警惕之心。战国中期的著名思想家孟子用非常精练的语言把它概括为"生于忧患而死于安乐"。

真正做到居安思危，并非容易之事，须从细微处着眼，时时惕惧，防微杜渐。《周易》特别强调"几"和"知几"。照《系辞传》中的说法，《周易》是一部"研几"之书。其曰："夫《易》，圣人之所以极深而研几也。唯深也，故能通天下之志。唯几也，故能成天下之务。唯神也，故不疾而速，不行而至。"意思是说，《周易》是穷究幽深事理而探研细微征象之书，只有穷究幽深事理，才能会通天下的心志；只有探研细微征象，才能成就天下的事物；只有神奇地贯通《易》道，才能不须急疾而万事速成，不须行动而万理自至（释义参见黄寿祺等《周易译注》第554页。上海古迹出版社1989年）。"几"即"微"，就是事物发展变化的苗头或萌芽。《周易》认为，这种苗头或萌芽虽然"微"而似无，但却能够预示事物发展变化的方向是吉是凶。

正所谓"合抱之木，生于毫末；九层之台，起于累土；千里之行，始于足下"（《老子》六十四章）。用《易传》中的话说即是："积善之家，必有余庆；积不善之家，必有余殃。臣弑其君，子弑其父，非一朝一夕之故，其所由来者渐矣，由辩之不早辩也。"（《坤·文言》）"早辩"即及早察觉，也就是"知几"。能及早察觉，就能防患于未然。

在《周易》看来，可否做到防患于未然，并不单纯是一个认识问题，还是一个德性修养的问题。《乾》卦九三爻辞说："君子终日乾乾，夕惕若厉，无咎。"意即君子整日进德修业，到晚上还惕惧反省，就不会有什么灾害临到自己。可见，防患于未然的关键是谨慎自守，提高道德修养。用《象传》中的话讲即"见善则迁，有过则改"。孔子就是在这一层面上特别彰显其忧患之心的。他说："德之不修，学之不讲，闻义不能徙，不善不能改，是吾忧也。"（《论语·卫灵公》）

北宋著名政治家范仲淹，"泛通六经，尤长于易"。正是在《周易》忧患意识的启迪下，他题写了"先天下之忧而忧，后天下之乐而乐"的千古名句，成为中国历代仁人志士自强不息，担当道义的自警格言。

在中国人的俗话中，有这么一句话："没有吃不了的苦，却有享不了的福。"其意思是说：人们忍受苦难的能力，是非常大的。不论有多么大的困苦，都可以千方百计去克服。但是优裕的生活条件、事业上的顺利、追求的满足，对于某些人却是受用不了的。一些人在艰难困苦的境遇中，不会做出什么不好的事，而在优裕的条件下，或是在顺利之中、满足之中，却出了一些不应当发生的事。

顺利、追求的满足，会使人自高自大，傲慢，胆大妄为，对别人不尊敬，为人变得尖刻，盛气凌人，不可一世。灵魂中的这类疾病，是很难治愈的。如果在这种时刻，经历到人生的磨难，那么痛苦也许能使他清醒一些。如果能因此认真反省，改过迁善，则可以使其以后免除此一类的挫折，走上幸福的坦途。

凡是做成功的人生，必须懂得一种人生的哲理，八个字：生于忧患，死于安乐。忧患对一个人的成长、成熟起决定性的作用，忧患使人很快成熟起来，使人很快聪明起来，使人很快的取得经验，忧患对人有好处，没有什么坏处，不要怕忧患。安乐使人的意志消沉，使人不想学习，使人停止进步，所以叫做死于安乐，对今天仍然有很好的教育意义。

要做不张扬的潜龙

原文：初九，潜龙，勿用。

释义：初九，龙尚潜伏在水中，养精蓄锐，暂时还不能发挥作用。

释例：古人常用龙来比喻人才、名人、伟人，《易经·乾卦》以龙作为喻体，比喻人的成长需要经历"潜龙""见龙""飞龙""亢龙"等过程。只有在这种长期的磨炼中，才能体现出"自强不息"、"终日乾乾"、"与时偕行"的德性。

记得有人说过：如果你这一辈子想干点什么事情，那么你就要清楚自己的三个"什么"，就是你要什么，你有什么，你能放弃什么？这是一个人成功的基本因素。

有一位总经理，今年才刚刚30出

头的女性，已经是大型的汽车维修厂的总经理，负责着旗下近20家连锁店的日常业务。汽车维修服务是一种很难规范管理的企业，在她的贯彻下，竟然完全采取的是让你意想不到的现代企业管理制度，是完全的一个现代的企业模式。她靠的是什么？她靠的就是她这种不张扬的处世哲学。

一个年营业额七千多万的私企，而她现在开的车很普通，就是大街上随处可见的桑塔纳2000，朴实、简单，一如她的为人，从她选车、买车的态度上，我们就可以看出她与众不同的地方：精明、务实和为人处世不张扬的内敛。

从她的经济实力上来说，买一辆豪华车是没问题的，也很风光。但对自己来说，实不实用是相当重要的，所以当桑塔纳2000出来后，自己觉得这款车不错。这种仅仅从自己实用出发，能够这样做的人我相信也绝对是少数。或许对她来说，车真的只是"一种工具，用什么车区别并不是很大，最重要的还是有车用"。对朋友来说，汽车只是现代生活中提高办事效率的一种工具，是为了我们的事业获得更大的成功，而不

是一种张扬。

是的，我们年轻人处世就应该有意识地去培养这种意志力。为了获得健美的体格，我们要不停地进行体能训练；同样，为了获得并拥有更加成功的人生，我们必须做到谨慎做人、隐忍处世。

像龙一样尚潜伏在水中，养精蓄锐，暂时还不能发挥作用，是因为此爻位置最低，阳气不能散发出来。

亮出身手，显露优势

原文：见龙在田，利见大人。

释义：龙出现在大地上，利于出现德高势隆的大人物。

释例："见龙在田，利见大人。"大人，指众人、大众，泛指社会。当"潜龙"培植了内力，磨炼了意志，一旦时机成熟，便可寻机展示自己的才华了。而此时，其才能也一定会得到大众的认可，得到身边人群的青睐和重视。

好钢用在刀刃上，关键时刻显身手。比如进入一个新的工作环境中，有关领导往往会给我们布置一些任务，有些甚至是难度较大的任务，借此来考察你的能力，这正是展现自身能力的机

会。我们要善于把握这些时机，利用所学的专业知识，发挥自己的主观能动性，力争把这些任务办得圆圆满满万无一失。同时，在批评、指责、困难、利益面前，在谈判、检查、值班等重要场合，一定要经得起考验，比平时干得更加出色，这样，才能让人对你刮目相看。

幽默谐趣，富有魅力。工作环境，是由全体工作人员共同营造出来的，在我们到来之前，往往就有一个既定的氛围，或者活跃，或者沉闷，或者二者兼有之。大体来说，在气氛融洽而又活跃的环境中工作，人的心情较为愉悦，办事效率也会高些。对于一个单位来说，进来一个新人，会带来一种新气息，增添一份新乐趣。在工作和生活中，大家互相鼓励共同进步，在麻烦和矛盾面前，不斤斤计较，巧妙地化干戈为玉帛。我们如果在这方面有一定的优势，博通古今，能侃善谈，就要善于发挥这种优势，用有条不紊的推理，幽默诙谐的语言，恰如其分的措辞，一词双关的妙语，来激活工作的氛围，给领导和同事留下深刻美好的印象。

发挥特长，真诚合作。作为新一代的员工，应该是一专多能的复合型人才，不光要学好专业知识，在其他方面也要广泛涉猎，要有自己的特长。"一招鲜，吃遍天。"特长是自己与同事相比所独有的优势，在很大程度上决定我们能否胜任这个岗位。我们在新的工作中要做到有什么特长就发挥什么，有多少特长就发挥多少。如果你擅长书法，可以为同事们代写春联，题写书名，把办内部报刊、黑板报等技术活儿包揽下来；如果你擅长文艺，可以在单位节日晚会、演讲比赛等场合一展英姿；如果你会修理家电，可以为同事排忧解难。这些，都会给人留下良好印象。

柔顺刚烈，随机而施

原文： 恒其德贞，妇人吉，夫子凶。

释义： 长久地保持柔顺服从的美好品德，永远坚守正道；这样的话，女人可以获得吉祥，男人则遭遇凶险。

释例： 不会随机应变灵活处世，对于一个处世入世的人来说也是不应该的。

《三国演义》第21回描写，刘备

寄居曹操篱下，为怕引起曹操的猜疑，实行"韬晦"之计，在自己的住处后园里种起菜来了。不料曹操和他青梅煮酒论英雄，一语道破他"英雄"的真面目，刘备惊慌失措，手中筷子不觉落在地下。恰巧这时老天作美，雷声大作，刘备急中生智，以雷声巧妙掩饰而过，在这里是随机应变的能力救护了他。

《三国演义》第71回，描写了赵云临敌应变以"空营计"吓退曹兵的故事。汉献帝建安二十四年，魏国大将夏侯渊在定军山被黄忠斩杀，曹操得知后亲率大军20万杀奔汉中，要为夏侯渊报仇。黄忠自告奋勇深入敌后去夺取曹军粮草。诸葛亮放心不下，令赵云也领一支人马同去。黄忠在北山脚下被围，苦战多时，不得脱身，赵云见黄忠去后许久不归，急忙披挂上马，前去接应，曾先后两次杀入重围，救出黄忠及其部将张著。曹操在高处看到赵云东冲西突，所向无敌，愤然大怒，自领左右将士追赶。眼看大军追到蜀营军门以外，守营将领张翼看到敌我悬殊，情势危急，慌忙要关闭营门，赵云喝止，一面将弓弩手埋伏到寨外，一面令大开营门，偃旗息鼓，自己单枪匹马立于营外，魏将张郃、徐晃先到，看到这番情景，疑心设有伏兵，不敢向前，曹操到后，却催督众军，大喊一声，杀奔营前，这时，赵云大智大勇，依然纹丝不动，魏兵以为确有伏兵，转身就往后逃。赵云乘机把枪一招，蜀军鼓声震天，杀声动地，强弩硬弓一齐射出，魏兵心慌意乱，只顾逃命，互相践踏，死伤累累。拥到汉水边时，又互相争渡，落水淹死者无数，大批辎重器械丢弃，蜀军无一伤亡，取得了出乎意料的胜利，刘备得知后，亲到现场了解作战经过，非常赞扬地对诸葛亮说："子龙（即赵云）一身都是胆也！"在这个战例里，看不到、也不可能有任何牵强附会、袭人故技的痕迹，所有的只是赵云的英勇气概和随机应变、创造发挥的能力。

《三国演义》中表现随机应变的例子还很多，曹操拔刀行刺董卓，被发觉后借物随机，顺势改为献刀；曹操马惊踏农田，灵机一动来了个"割发权代首"等，无不闪烁着随机应变的智慧之光。《三国演义》还有人竟以这方面的专家自居,那便是大名鼎鼎的庞统。当孙权问他:"公平生所学,以何为主"时,他不无得意地回答:"不必拘执,随机应变"。

应变是闪烁着才能、机智、胆略之光的高超艺术,好比曹操的"割发权代首",人们尽可以驰骋自己的想象,但是只能得出这样的结论:唯有曹操在这种特定的环境里,才能急中生智,想出这个两全其美的解决问题的办法。这是一种极富个性的艺术表演。可见,应变没有统一的模式可循,没有固定的规律可依。随机的"机"是多种多样的:有天时,有地利,有人物,有事件,有情况,有势态……应变的"变"也是千姿百态的:可以迎难而上,可以另找新路,可以寻求支援,可以等待时机,可以顺水推舟,可以置之不理……。究竟如何?运用之妙,存乎一心。这里的共同点在于,都需要快速灵活的反应,都需要急中生智和临场发挥。

应变的艺术虽然妙不可言,但也不是九天上的烟云,不可企及和获得,它来自一个人广博的知识,卓越的见识,乐观的个性,非凡的性格,尤其需要长期的实践锻炼。当刘备和刘璋翻脸时,庞统很快就指出三条可供选择的计策,这是他经验、才智在一瞬间表现出的合力。他早以才学著称于世,并且在赤壁大战和耒阳县当县令期间,得到了实际的锻炼。

终日乾乾,勤勉成功

原文: 君子终日乾乾,夕惕若厉,无咎。

释义: 君子整日勤奋刻苦,夜间警惕反省,这样即便遇到危险也可免遭灾祸。

释例: 著名哲学家、哲学史家、国学大师,北京大学哲学系教授张岱年先生把中华民族精神概括为"自强不息""厚德载物"。作为"高山仰止,景行行止"的国学大师,他终生勤勉,致思学问,造福祖国的文化学术事业,堪称一代学人楷模。

人世沉浮如电光石火,盛衰起伏,变幻难测。如果你有天才,勤奋则使你如虎添翼;如果你没有天才,勤奋将使你赢得一切。命运掌握在那些勤勤恳恳工作的人手中。推动世界前进的人并不是那些严格意义上的天才，而是那些智力平平而又非常勤奋、埋头苦干的人；不是那些天资卓越、才华四射的天才，而是那些不论在哪一个行业都勤勤恳恳、劳作不息的人们。

天赋超常而没有毅力和恒心的人只会成为转瞬即逝的火花。许多意志坚强、持之以恒而智力平平乃至稍稍迟钝的人都会超过那些只有天赋而没有毅力的人。懒惰是一种毒药，它既毒害人们的肉体，也毒害人们的心灵。无论多么美好的东西，人们只有付出相应的劳动和汗水，才能懂得这美好的东西是多么的来之不易。

真正的智慧总是与谦虚相连，真正的哲人必然像大海一样宽厚。浅薄的嫉恨和无知的轻蔑都是真正不尊重劳动、不尊重勤劳的表现。人们常说：播下行为的种子，你就会收割习惯；播下习惯的种子，你就会收割性格；播下性格的种子，你就会收割一定的命运。"闻鸡起舞早耕耘，天道酬勤有志人。"让我们养成勤劳的习惯，培养勤奋的性格，收割丰收的果实！是的，我们要勤勉地工作，要珍惜每一刻时间，去除一切不必要之举，勤做有益之事。人虽有愚、智、贤、不肖之异，然而成功之诀在于勤勉。是以只要持以恒心，坚以毅力，勤勉地做下去，所谓"勤能补拙"，即使本身天分不足，亦能因勤勉而弥补之。

在美国，工作时间最长的当推高科技行业的人，尤其是国际网络业的新创业者。约翰·丹尼斯是一位电脑程序设计师，在美国硅谷的一家网络软件公司工作。虽然他和父母住在一起，但他早出晚归，父母难得见他一面。晚上他往往三更半夜才回家，他父母早已进入梦乡。每天天还未亮，他父母还没醒过来，他已经出了家门。如果他们半夜醒来，看见儿子的车在门前的车道上，他们就知道他回来了。如果见不到他的车，那他一定是在公司里通宵达旦加班了。

约翰·丹尼斯累了就在电脑桌上睡一会儿，他们公司的老板也想得挺周到，每个人发了一个折叠床，就放在电脑桌下，工作太累了就躺一会儿，醒了又继续干。饿了就到隔壁咖啡厅买点东西吃。公司搬到这栋写字楼时,公司的老板有先见之明,在他们公司和咖啡厅之间开了一道门,大大方便了公司员工用餐,节省了不少时间。而从咖啡厅吹来的咖啡清香便整天飘荡在办公室的空气中。

网络技术层出不穷、日新月异,每18个月就上一个新台阶,所以高科技人才真是忙得废寝忘食,才能跟得上科技的飞速发展,他们很多人每天工作起码12到15个小时,才拖着疲惫不堪的身躯回家,忙得已经忘了上一次假期是多久以前的事。

很多美国人废寝忘食地工作,完全是自觉自愿、没人强迫的,因为他们雄心勃勃,期望在科技上有所突破,期望科技的突破会带来巨大的财富。约翰·丹尼斯公司的创办人,他和一班员工都是没日没夜苦干的"拼命三郎",他们正是这些热衷于发明创造、全心全意投入的美国人的典型例子。

约翰·丹尼斯说:"我们现在干得辛辛苦苦,就是希望有朝一日成功,我和我亲爱的家人可以过着安逸的生活,悠闲自在地享受我过去辛勤劳动的成果。或者到将来我经验丰富时,我也可以每周优哉优哉地工作35个小时,而效率与产出和后来者每周拼命工作60个小时一样高。"

不论我们是对待工作还是学习,我们都应该知道,能同成功划上一个等号,那就是我们的勤勉。

审时度势,待机而发

原文:或跃在渊,无咎。

释义:龙或腾跃而起,或退居深渊,不会有灾祸。

释例:九四:"或跃在渊。"意思是说"或奋发跃起,或退而在渊。可进可退,能进则'跃',不能进则退。一切待机而动,而不是盲目冲动,浮躁妄动。跃是为了发展,退是为了发展而积极地准备、筹划,创造更为有利的条件和先机。"

西奥多·瓦尔曾经这样说:"现在商界的年轻人最要命的弱点,就是缺乏准备,缺乏实干精神和考虑周到的素养,空有一番进取心,不愿为之努力奋斗。"

有一种品质可以让一个年轻人实现自己的愿望，在芸芸众生中脱颖而出，这就是实干精神。而是否具备这种实干精神，常常因人而异。在失败者身上，往往蕴含着大量没有利用、没有开发的能力。为什么他们没有好好利用这些能力呢？他们中的许多人都理应获得成功，而不是仅仅在温饱线上挣扎。他们完全有机会做得更好，但是，为什么他们没有呢？

经常问问自己，我们是否在努力做好？我们是否充分利用了自己的机会？我们是进步了还是落后了？这些思考都是非常有益的。

奥利弗·霍尔姆斯说："与我们行进的方向相比，处在哪个位置上倒是一个次要问题。"那么，我们究竟在向哪一个方向行进呢？

有千千万万的人拥有伟大的雄心、宏大的志向，他们也决定要实现这些理想，但是他们又因为疑虑困惑而停滞不前，甚至不肯迈出一小步。他们一直在等待着，不敢前进，就像有魔鬼守在门口一样。他们常常不愿意全力以赴，更不用说完全切断自己的退路了。

在我们的人生当中，我们期望自己的成功，就要为自己创造一个可进可退的人际宽松环境，这则是最好的处世之道。环境宽松了，我们的工作开展起来就显得游刃有余了，成功也不会离我们太遥远了。

飞龙在天，时机成熟

原文： 飞龙在天，利见大人。

释义： 龙飞行在天空，利于出现大人。"飞龙在天，利见大人。"这句的"大人"，同样是指"大众"、"众人"，只是本句的"大人"。

释例： 是"飞龙"所面对的，而不是当初"在田"的龙所面对的。无论从群体的面和群体的素质层第上比较，"飞龙"所面对的众人、大众远远超过前者。因为"飞龙"是已经具备了成熟的社会处世能力，已经有了成就自己的才能了。这里的"飞"字既是名词，修饰"龙"；又是动词，形象地描述了此时的"龙"腾空而起的情形，象征了的崛起、业绩和称雄及其在社会上的影响力。

泰罗通过自己的管理学著作《计

件工资制》（1895年）、《车间管理》（1903年）、《科学管理原理》（其中包括在国会上的证词，1912年），就是在工作中总结了几十年试验研究的成果，归纳了自己长期管理实践的经验，概括出一些管理原理和方法，经过系统化整理，形成了"科学管理"理论。泰罗在管理理论方面做的许多重要的开拓性工作，为现代管理理论奠定了基础。由于他的杰出贡献，他被后人尊为"科学管理之父"，这个称号并被铭刻在他的墓碑上。

人才的业绩和成就也是企业的业绩和成就，人才的成长和发展，也是企业的成长和发展。所以说，一个企业、一个单位想要"飞龙在天，利见大人"，只需要"无为而治"，为人才的成长和发展营造一个良好的环境。当你把一条条"飞龙"送上天的同时，你的事业也随之腾飞在天了。

防微杜渐，知错而返

原文： 初六，履霜，坚冰至。

释义： 脚踏上了霜，气候变冷，冰雪即将到来。

释例： 刚一起步就发现问题了，并能从问题的迹象预计到前面的问题会更麻烦，如果照此走下去，其结果将会使局面越来越艰难险阻。不要急，好在是事物的开端，纠正还来得及。

是的，此时或者知难而进，或者知错而返。如果你已发现自己处世的方法原本是一个天大的错误时，你首先考虑的是如何纠正它，无论这个问题的原因和责任在于谁，都不能任其发展。

有人说过这样的话，一个善于处世交际的人，仅仅有专业能力还是不够的，要想成为杰出的人必须有两个翅膀：丰富的社会常识和良好的判断力。否则，具有雄心壮志的人也只能与成功擦肩而过。我们都见过一种精巧的机器，它可以没有噪音地在钢板上打洞，能做到这一点靠的是它有一个巨大的平衡轮。这个平衡轮为完成任务储存了能量、速度和动量。一旦从这台能够轻巧打洞的机器上移走了平衡轮，这机器就会散架。在这里，平衡轮就是机器的关键零件，而常识和判断力就是人的平衡轮。如果一个人没有这两点，他的宏大愿望也仅仅是愿望而已。

一个过分高估自己能力、过于自负的人如果没有弄清自己的实际能力和缺陷，他的下场就往往很可怜。对一个人来说，知道自己不能做什么，与知道自己能做什么同样重要。

如果把一个人比作一架机器人，那么，他对问题的判断力、防微杜渐的能力就是其中的平衡仪。

见微知著，防患于未然；知著察微，总结经验。

庄子曾经讲过这样一个故事：河伯说："社会上的议论者都说：'精细到了极点的东西没有形体，巨大无比的东西不能以范围来限定。'这是真实的吗？"

明代传世智书《经世奇谋》中说：事情虽然还未显露出来，它的细微迹象却已露出，愚昧无知的人对它熟视无睹。比如烟窗安装不当，将招来火灾，而燕雀却怡然自得，不知大祸将临头。如果是君子，看到迹象就知事物的结果，怎么会到这种地步呢！明代另一传世智书《智囊》也说：圣人没有必死之地，贤人没有必败的结局。圣贤之人，当彼处昏暗时能在此处躲避，当机遇到来时能自觉加以运用。由先贤先哲的这两段遗训可知，人是否具备见微知著的能力，将直接影响到人的吉凶祸福，将直接影响到事情的成败得失。

谈到做事中的"微与著"，就是强调，我们无论做什么事，都要注意察微知著。

扁鹊是历史上名医，他第一次见到蔡桓公，发现桓公脸色与常人不同，说他有病，而桓公自恃身体强健，认为扁鹊想卖弄自己的医术，没有放在心上。扁鹊第二次见桓公，发现他的病情加深，要求医治，桓公还没引起注意。果然不多久，桓公的病情加重，已病入膏肓，派人去寻找扁鹊而不见踪迹，最后桓公病死。这个故事告诉我们：我们无论做什么，应该防微杜渐，防患于未然，才能将事情办好，我们经常在书中看到一些名言警句，足以作为日常生活行事的依据，像这样的句子，我们不妨将它当成座右铭，时时拿来提醒督促自己。

"处世"多少事,都付笑谈中

原文:盘桓,利居贞。利建侯。

释义:万事开头难,在初创时期困难特别大,难免徘徊不前,但只要能守正不阿,仍然可建功立业。

释例:有时候,虽然局势使人一筹莫展,但只要动机中正,思路清晰,能够与人们有融洽的关系,还是能得到的拥护和理解的。

所以,局势盘桓难前并不是一件坏事,在有头脑、会发挥各方面人员积极性的成功人士眼里,这是处世每前进一步前的"蓄势"阶段。蓄什么势?势者,东风也。"万事俱备,只欠东风",这时的"东风"或许就是人的积极性,是人们的理解和支持,是一种打破局势的"创意"。

有一位名叫马克的人深谙此道。在大多数情况下,如果他有个创意需要一名下属去执行,马克会在一次谈话中漫不经心地提到它。他一般不会直接亮出底牌说:"这里有一个很棒的创意!"相反,他会若有所思地把它用比较大一点的声音说出来,以便听众中有一个机灵的人能够发现它。然后,他就可以坐待佳音了。

过了一两个星期后,如果那名下属仍然没有把事情做好,马克会在下次谈话的时候再次漫不经心地把它提出来。几天以后,马克会给这名下属一份附有他一些其他相关想法或者新闻剪报的备忘录。几个星期以后,他又这样轻轻地但又略显无情地这样刺激他一下,即使是反映最迟钝的下属,都应该知道他是什么意思了。但是,马克并没有强迫下属接受自己的观点,而是用了几个星期的时间让这

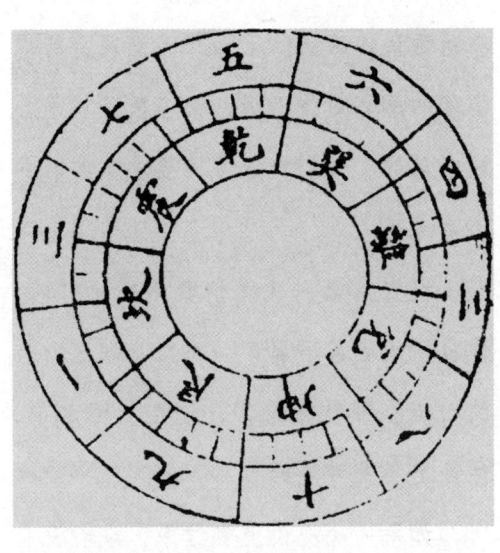

封数之圆图,出自元·吴澄《易传言外翼》

个主意慢慢地渗透到他的脑海中去，使下属慢慢地自觉接受这样的想法。当这名下属把这个创意付诸实施的时候，他肯定会认为这是他自己的创意。

正因为马克先生"以贵下贱"，所以能受到下级的理解，能将自己的创意变为下属的创意和实际行动。

友善接触，魅力再现

原文：即鹿无虞，惟入于林中；君子几，不如舍，往吝。

释义：追鹿而没有虞人做向导，只能独自闯入林海。君子应有预见性，不如舍弃不追，一味前往必招致遗憾。

释例：古人说，刚过为悔，柔过为吝。凡事做过了头，出现了错误，便会生悔。既悔必吝，吝是失误后接着产生畏畏缩缩的消极状态。因为这种消极状态，不但会影响大局，还会疏远朋友之间的关系。如果你是一位领导，在这种消极的状态中工作，还有谁会愿意跟着你真干、实干呢？

如果你这种情绪是由于下级对你的领导不满而引起的，你是将气一股脑儿撒在下级身上，还是反省自己及时认识自己的过错？善处理人事关系的人肯定会选择后者。因为他明白了解了自己的缺点，就应该及时去改正，而不是摆领导架子，依旧我行我素。否则，只会更增加一些下属的愤怒。

一些下属对你的领导工作心存不满，你是可以看出来的，如见到你之后总是表情十分冷淡，有时对你竟不予理会。作为领导，你自然会感觉很没面子，心里多少会有一些不畅。但是，你要善于从中发现问题，找出其中存在的原因。

只要你做到坦诚相待，把自己的真实感受和想法透露给对方，相信对方也会对你诉说衷肠。因为作为上司，能以坦荡的胸怀对待下属，大多数下属是会被感动的。他们对上司的要求，有时并不是太高。

仅仅依靠一次感情联络是不够的，你也不能奢求下属第一次交谈就把所有的心声全部吐露给你，这在实际之中，往往是不太可能的。

如果一次交谈没有结果，或者没有达到你满意的程度，你也不要太灰心，更不能放弃。

你要相信,只要友善地与对方保持经常的接触和交流,你与对方的关系也就一定会慢慢好起来的。

小事之中大禅机

原文: 屯其膏,不贞吉,大贞凶。

释义: 处在困难的境地,不能大量施以恩泽。这时,做小事情,动机纯正,可以吉祥;做大事情,即使动机纯正也会发生凶险。

释例: 当生活中遇到很大的险阻的时候,要想摆脱困境,最要紧地是稳健。此时,头脑要冷静,要紧紧依靠得力的朋友。问题要逐渐地解决,困境要逐步地摆脱。步子迈得过大,急于求成,势必导致失败。

也许你不明白"小贞吉,大贞凶。"的涵义,不知道其中蕴藏着一种微妙得使人惊讶不已的秘诀。这里我想用一个漫不经心的小故事,提示一下这"小"与"大"的禅机。

某一个下雨天的下午,有位老妇人走进匹兹堡的一家百货公司,漫无目的地在公司内闲逛,很显然是一副不打算买东西的样子。大多数的售货员只对她"瞧上一眼",然后就自顾自地忙着整理货架上的商品,以避免这位老太太去麻烦他们。其中一位年轻的男店员看到了她,立刻自动地向她打招呼,很有礼貌地问她,是否有需要他服务的地方。这位老太太对他说,她只是进来躲雨罢了,并不打算买任何东西。这位年轻人安慰她说,即使如此,她仍然很受欢迎。他并且主动和她聊天,以显示他确实欢迎她。当她离去时,这名年轻人还陪她到街上,替她把伞撑开。这位老太太向这名年轻人要了一张名片,然后径自走开了。

后来,这位年轻人完全忘了这件事情。但是,有一天,他突然被公司老板召到办公室去,老板向他出示一封信,是位老太太写来的。这位老太太要求这家百货公司派一名销售员前往苏格兰,代表该公司接下装潢一所豪华住宅的工作。

你能启发你的下级大事业从小事做起,从一点一滴做起的主观意识吗?你能培养他们(包括你自己)这种"于一滴水中见太阳"的意志品质吗?

故事中的小店员、小事，使人联想到一些商业部门的一些大炒作、大行动、大举措，轰轰烈烈之后不知有多大的效果。有些单位甚至因此而遭到消费者的投诉，其结果不正是"大贞凶"吗？

动之以情，晓之以理

原文：发蒙，利用刑人，用说桎梏，以往吝。

释义：启蒙教育应利用典型的事例，避免走上邪路，而急于求成必将出现悔之莫及的结果。

释例：我们处世要以人为主体，要以法为主体，要经常向身边的人进行法律常识的教育，把我们认识的人都置于国家法律的自我保护和自我监督之中，这样，不但形成了良好的社会环境，也会使自身人群中的威信得到提升和巩固。

法律的作用仍然是有限的，因为绝大多数人，绝大多数情形都在合法的范围内活动，动用法律的机会很少，可能只占百分之一二，动用规章制度的情形也不可能是全部，而大部分情形，还得靠常规的启蒙、启示、教育等方法去处理。

我们可以举一个简单的例子。假如一个年薪200万美元的人得了肺炎，那他就必须去找医生诊治。而事实是这个医生年薪只有20万美元。这样问题就出来了：一个年薪200万的人凭什么要听一个年薪20万的医生摆布呢？答案很简单：术业有专攻，在肺炎方面医生懂得比谁都多。他能治好你的病，你就得听他的。

营销人员挣得多无可厚非，他们只是在凭劳动挣钱而已。但是个人前途与命运离不开公司大局与上层领导，公司衰落了，也就毫无个人成就而言。

作为管理人员，应该努力设法和下属们和睦相处。处理好这个关系，对双方都意义重大。

这就说明，法制教育以外的教育其实更为重要，因为，许多问题必须靠举例子去启发，去沟通，去达到一致的认识。

先扬后抑的"击蒙"

原文：击蒙，不利为寇，利御寇。

释义： 启蒙教育要及早实行，要针对蒙童的缺点，先发制人。不要等到蒙童的问题彻底暴露再去教育，而要防患于未然，事先进行启蒙教育。

释例： 对别人的教育和批评，方法是多种多样的，前文中讲到的"发蒙"、"包蒙"、"童蒙"，都是比较典型的方法之一，而"击蒙"的区别则是指批评的力度上大一点，方法属刚性，或以刚制刚，或以刚制柔。但在实际运用上还得灵活掌握，要始终注意保持一个度。

批评也是一门艺术，许多人之所以没有好的人缘关系，并非他本人没有能力，而是不善于运用批评这种技巧。部下免不了犯各种大大小小的错误。因此，作为领导，对他们提出批评是常有的事。但是，一提起批评这个词，许多人会不寒而栗，因为他们的接受的都是粗暴地训斥，虎着脸，把他们损得一钱不值，以至为人处世总是谨小慎微，不敢承担责任。这种习惯会让人丧失积极主动的创造精神。这样的批评无助于改进，反而适得其反。要知道，批评的最终目的不是要把对方压垮，而是为了帮助他成长；不是去伤害他的感情，而是要帮助他把事情做得更好。

这种批评有助于使对方认识到你不是在攻击他的自我，不是批评他这个人，而是批评对方的某项工作或某件事情。把你的批评指向他的活动，就无损于他的整个自我形象，这样就使批评建立在友好的气氛中，使对方感到无拘无束，欣然接受批评。用这种方法，你在指出他人错误的同时实际上夸奖了他，使他得以重新树立自我形象，因为你的意思给他的感觉是"领导的话说明我这个人还是不错的。"这样，你就让他知道，你是信任他的，并期望他做得更好，这本身对于他不辜负你的信任和期

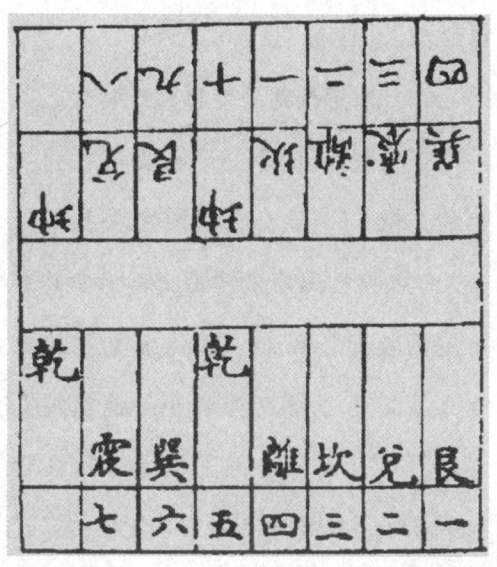

卦数之横图，出正元·吴澄《易传言外翼》

望就是一种强有力的激励。

如果对方需要忠告批评，要从赞扬其优点开始。这种方式就好像外科医生手术前用麻醉药一样，病人虽然有不舒服的感觉，但麻醉药却能消除苦痛。

彼此妥协，才会共享胜利

原文：需于血，出自穴。

释义：在血泊中等待，不小心陷进深穴，用尽全力才逃脱出来。

释例：在人际交往中不但需要足够的耐心，同时还需要做出某些付出甚至牺牲。要想得到理想的人缘，不付出一定代价是不行的，不栽树，只想伸手摘桃子的事是没有的。

圣雄甘地通过不抵抗主义取得了胜利，婚姻从来就是妥协的产物，而妥协本身有时候就是对于对方的蔑视，更是合作的必经之路。妥协，当然是有理由的。

一、圣雄甘地胜利了

在上一个世纪，印度的国父莫罕达斯·卡拉姆昌德·甘地奉行"勿以暴抗暴"的不抵抗主义，最终获得了胜利。在亚穆纳河之滨，印度为怀念他建造了一座纪念碑。纪念碑是用黑色砖头修建的普通平台式建筑物，上面用英文和印地文铭刻着他的教诲："我希望印度自由强盛，敢于牺牲自己，勇于创造一个美好的世界。每个人应当为自己的家庭牺牲，每个家庭应当为自己的县牺牲，每个县应当为自己的省牺牲，每个省应当为自己的国家牺牲，每个国家应当为全人类牺牲。我期望'天国'降临尘世。"虽然时至今日，正像甘地晚年所担心的那样，他的继承人抛弃了他的教诲，但在人们日常生活的种种论辩中，不抵抗主义可以大派用场。

其实何止于甘地。这个世界上的所有胜利，有哪一个不是经由妥协而取得的？

二、连婚姻都是妥协的产物

可以说，婚姻一开始就是一种妥协的产物——男女之间想象中的"王子"、"公主"与现实中的恋爱对象总有一定的差距，面对"固执己见"的姑娘小伙们，介绍人总要开导他们放宽条件，说什么"这位先生各方面条件都达标了，就是身高差了2厘米，不过他今年才20岁，还可以往上长"，或者

"别总是看人家姑娘的缺点，结了婚有了感情，什么黑呀白呀，看惯了越完美呢"，而这么一说，双方一般来说也就"凑合"了。而婚前就有一种妥协感的夫妻，由于在婚姻生活中仍然不忘妥协原则，一般来说并不比那些曾爱得死去活来的夫妻生活得差。

人际交往也是一样，懂得彼此妥协，才会共享胜利。

原子式的合作状态

原文：食旧德，贞厉，终吉。或从王事，无成。

释义：享受过去的德业，吃喝不愁，坚守正道，处处小心防备危险，终久会获得吉祥；如果辅佐君王建功立业，成功后不归功于自己。

释例："不食旧德"，告诉我们，社会在永远都在创新，只有创新才能使生命有活力，有凝聚力，才能更好地发挥我们的潜力。

美国尼葛洛庞帝从小就醉心于艺术和数学，在大学时代，原本主修建筑的他，后因进入研究所从事计算机辅助设计的研究，而一头栽进了计算机科学领域而无法自拔。因此，尼葛洛庞帝对真正有创造性人才的特点掌握了如指掌。他指挥着一帮天才"疯子"有力地创造着未来的梦想。

"从我们实验室出来的人，没有出现过一个富翁。与比尔·盖茨相比，我们连其财富的百分之一都没有。但我们当中很多的人享有实验室的工资，同时也为外面的企业做顾问。每年也有25%的人员流动，现在是10%，两年以后，我们将计划进行一次大规模的招聘。"

这些人才一旦符合条件被招进实验室，尼葛洛庞帝就不再管他们，"我们对这些人从不管理，他们想干什么就干什么，我们也不给他们任何压力，不仅不管这些人是否在家上班还是在实验室里上班，（我们这些人在工作状态上是比特加原子式的——尼葛洛庞帝语）甚至不管他们一年到头出不出成果，也没有任何业绩考评。但是这些人常常不待在家里，他们却更有兴趣到我们的实验室大楼来工作，因为那里有很多有趣的人。当初我们建实验室时是靠人才吸引人才，还让人才吸引了资金。现在也是如此。"

纷争使事理更明晰

原文：讼，元吉。

释义：官司得到了公正的判决，开始获得吉祥。

释例：争执和纷争并非全是坏事，有时，争执的各方都是为了一个共同的愿望，一个共同的目标，这样的争执，只能使目标更清晰，实践目标的方案更完善，意见更趋统一。这里的前提当然是：争执的双方原本就有了一个明确的目标，而且又是那么的一致。

你的第一步，是决定你生命中的首要目标是什么。第二步就是把这项目标写成一份清晰、简洁的声明。接着，再写一篇声明，叙述你打算用什么计划来达成你的目标。

接下来的一步，也是最后一步，就是和某人或某些人结成联盟，他们将和你合作，执行这些计划，把你的"明确的首要目标"变成现实。

这项友好联盟的目的是采用"智囊团"的法则，以支持你的计划。联盟的组成分子应该是你本人，以及那些在内心中对你拥有最高及最佳利益的人。

如果你是一位已经结过婚的男士，你的妻子应该是这个联盟中的一分子，但是你们之间应存在着一种信任与同情的状态。此一联盟的其他成员可以包括你的母亲、父亲、兄弟姊妹，或是其他的好朋友。

如果你是一位单身汉，你的女朋友应该成为此一联盟的一分子。这并不是开玩笑——你现在正在研究人类思想中最为有力的一项法则，要想使你获得最佳利益，你必须认真而且诚挚地遵行本章中所提出的规则，即使你也许尚不能确定这些规则将引导你走向何处，你也必须奉行不渝。

和你一起组成友好联盟，且希望帮助你创造出"智囊团"思想的这些人，应和你一起，在你"明确的首要目标"的声明纸上签字。你联盟中的每位成员一定要充分了解你组成此一联盟的目的。还有，每位成员一定要由衷地配合这项目的，同时要充分赞同你的做法。你联盟中的每位成员必须拥有一份你"明确的首要目标"声明的副本。不过，我必须明确地指示你：必须要由你自己达成你首要目标的目的。这个世界到处都有"疑神疑鬼"的人存在，让这些意志不坚的人嘲笑你以及你的野心，对你并无好处。记住：你所需要的是友善的鼓励和帮助，而不是嘲笑与怀疑。

接下来要说的，是一项最重要的基本规则，你一定要遵守。和你的友好联盟中的一分子，或是全体成员商量好，要他或他们以最肯定及最明确的话向你说出："我们知道，你一定可以实现你的这项目标。"这种明确的证言或声明，应该每天至少向你提出一次，如果可能的话，次数越多越好。

你必须持之以恒地奉行这些步骤，并要充分相信，它们必将引导你到达你所希望的目的地。

如果只把这些计划执行几天或几个星期，那是不行的。你必须奉行上面的这些步骤，一直到实现你的明确的首要目标为止，不管需要多少时间，也绝不能半途而废。

山高水险，行路难，不畏难

原文：升而不已必困，故受之以困。

释义："前进遇险而不盲目冒进，退归原处获得赞誉"，往前进发遇到险难，并不急躁冒进盲目犯难，而是平平静静退归原处，以便从长计议，所以获得了人们的赞誉。

释例：明月司空见惯，塞难自来就有的吧？

"青天有月来几时？我今停杯一问之。人攀明月不可得，月行却与人相随。"李白写完了《把酒问月》、《蜀道难》、《行路难》，意气磅礴，依然还是不能平静，"弃我去者"、"乱我心者"照样在心里翻腾。他彻夜不眠，想得愈多愈是抓不住要领，"孤灯不明思欲绝……美人如花隔云端"，心里好苦。依然天天喝酒，酒，还是天天喝。以月下酒，对酒当歌，颠倒黑白，恍然如梦。酒喝得再多，依然还是烦恼的美酒天天有，自然觉得无聊。

一个人满心想干的事不一定就是正经事，随意而为之的事未必就不正经。看来，李白这一生确实也没有多少正经事要干了。他见屈原疯疯癫癫问巫问咸，问得出奇制胜，问得竟然能以荒诞留大名，便将酒杯推到一边，索性就地取材，以月为喻，要给这个"行路难"的"难"字彻底来一个了断——"今人不见古时月，今月曾经照古人。"

李白酒喝得雅致，诗写得不费劲，只是用现在的话说，有些"不成熟"，自以为了不起，好跟政府耍性子。说话口吃，谈古论今不如司马迁，问天问地比不上生在南国蛮荒时代的屈原，见人就红脸，拉家常不如吃辣椒吞大块肉的苏东坡，英文没学好，讲《周易》自然不如从美国回来的我。

李白把明月呼作"白玉盘"，现代人所说的"困难"，就是古人所说的"蹇难"。有道是："困难像弹簧，你强它就弱，你弱它就强。"不见古时月的今人主张迎着困难上。然而《蹇》卦卦辞张口就说："利西南，不利东北"，意思很清楚，处在蹇难的时候，绝对不能盲目行事，只应根据具体的时间、条件和环境，作出有利于自己的选择。

《蹇·象传》说："见险而能止，知矣哉！"——明智的人不会昏天黑地乱闯。什么"明知惊涛骇浪险，偏向风波江上行"，"时代的弄潮儿"，不怕杀头，不怕坐牢，不怕离婚，不怕破产，不怕开除什么什么"籍"等等之类，大约都不在"知矣哉"之列。蹇难在前，路子走不通，那就干脆退回来。

初六爻辞"往蹇来誉"，《小象传》："宜待"，九三《小象传》："'往蹇，来反'，内喜之也"，都是说蹇难在前，宜退不宜进。所谓"宜待"，含义

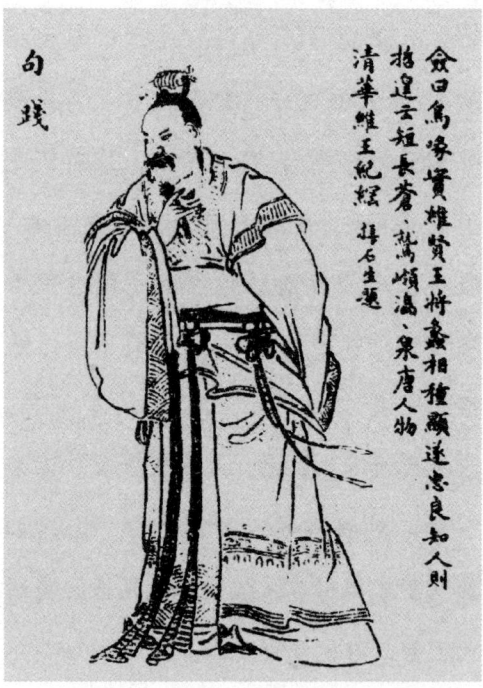

勾践像。勾践，春秋时代后期越国的君主。春秋末期，吴国征伐越国，越国战败。勾践及王后及几乎所有大臣入吴为奴，受尽凌辱而不屈，他奇迹般回到越国后，卧薪尝胆，励精图治，最终灭吴。勾践的做法是《周易》"升而不已必困，故受之以困"思想的具体体现

很清楚：用来战胜困难所必需的人力物力积聚得还不够，对我们不利的客观形势还没有发生变化，像打仗一样，最好耐着性子等待有利时机的到来。

《蹇·大象传》说："山上有水，蹇；君子以反身修德。"——处在蹇难的时候，应该诚心诚意地进行自我反省，不要张狂，不要怨天尤人，不要大呼"非战之罪"，老子也罢，小子也罢，都不可能一贯正确。

当然，"今月曾经照古人"，看在明月的面子上，今人古人也不应该老是处处作对。"有困难找警察"，这话是对的。不过说到底有困难还是应该找领导，凡是重要的事情各级领导都会抓，一把手二把手抓的事情最重要！《蹇》卦讲济蹇之道，特别突出了大人物。

卦辞说："利见大人，贞吉"，看来"领导是关键"这个话早已是传统文化。领导不仅是克服困难的关键，而且是团结众人、同舟共济的核心，九五："大蹇，朋来"，是对这个原则的正面说明；上六："往蹇，来硕；吉利见大人。"是对这个理论的侧面论证。

用现在的观念来表达，克服困难还应该处理好高层领导和中层干部之间的关系。"王臣蹇蹇，匪躬之故。"六二与九五遥相呼应，一个居于指挥中枢，一个在前方受命，干部贤能，任劳任怨，出生入死不为私利，事实上他们已经成为克服蹇难的决定因素。

本卦除初爻而外，其他五爻阴位居阴，阳位居阳，皆当正得位。得位居正，众志成城，这是正家邦、济蹇难的又一个有利条件。

《蹇》卦喻示行走艰难：前往西南平坦之地对自己有利，步入东北崎岖之境对自己不利；往见尊贵的大人物，贞正吉祥。

《象传》说：前有阔水，后临高山，一人一马，立在中间。"蹇"之大意，是说行走艰难；看见坎险在前而能止步，真是明智啊！为什么说："前往西南对自己有利"呢？这是因为西南方坤阴柔顺，地势比较平坦，恰当进退维谷、举步维艰之际，选择西南方向比较适中稳妥，没有躁动犯难、盲目冒进的毛病。

为什么说："前往东北对自己不利"呢？东北方乃是乾阳刚健之地，山多地险，处蹇运而再入艰险崎岖之境，那便真是陷入绝境了。"有利于往见尊贵的大人物"，当天下处在蹇难的时候，只有天纵圣明才能齐协万众之力，通举贤能之志，最终成就克厥天下巨蹇之奇功："贞正吉祥"，这是说众贤良在大人物的统帅下，能够齐心协力，排除万难，端正国邦，彻底改变蹇塞困顿的局面。处蹇难而能采用正确的方策来应对蹇难，这是多么有意义的事情啊！

《蹇》上卦是坎，下卦是艮，坎为水，艮为山，山是岩险，水的阻难，"山上有水"，进一步增加了行走的艰难；又艮为止，坎为险，见险在前，停步反思，君子所以明白了发生困难的缘由，从此更加虚心地修养自己的德行，振奋精神，齐心协力，努力完成救世救民，解除时蹇的大任。

"前进遇险而不盲目冒进，退归原处获得赞誉"，往前进发遇到险难，并不急躁冒进盲目犯难，而是平平静静退归原处，以便从长计议，所以获得了人们的赞誉。

这样做，显然说明她在寻找并等待利于自己前进的好时机。

"臣仆们奔走济难献身王事"，家国处在蹇难的时候，君王处于中枢，不能巨细亲躬，臣仆们奔走济难，不是为了自己的私利，而是在献身王事。

这说明对君王忠心耿耿，身命毅然置之度外，已经达到了鞠躬尽瘁的境界。

"行进遇到险难而复返原处"，往前行进，蹇险就在前面；那就知难而退，返归原位。这个明智的决定，使他内部的众人非常欢喜。

《小象传》说："进也蹇难，退也蹇难。"——进退维艰左右为难，六四处在这样难心的时位上，也不是她妄作妄行自招的啊。

《小象传》说："在最蹇难的时候，朋友前来相助。"处在最为蹇难的时候，朋友们纷纷前来赤诚相助。这说明临大难却依然能够保持阳刚中正的崇高气节。

"往前行走，蹇难在前，归来可建大功"，这是说上六的抱负是力图将内部的力量联合起来，以便共同克济蹇难；"有利于往见尊贵的大人物"，这是说上六能够跟从尊贵的君王。

善静和尚27岁的时候，弃官出家。他去乐普山投奔元安禅师。

禅师令善静管理寺院的菜园，在劳动的过程中修行。

有一天，寺内一位僧人认为自己已经修业成功，可以下山云游了，于是就到元安禅师那里向他辞行。当然，下山是要等到禅师的批准的。

元安禅师听了僧人的请求，笑着对他说："四面都是山，你往何处去？"

僧人无法想出其中蕴涵的禅理，只好转身回去。

那僧人无意中走进了寺院的菜园子。

善静正在锄草，看见僧人愁眉苦脸的样子就惊讶地问："师兄为何苦恼？"

僧人就将事情的来龙去脉一五一十地告诉了他。

善静马上想到"四面的山"就是暗指"重重困难"、"层层障碍"。元安禅师实际上是想考考僧人的信念和决心。可惜，僧人参透不了师父的旨意，于是笑着对僧人说："竹密岂妨流水过，山高怎阻野云飞。"意思是：只要有决心，有毅力，任何高山都无法阻挡。

僧人于是就来到元安禅师那里，对禅师说道："竹密岂妨流水过，山高怎阻野云飞。"

僧人以为师父一定会喜笑颜开地夸奖他，然后准他下山，谁知元安禅师听后，先是一怔，继而眉头一皱，两眼直视僧人道："这肯定不是你拟的答案！是谁帮助你的？"

僧人见师父已经察觉，于是只好把善静和尚的名字说了出来。

元安禅师对僧人说："管理菜园的僧人善静和尚，将来一定会有一番作为的！多学着点吧，他都没有提出下山，你还要下山吗？"

世上无难事，只怕有心人！世上没有不可逾越的障碍，关键在于自身，只要下定决心，一切困难都能迎刃而解。

其实有很多事是事在人为的，做什么事只要立场坚定、勇往直前，就能把事情做好。这正如高尔基说的"志在顶峰的人，决不留恋半山腰的奇花异草而停止攀登的步伐"，也就是说事只要有决心，就不会半途而废。

所以说人是能够掌握自己的命运的，只要你朝着那个方向走去，无论有什么困难都坚持己见把拦路石搬开，等着你的将是美好的希望和美好的将来。

人生之路并不是坦途一条，获得幸

福之路也不是通畅无阻的。人生有顺逆境之分，幸福的取得也有难易之分。但不管在怎样的条件下，人们都不应放弃对幸福的追求。在顺境中，人们以舒畅的心情谋求幸福，在逆境中，人们依然应当坚韧不拔，矢志不渝地追求幸福。幸福既可以在顺境中顺利地实现，也可以在逆境中艰难地获得。

一般来说，人们都希望一生顺利，平安地获得幸福。但现实往往并不尽如人意。人的一生中，既会有得心应手的顺境，又会有困难重重的逆境。我们争取处在顺境中，但也不应该害怕逆境带来的磨难，而应该公正地看待顺逆境。

顺境固然有利于事业的成功，逆境却能磨砺人的意志，激发人们克服困难，顽强进取。温室里的花朵经不起风雨地袭击；饱受风浪考验的海鸥却能够搏击海空。处在顺境中的人也许会虚度一生，处在逆境中的人却能够顽强奋进，取得辉煌的成就，获得更大的幸福。

相对而言，处于顺境中是幸运的，陷于逆境中是不幸的，是一种厄运。但幸运的好处是应当希望的，而厄运的好处是应当惊奇叹赏的。许多奇迹都是在厄运中出现的。用平凡的话来说幸运所生的德性是节制，厄运所生的德性是坚忍。

在理论上来讲，后者是一种更伟大的德性。幸福是《旧约》中的福祉；厄运是《新约》中的福祉；而厄运所带来的福祉更大。幸运并非没有恐惧，厄运也并非没有许多的安慰与希望。

在逆境中有安慰与希望，人们只要抓住这种希望，并把它当作动力，就能够在逆境中崛起。在逆境中善于自处，锻炼自己的意志，就能够在逆境中奋起，越王勾践在国破家亡之后，卧薪尝胆，用艰苦的生活来磨炼自己的意志，结果十年后一举灭吴。

当然，逆境确实容易使人消沉，丧失斗志，自认倒霉，结果跌倒后再也无法站起来。顺境有利于人们在良好的环境和心态下自由地正常发挥自己的才能，但也可能仅仅是正常而已，也许有时连正常都达不到；因为顺境容易消磨人的斗志，使人养成懒惰的习惯，从而平平常常，无法杰出。

因此对顺境和逆境的辩证看法应当是，顺境会使人们获得幸福，但也容易使人在得到暂时的幸福后不再有所追求；逆境会影响人们正常地实现幸福，但如果保持坚强的意志，奋力拼搏，顽强奋进，也许能够使自己的能力得到超常发挥，获得更令人陶醉、令人神往的幸福。

坦言消解芥蒂

原文：或锡之鞶带，终朝三褫之。

释义：或许能够得到赏赐的显贵服饰，但在一次的朝见中就多次被剥夺。

释例：有人总误认为在争讼中取胜是英雄的象征，可以得意忘形。其实，争讼失败的一方固然感到冤屈和沮丧，但争讼胜利的一方同时也不是滋味。俗话说："赢了官司输了钱"，"打官司是打气受"。可见争执毕竟不是好事，能避免的当尽量避免，能化解的应尽量化解。

你肯定会遇到你的领导对你发脾气的时候，如果这个脾气发的对，你就必须承认错误并且作出该如何去改正或提高的承诺，而不是对你的错误进行辩护。我们在电视片上也会经常看到这样的情形，当一个职员犯了错误而又想辩护，领导则会毫不客气地说道："我不希望听你解释。"因为这时领导最希望看到的是你能弥补过失，把公司所损失的利益追回来。如果他的脾气发的不当，你可以给他指出并且向他把事情解释清楚，告知他不应当对着你发脾气。

而且，你这样与他达到谅解后还可以为他提供一些解决问题的建议。

在社会中与人相处既需要技巧而且要有艺术性。技巧通过学习可以得到，但艺术性则是一种长期的素质，是作为一名学者、一名教练、一名领袖、一名核心人物或一名举足轻重的权威人士要具有优良的素质。有一些领导比其他人要好一些，他们有很多优点，但所有的领导都有缺点。而在现实中，往往会因为这些缺点而导致上下级之间的争执，如果这种争执发展下去，将会直接冲击企业或单位的利益。这时，只要某一方，当然最关键的是领导方主动承担责任，主动与对方交换意见，自然会息弭纷争，消解芥蒂，这自然是十分有利的结果。

强强联合竞争中的合作

原文：外比之，贞吉。

释义：在对外交往中互相信任，亲密团结，尽力辅佐贤明的君主，其结果是吉祥的。

释例： 表现在企业、单位与社会的合，横向联系的合，是十分必要的。当今世界呈现多极化，经济全球化，企业与企业之间，都在热衷于"强强联合"和"精诚合作"，正体现了这一历史潮流的特点。

拿破仑·希尔在讲到合作时举了个生动的例子，他说，挪威的海岸外有一处世界上最著名及无法抗拒的大漩涡。这个永不停止转动的大漩涡十分可怕，任何人只要被卷了进去，就再也无法逃生。

同样的，那些并不了解"团结合作"努力原则的人，也正在向着生命的大漩涡前进，他们必然也会遭遇不幸的毁灭。在我们生存的这个世界中，到处都可看到"适者生存"的证据。这儿所说的"适者"就是有力量的人，而力量就是团结努力。

很不幸的是，由于无知，或是自大，有些人因而误认为自己能够驾驶脆弱的小帆船驶入这个危险的生命海洋。这些人将会发现，有些漩涡比任何危险的海域更要危险万分。大自然所有的法则与计划，都是建立在和谐与合作的基础上，世界上所有的领袖早就发现了这个伟大的真理。

当人们处于不友好的状态时，不管是在何处，也不管矛盾的性质及原因是什么，我们都可以发现，在"战场"附近都有这样的一个大漩涡在等待着这些"战斗"人员。

只有通过和平、和谐的合作努力，才能获得生命中的成功。单独一个人必定无法获得成功。

即使一个人跑到荒野中去隐居，远离各种人类文明，然而，他仍然需要依赖他本身以外的力量来生存下去。他越是成为文明的一部分，越是需要依赖合作性的努力。

不管一个人是依靠白天辛勤工作维生，或是依靠利息收入过活，只要他能够和其他人友好"合作"，他的生活就可以过得更为顺心一点。还有，其生活哲学以"合作"而不是以"竞争"为基础的人，不仅可以比较容易过日子，以及获得舒适豪华的生活，也将享受到额外的"幸福"，而这是其他人所永远享受不到的。

凭着上帝之爱心啊

原文： 有孚，血去，惕出，无咎。

释义：具有诚实守信的德行，互相信任；抛弃忧患意识与戒备心理，这样就没有灾祸。

释例：当合作双方发生分歧或利害冲突时，唯一的办法是"有孚"，即以诚信去感动对方，取得对方的信任和理解。

拿破仑·希尔幽默地讲述过一件他个人的这方面经历，事情是这样的：

有一天，拿破仑和办公室大楼的管理员发生了一次误会。这场误会导致他们两人之间彼此憎恨，甚至演变成一种激烈的敌对情形。这位管理员为了显示他对拿破仑的不悦，当他知道整栋大楼里只有拿破仑一个人在办公室中工作时，他立刻把大楼的电灯全部关掉。这种情形一连发生了几次，最后，拿破仑决定进行"反击"。某个星期天，机会来了，拿破仑到书房准备一篇预备在第二天晚上发表的演讲稿。拿破仑刚刚在书桌前坐好，电灯熄灭了。

拿破仑立刻跳了起来，奔向大楼地下室，拿破仑知道可以在那儿找到这位管理员。当拿破仑到达那儿时，发现管理员正忙得很，管理员把煤炭一铲一铲地送进锅炉内，同时一面吹着口哨，仿佛什么事都未发生似的。

拿破仑立刻对管理员破口大骂。一连五分钟之久，拿破仑以比那个锅炉内的火更热辣辣的词句向管理员痛骂。

最后，拿破仑实在想不出什么骂人的词句，只好放慢了速度。这时候，管理员站直了身体，转过头来，脸上露出开朗的微笑，并以一种充满镇静及自制的柔和声调说道："呀，你今天早上有点激动吧，不是吗？"

管理员的这句话就像一把锐利的短剑，一下子刺进拿破仑的体内。

想想看，拿破仑那时候会是什么感觉。站在拿破仑面前的是一位文盲，管理员既不会写也不会读，但虽然有这些弱点，管理员却在这场战斗中打败了他，更何况这场战斗的场合——以及武器——都是拿破仑自己所挑选的。

拿破仑暗自想着：我的良心以谴责的手指对准了我。我知道，我不仅被打败了，而且更糟糕的是，我是主动的，而且是错误的一方，这一切只会更增加我的羞辱。

我的良心不仅在指责我，更在我脑海中安置了一些十分令我难堪的念头，它嘲笑我。我站在那儿发呆。我自夸是个高深心理学的学者,是"黄金定律"哲学的创始人,精通莎士比亚、苏格拉底、柏拉图、爱默生等人的作品,还有圣经;而站在我对面的这人对文学及哲学一无所知,而他虽然缺乏这些知识,却在这一次的口语之中把我打得惨败。

拿破仑转过身子,以最快的速度回到办公室。他再也没有其他事情可做了。当他把这件事反省一遍之后,即刻看出了自己的错误。但是,坦白来说,拿破仑却很不愿意采取行动来化解自己的错误。

拿破仑知道,他必须向那个人道歉,内心才能平静。最后,拿破仑下定了决心,决定到地下室去,忍受必须忍受的这个羞辱。这个决心并不是很容易下的,拿破仑更是费了很久的时间才达成决定。

拿破仑开始往地下室走去,但这一次比上次走得慢了很多。拿破仑不断地在思考,应该如何进行这第二次的行动,以便把羞辱减到最低程度。

拿破仑来到地下室后,把那位管理员叫到门边。管理员以平静、温和的声调问道:"你这一次想要干什么?"

拿破仑告诉他,"我是回来为我的行为道歉的——如果你愿意接受的话。"

管理员脸上又露出了那种微笑,他说:"凭着上帝的爱心,你用不着向我道歉。除了这四堵墙壁,以及你和我之外,并没有人听见你刚才所说的话。我不会把它说出去的,因此,我们不如就把此事忘了吧。"

这段话对拿破仑所造成的羞辱更甚于他第一次所说的话,因为管理员不仅表示愿意原谅拿破仑,实际上更表示愿意帮助他隐瞒此事,不使它宣扬出去,以对他造成伤害。

拿破仑向管理员走过去,抓住他的手,和他握一握;拿破仑不仅是用手和那人握手,更用自己的心和他握手。在走回办公室的途中,拿破仑感到心情十分愉快,因为他终于鼓起勇气,化解了自己所做错的事。

做事有始有终的人才有成就

原文:君子有终。

释义:"君子"指有修养、有作为的人,"君子有终"指人必须有所坚持,历来成大事者都是有始有终的。

释例： 人们做事情，总是在快要成功时失败，所以当事情快要完成的时候，也要像开始时那样慎重，就没有办不成的事情。

老子依据他对人生的体验和对万物的洞察，指出"民之从事，常于几成而败之。"许多人不能持之以恒，总是在事情快要成功的时候失败了。出现这种情况的原因是什么？

老子认为，主要原因在于将成之时，人们不够谨慎，开始懈怠，没有保持事情初始时的那种热情，缺乏韧性，如果能够做到"慎终如始，则无败事"。

老子认为，一个人应发挥智能或技能的最佳状态，只有在心理平静的自然状态下才能做到。总之，在最后关头要像一开始的时候那样谨慎从事，就不会出现失败的事情了。

现代心理学证实了这一名言。世界上多数伟大的科学家，其智力与我们这些凡人并没有什么两样，他们成功的秘诀是具有超越凡人的非智力因素：强烈的事业心，吃苦耐劳的干劲，尤其是持之以恒的毅力和善始善终的精神。

追求的目标越远大，所要付出的劳动就越多，所要进行的时间也越长，而且，有些工作越到后来难度越大。开始完成的多是些外围或简单的工作，到接近尾声时剩下的都是些硬骨头，这时就更需要热情、耐力和毅力。

但事业的可悲和不幸往往就出在这儿：许多人在事业开始时劲头十足、热情也高、精力集中，随着困难的增大和时间的拖长，越到后来就越气馁，越到最后就越粗心，事情快要办成了却甩手不干了。就像爬山的人快要到达无限风光的顶峰，却因腰酸腿疼而突然止步，

文王九卦处忧患图，出自元·胡一桂《周易启蒙翼传》

转脸向山一下逃去。

多可惜！

在拳击比赛时，对手双方开始是明来明去的较量，慢慢双方都想暗地里伤害对方。打麻将开始是大家在一起寻开心，输了几着以后就开始怒目而视甚至拳脚相向，由开心变成了伤心。许多情人或夫妻起初爱得死去活来，最后两人都恨得咬牙切齿，有的人年轻时是时代弄潮儿，到老来却成了历史的绊脚石……人类诸如此类笑着出去哭着回来的事举不胜举，看来，好的开头不容易，好的结局就更难，所以英国人说："谁笑到最后谁笑得最好。"

忍的意义为忍苦、坚忍。所谓"头悬梁，锥刺股"，就是说的这个忍字。老百姓说，吃得苦中苦，方为人上人；又说，九十九拜都拜了，还有一拜不上头，也是强调这个忍字的重要。我们要做成一件事，无不有许多困难，如果不能忍，中途退步，就会前功尽弃。尤其生而为人，能够善始善终地在天地间做一番事业，更是需要数十年坚忍不拔地努力。

就拿读书治学来说，十年寒窗，考个大学已是不易，不过大学加四年，也只是摸了个门，知道了在何处起步而已。要想有所建树，还有九十九条河，九十九道坡，非有一种忍劲不行。外交谈判，有时也是靠这一个忍字。左右应付，来往辩难，就是不让步，坚持到最后一分钟，忍过来了就胜利了。

其实，你来到人世带来希望，需要无限的耐心等待长大成人。父母相信自己才会相信你，正是因为父母的自信才能维持对你的希望寄以无穷的耐心。有一天，父母失去了自信，你的成长会受到影响，如果父母同时失去对你的希望，他们也没信心对你负责任，你就会被遗弃或成为别人的孩子了。

人生活在自信和希望之中，当失去自信时还有希望，当失去希望时，靠责任和义务来支撑。当你自信的时候选择了希望，也同时选择了责任，你的付出会得到快乐，如果只有痛苦的时候，靠的是耐心。痛苦是难免的，痛苦的结果是绝望，当极度绝望的时候靠的是希望的来临，或者是渴望一线希望的光芒。

随着人的成长，你会发现很多事情是周期性的。当你付出努力后希望结果的时候，需要的只是耐心。当你绝望的时候，已经是到了运气的底部，一个转折点，再坚持一下，你的运气就开始回升了。

也许回升的过程不会一下到顶，但你又看到了希望。有希望的时候，你又会有耐心。当绝望的时候，你会失去耐心。你的运气由坏变好的转折点也仅仅再需要把一点点绝望变为希望，把一点点无奈变为耐心。

乌云的后面是蓝天，不管乌云挡住你的视线有多久，只要你有相信蓝天（希望），总会有云开日出。耐心来自于你要相信你的希望。你的命靠的是希望，你的运靠的是耐心，你的命运靠的是你的希望和耐心。

耐心是一种品德。除了先天的成分不同，后天的培养决定耐心的大小和程度。价值是靠满足需要体现的，包括物质和精神需要，具体在生理、心理、情绪、财务等方面。人们对有价值的对象赋予比较大的耐心。

大人应对小孩给以大一些的耐心，这也是锻炼和检验你耐心的时候。不过，这一点对多数人不难。对老人、病人和新来的人也应赋予耐心，这是需要学习和努力的，否则，世界上会多一些仇恨。当然，如果你充满爱心对人，也就有耐心了。

感情会影响价值。无论对人、事或物，一旦有了感情，也就赋予了价值，你会让自己更有耐心地去面对、等待。

人们为了实现价值会付出耐心。你爱上一个人，其为你终生所求，那么你要有无限的耐心。也许没有结果，但过程是由耐心铸成的。爱你所爱也无怨无悔了。

除了感情和爱以外的物质世界是工作和事业。你的事业成功能体现你的价值。在你成功之前，你愿意付出多少耐心取决于你的判断力和意志力。如果你相信你的判断并有足够的耐心，就不怕不能成功。短期内耐心取决于价值，长期来讲，耐心决定价值。

低调的"社会新鲜人"

原文： 履道坦坦，幽人贞吉。

释义： 走在平坦的道路上，仍如同隐居的人一样，表现得安逸宁静，坚守中正原则，可以获得吉祥。

释例： 观察、判断有真才实学，且有办事魄力和志向的人，只要看他走路的样子，就像隐居的智者一样，安然宁静，言行中正。对这种人委以重任，必然会给一个群体带来福音。也许这是古人的观念,如今的我们交往却喜欢选择"新潮一代"、"社会新鲜人"。

所谓"社会新鲜人",就是刚出学校校门的学生,比尔·盖茨认为他们热情高、干劲足。微软公司每年录用的新员工当中,这些初出校门的"社会新鲜人"所占比例高达80%以上。

这些初出学校的"新鲜人",根本没有任何的负担和压力。有的只是一股对工作跃跃欲试的狂热。

而且他们通常也不会计较报酬,因此微软公司正是利用这些特点以低薪制先磨合试用。

微软公司宣称:"微软公司成立于1975年,多年来在全球个人电脑软件市场居领导地位。其产品包括自个人至企业使用的各种软件产品与服务,并以创造更丰富的电脑应用软件为使命,为人类生活创造更美好的未来。"

微软公司让这些初出校门的"新鲜人",从事最基础的、技巧性较少的代码编写工作,这样不但能大大降低整个微软公司的产品开发成本,而且还为社会培训了一大批专业人才。

用真诚给友情打补丁

原文:城复于隍,勿用师。自邑告命,贞吝。

释义:城墙上的土又返回到壕沟里。不要动用军队。在自己的国度里发布告示,宜守持中正不变,防止发生悔恨。

释例:本爻告诫泰已极,否将至,颓势已经显现。如果从朋友的关系上理解,意思是说,关系已经闹僵,似乎隔阂已经形成。此时只有作为我们自己去主动承担责任,以化解眼前的矛盾。

当了解到双方隔阂的原因时,先要分析一下,这个原因本身。是不是包含由你自己的缺点所造成的因素。如果有,就应该敢于去改正它,而不要因为自己是领导,碍于面子而掩盖缺点。如果是其他原因,则要视情况而采取办法。

自己的缺点如果已经被对方诚恳地提出来了,而你又不想去改正,那么前面的一切思想交流将前功尽弃。

我们对言语固然很重视,但我们更要重视的行动。空口无凭,如果你不落实到实际的行动中,说了又有什么用?

如果你还对自己的缺点无动于衷、遮遮掩掩、闪烁其词,那只能是欲盖弥彰,结果更坏。

在互相理解、充分交流之后,有必要再做一些增进感情的工作。就像一种慢性疾病在治愈之后,仍需要用一定的时间加以调养、巩固疗效一样。

你要选择一些适当的时机,比如他就要结婚了,你不妨在大喜之日带上一份贺礼,亲自前去表示一下祝贺。我们的到来,一定会使他备受感动、倍加亲切的。原本还残存的一点儿心理隔阂,也会随着你的到来而彻底消除。

许多增进感情的工作,都需要平时抓紧一切时间去做,并要瞅准时机去做。不要在友谊出现裂痕时,再去做增加感情的工作,那时候已经迟了,也会让朋友认为你是一个只顾眼前利益的人。不被朋友怨恨,要从一点一滴做起,处理好自己与朋友的关系。

大事有原则,小事要灵活

原文:可小事,不可大事。……不宜上,宜下。

释义:做事没有原则,或者太坚持原则,两者都不可取。

人如果太固执,太偏执,就是道德与精神的不正。那些一味以为自己坚持原则的人,到头来一个拥护的人也没有,成了孤家寡人。

释例:《周易》节卦的卦辞里就说:"苦节,不可贞。"本来,节是可以亨通。因为水流入泽中,过度就会溢出。节制是一种美德。天地因为有了节,才有四时的生成;社会也因为有了节,才有了制度规则。但你一味节制,

坑弃万军图,选自朱自清·马骀《百将传图》。在长平之战中,赵将赵括用兵不知权变,结果败秦将白起,赵括身死,四十降卒被坑杀。这是赵括没有把握用兵作战的原则性与灵活性相结合的失则所致

或者利用这种节制伤害人民,那就不可取了。

再比方,同是节卦的爻辞"不出门庭,凶"。它的"象"(其实原指意象,通"相"。一般人指看相的"相")曰:"不出门庭,凶;失时极也。"这里指的是懒惰与保守。该走出门庭的时候,你还没有走出去,极端地失去了时机。机会抓而不紧等于不抓。

再有,归妹卦的卦辞说:"归妹征凶,无攸利。"这里说的,嫁妹凶(春秋时期,有正夫人的妹以介妇的名义,与妹一起出嫁,这叫"从嫁为妾"的风俗,两女一夫。但妹的行为要有所规范,在姐之下)。妹嫁了,为什么凶?这里面的一个爻象:妹主动向男的行动,有违妇随夫唱的原则。一说,则是指男的入赘到女方家里。

这里的例子,可以粗置,它主要讲了一个如何对待原则和规则的事。有违原则和规则的事,前往必定是凶,不会吉。

中正,原则,而又灵活。这才是人的道德与精神所在,是为人处世的本钱。任何僵硬,死守和贪欲,都是一败涂地的根源。

如何将原则性与灵活性结合起来是一个说来容易做来困难的问题。在处理人际关系问题时要做到"大事讲原则,小事要灵活"。

其实,一件小事如果事关自己的品德、名誉、事业、前途,就是当然的大事。你不必为不能得到别人的尊重而黯然神伤,因为别人如何对待你,恰是你暗示别人可以那样对待你的——你的谦卑与忍让的心理都会一览无余地写在脸上,让人家可以不考虑是否会伤害你;相反,人的独立和尊严,也会以不可忽视的神韵令人敬畏,从而对你不敢胡为。

有原则的人,行事果断,宽宏大量,有一种独立、有个性、有魅力的感觉。没原则的人,表现出斤斤计较、优柔寡断、瞻前顾后,让人感到愚俗而不可靠。

宁缺毋滥是一个原则,非精品不看,非极品不要。坚持这种原则的精神难能可贵,表现给人看的也许是清高自傲、高处不胜寒;倒给别人听的多是无奈、曲高和寡。身心感受的是若即若离的情感,结局多是人独自消瘦,无助于人。当然,也确有奇人雅士,像海鸥一样，洁白无杂，不落平地，能盘旋高空，刹那间直入水下，只食活鱼。

爱我所爱是一个原则，美丽、可爱、有个性、可心、有感觉、有灵犀、够勇敢，足以让我心动。我必用所有特长、心机去赢得所爱，纵然伤痕累累，也在所不惜。有心机的人，对自己向往的生活和伴侣都有个模式，故会有执着的心和不屈不挠的精神。通往目的地的路是连续的，也许有些弯曲、迂回，但大方向是一直往前的。选择爱侣相信一见钟情，不落俗套。

生活的轨迹浪漫离奇，即使平淡，也会无与伦比。也许像雄鹰，眼神俯视，展翅苍劲，从不言败，所向披靡。也许似天鹅，眼神忧郁，飘游儒雅，临终的呐喊告知天下失去爱的无奈。

原则像路一样，有人沿着修好的路走，有人要走出自己的路。可爱的人不一定需要坚持原则，可敬的人离不开原则。不计较、易妥协、大智若愚的人是可爱吧，那是你没有违犯其根本原则；当你的为所欲为让其不高兴时，你会体会到其威严让你敬畏。

做人应该有原则，不要严酷得让人望而生畏，也不要和蔼得让人胆大妄为。

大事有原则，小事要灵活，为人处世，就是不能拘泥形式的，该圆时圆，该方时方，需要有任意形状时，也无不可，这样才能做到圆润通达。

方圆的意思，就是中规中矩，它们是在圆规和矩形板的限制下画成的图形，代表着做人行事的基本规则。但同时，由于世事的千变万化，人的多样面孔，一个人为人处世总要能与外界相适应才成，一个面孔对外，完全的规规矩矩，一成不变，就会拘泥不化，作茧自缚。

孙武呕心沥血，著成《孙子兵法》，然而每次作战却都要脱离兵书，注意权变。赵括用兵，依葫芦画瓢，死守兵法规则，不知融会权变，40万大军战败被活埋，是势成必然了。

辩证法认为，任何事物的发展都存在着必然性和偶然性，二者是相互统一的。必然性是本质，构成了事物发展的规律、规则和趋势；而偶然性则是事物发展中某一时空的具体行为，具备千变万化、灵活多样的特性，忽视偶然性的存在也就忽视了事物的个性，世界就会停止。孙武的用兵，能将规则的必然性与战术运用的偶然性灵活地结合起来，因而百战不殆。赵括的用兵则死守规则的必然性，因而只能纸上谈兵，一战而殁。

俗话说："识时务者为俊杰。"所谓"识时务"，即指能够把握事情发展的规则，能够洞察当时的情势，并能据此结合自己所处的境地，采取权变之策，集天时、地利、人和优势，发挥自己的聪明才智，义无反顾地投入到社会发展潮流中开创一个崭新的天地，这样的人，才能称之为俊杰。

规则源于生活，生活的多姿多彩也要求采取规则行事的灵活性。

张弛有度，本色待人

原文：有命无咎，畴离祉。

释义：奉行天命，替天行道，开通闭塞，没有灾祸，大家互相依附都可以获得福分。

释例：清楚地认识自己的力量而不被小人所迷惑，同正直的人团结在一起。

同你有意见的人，突然向你阿谀奉承，诸般殷勤，时常找你亲聊或者共进午餐，你一定有点不知所措。

最聪明的办法是，一方面采取低姿态，对他的饭约有拖无欠，谈话也以"应酬"待之。另一方面，不妨向其他的朋友打探一下，看看对立面最近的动态。

如果对方原来抛弃前嫌，那就易办。因为他的目的只为化敌为友，以便为未来铺路，害怕"山水不相逢"。你的反应也该热情一些，过去的过节忘了吧，只需记取对方的为人和行事作风，以作规诫就够了。甚至你可以反过来做东，请他吃一顿，作为饯行也好，联络感情也好。

要是对方最近很得意，那么他一定是在为将来打算，或许会与你有更多合作机会，又或者连你也有升迁机会也说不定。总之对方的地位高了，你自然更要戴眼镜走路。对方既主动对你友好，切莫"拒人于千里之外"。但也不必过于热情，保持你一贯的作风，偶尔与他一聚就够了，以免被人误会你在拉关系。

骄傲，行动的资本

原文：无交害，匪咎，艰则无咎。

释义：不相互往来，彼此没有伤

害，也就不会有灾祸。保持艰苦奋斗的精神，可避免灾祸。

释例： 才华过人容易使人骄傲，惹人忌妒。可是有才华，无人援引，还是不能出人头地。所以，由此而自卑，甚至自暴自弃又是另外一种悲剧。从这种意义上说，骄傲并非完全是坏事，骄傲是要有资本的，没有资本的骄傲是一种狂傲和轻薄，以才华做资本，便值得骄傲，这种骄傲是一种自信，一种自尊，一种凌云的志向，这有什么不好呢？有位成功的人士曾经说过："我就喜欢这样的人，不要怕别人骄傲，就怕你心里容不下别人的骄傲，说穿了还是自己交往处世的短视。"

大体来看，循规蹈矩的人比较受欢迎。因为，这些人有一定的社会阅历，熟悉社会的情况，了解一些人的习惯与脾气，思路往往容易沟通，同这样的人相处起来得心应手，这些人一般不犯大错误，他们的作风严谨而审慎。

在具有挑战性的当今时代，更需要具有挑战性的人。这些人所具备的特点是：不满足于现状，总在寻求新的开拓与进取，对现成制度与做法敢于做大胆的改革、完善的处世。他们是"恒保野性，具有挑战意识的野鸭"，他们是我们社会交往中不可多得的朋友。

道理很简单，野鸭是可以驯服的，而没有野性的鸭子，则难以飞往远方。作为我们有了这样的朋友，就可以让他们发挥自己的创新特长，就能使自己在交往中得到很大的提高，也会对我们的事业有极好的帮助。

如果我们都是些唯唯诺诺、不敢越雷池半步的平庸的朋友，要么生活总是平淡如水，毫无新意；要么在事业上"推一下，转一下"，不能为自己有所帮助，还将自己拖累了。

谋事在人成事在天

原文： 推天道以明人事。

释义： 谋事在人是说人的行为和努力，成事在天是说人的意念和期盼。前者是有形的，外在的；后者是无形的，内在的。有些人比较在乎意念的力量和作用，有些人并不是不在乎，而是尚未意识之，或尚未领悟之，或尚未实践之。

释例： 虽然古语有"谋事在人，成事在天"，但是关键还是在人。易学论天（包括天地），主要是讲自然界的规律，易学论人，则认为人是自然的产物，人类社会是自然发展的结果，人与其事物不一样，他有复杂的思维能力，他有智能，所以只有人才能与天、地配成三才。

人类必须遵循自然规律，效法自然规律，所谓要"推天道以明人事"。如谦卦有"天道亏盈而益谦，地道变盈而流谦……人道恶盈而好谦"，这是教人效法天道，加强道德修养，树立好的品性。

旅卦说："山上有火，旅，君子以明慎用刑，而不留狱。"这是教人效法，谨严礼仪法度，正大光明，治理好国家。由于天人之间有共通规律，所以人道可以效法天道，如人的道德行为，生活习俗，以至于社会制度，治国方法，用兵原则等等，都可以效法天道，按照自然规律进行。但八卦在效法天道的同时，大量论述的是人谋之事，讲人

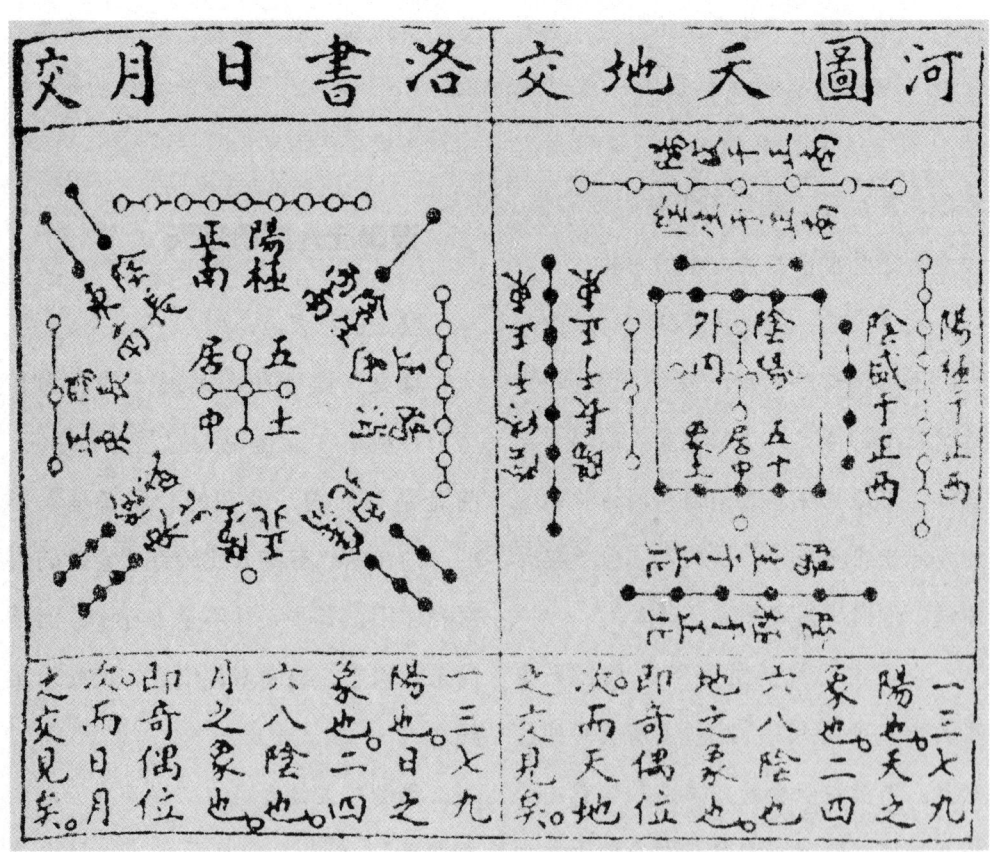

河图天地交图、洛书日月交图，出自明·来知德《易经来注图解》

的地位和作用，讲人的成就，讲人的努力，即所谓谋事在人。

人的努力表现在几方面：第一，乾卦强调"自强不息"。第二，系辞还强调"穷神知化"。第三，系辞还指出"裁成相辅"。即言要有所作为，遵循自然规律，从而与天地协调；又要在遵循固有的基础上，加以辅助、节制和调整，使其更加符合人类的要求。

当然，卦辞、爻辞只体现了他们对事物判断的可能性，每一卦辞和爻辞都不把问题表示得绝对，都是大概如此。必须引而伸之，触类而长之，即要触类引申，举一反三，善于联想，善于归纳出原因，以便于去改变环境，趋吉避凶，这就是谋事在人。

事物的变化是由大量随机的、偶然的因素作用的结果，当变化参数达到一定的阈值即临界点时，或趋好，或趋坏，或成或败，意念的砝码会使"天平"倒向你。

"谋事在人，成事在天"，谋事在人是说人的行为和努力，成事在天是说人的意念和期盼。前者是有形的，外在的，后者是无形的，内在的。有些人比较在乎意念的力量和作用，有些人并不是不在乎，而是尚未意识之，或尚未领悟之，或尚未实践之。

意念是把一个人所有的精力、气力都向一个点上凝聚，把意念的信息刻画在内心，并转化为某种信息场、意念场向外传递，去影响相关的人与事，甚至能使客观对象的行为向对意念者有利的方向转移。

意念的效果与意念者的修炼水平、专注程度相关，与意念者对宇宙和人生本质的领悟深度相关。一个人期望每件事都能够如愿以偿，心想事成，单靠意念的力量是不够的，它需要不懈地追求和努力。

当念力与努力交互时，幸运之神就会伴随你左右。意念的力量是神奇的，只要你深信之，它的力量就会变得更神奇。

幸福绝不是天地鬼神赐给的，但其灾祸和痛苦却不是非由个人造成的。祸也好，福也好，一切都有主客观两方面原因。自然灾害、大规模战争可能无法抵御，但个人的幸福、祸患都要靠自己去追求、去抵抗。要顺其自然，就得面对现实，相信"是福不是祸，是祸躲不过"。灾祸面前能自持，经得起、顶得住，摊上了，听天由命，慨然以对，寻死觅活不值得；幸福突然来临，也不必太兴奋，乐极生悲。

在福与祸这对矛盾中，要做到顺其自然，就得想得开，看得透。有时候想开点，看透点，就是福；想不开，就是祸。福也好，祸也好，仅仅就是一念之差，一时冲动，自己毁了自家的幸福，招来了杀身之祸。

在幸福与灾祸这对矛盾关系的处理上要注意以下几点：

首先，要把幸福的标准定在一个合乎客观实际的位置上，总的期望值可以很高，可实践起来万不可以一步登天，要懂得和学会"积"，积小成大，积少成多，逐渐积累。一个个小的满足，就会积累为一个大的幸福；眼前的目标实现，就会逐渐实现一个长远的永久的目标。期望值越高，对实现状况越不满意，心情就会越浮躁，轻者伤身劳神，重者招来横祸。

其次，要善于寻找自我平衡。什么事摊上了躲不过，就得往好处想、往前看，别钻牛角尖，别走死胡同。就拿教子而言，孩子还小，未来政治家机会弥补，就算儿子成不了大器，也可能成个小器；还有大器晚成的，何必要一棍子打死？

谈恋爱也是这样，就算终生遗憾未遇到知音，你还有别的事可弥补人生的缺憾。美满幸福的婚姻可遇不可求，何况幸福的内涵是广博的，绝不仅指爱情的称心如意。再说："强扭的瓜不甜"，绑成的夫妻也不会幸福的。一切都顺其自然，看其发展，切不可浮躁强硬。再者，要摆脱愚昧，掌握科学，别太固执。要全身远祸，就得学点本领，盲目追求与愚极蛮干，必然闯祸。

人类掌握了科学，像地震这样的天灾就可以预报预测，提前做好防范；个人学点常识，也中抵御杀身之祸，比如家庭急救，路遇危急病人就不会慌乱。心气太盛，太讲究个人面子，最终只能落下个"死要面子活受罪"的下场。如果女儿一辈子不回家，他们则一辈子灵魂不安，备受煎熬。假如那孩子偶然闯出点名堂，对他们更是莫大的嘲讽。还是顺其自然，吃点亏好。

墨守成规还是标新立异

原文：系小子，失丈夫。

释义：倾心随从于年轻小子，则会

失去了阳刚方正的丈夫。

释例：有一种人，他们死死抱住以前的规矩，不敢越雷池一步。他们顽固地认为："这个方法五年前有效，现在当然还有用。"在他们眼里世界是静止的。

生活中绝大多数人都死守现状，从不付出，这种人是永远没有出头之日的。这其中很多人，你若想劝导他，他还会冷哼一声想反过来劝你呢。他们几十年守着同一个失败的模式，用唉声和叹气苦苦地度过了一生，他们总是慨叹命运的不公，总是埋怨机遇的偏心，总是从外在找借口，从来就没有真正反省过自己，从来就没有将自己的恶习改变过一丝一毫，从来就没有为自己的人生从正面做一点点建设性的工作。

对于只会死撑的人来说，任何时候，生意都是难做的。因为经验与认识束缚了他。

有这样一个有趣的故事：

在同一个地方有两个报童。

第一个报童很勤奋，每天沿街叫卖，嗓门也响亮，可每天卖出的报纸并不多，而且有减少的趋势。

第二个报童肯用脑子，除去沿街叫卖外，他还每天坚持去一些固定的场所，先给大家分发报纸，过一会儿再来收钱。地方越跑越熟，报纸卖出去的也就越来越多。

第一个报童很奇怪，为什么他卖得多而我卖得少，我比他卖报的时间还长呢？他向第二个报童请教，当他得知第二个报童运用了"先看报，后收钱"的办法后，对第二个报童很是佩服，他决定把这个地区的生意让给第二个报童，他不想抢第二个报童的生意，另谋职业了。

同一个地区，同一份报纸，读者也是有限的，但是有的人遵循着老方法，

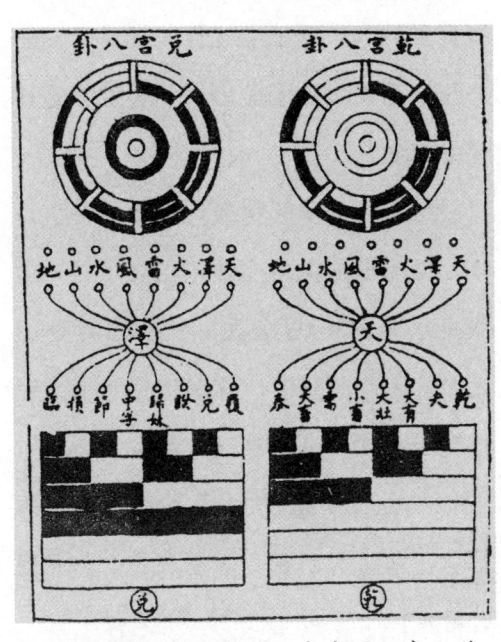

八卦加八卦方圆图，出自明·来知德《易经来注图解》

先给钱后看报,结果越卖越少;有的人肯动脑子,打破常规,"先看报,后收钱",读者是跑不了的,钱却收回来了。

同一份职业,不同的脑袋决定了不同的口袋。

艺术大师毕加索指出:"创造之前必须先破坏。"破坏什么?传统观念和传统规则。正所谓不破不立,只有拥有敢于挑战规则、打破常规的脑袋,才能有所作为,才能摆脱危机,才能获得无限商机,最终使自己的口袋装得满满的。

总之,谁因循守旧,谁就会被淘汰出局。

19世纪中叶,美国加州传来发现金矿的消息。许多人认为这是一个千载难逢的发财机会,纷纷奔赴加州。17岁的农夫大维也加入了这支庞大的淘金队伍。越来越多的人蜂拥而至,一时间加州遍地都是淘金者,金子自然也就越来越难淘。不但金子难淘,而且生活也越来越艰苦。当地气候干燥,水源奇缺,许多不幸的淘金者不但没能圆致富梦,反而葬身此处。大维和大多数人一样,没有发现黄金,反而被饥渴折磨得半死。

一天,望着睡袋中一点点舍不得喝的水,听着周围人对缺水的抱怨,大维忽发奇想:淘金的希望太渺茫了,还不如卖水呢。于是大维毅然放弃淘金的努力,将手中挖金矿的工具变成挖水渠的工具,从远方将河水引入水池,用细沙过滤,成清凉可口的饮用水。然后将水装进桶里,挑到山谷一壶一壶地卖给找金矿的人。

当时有人嘲笑大维,说他胸无大志:"千辛万苦地赶到加州来,不挖金子发大财,却干起这种蝇头小利的小买卖,这种生意哪儿不能干,何必跑到这里来?"大维毫不在意,不为所动,继续卖他的水。哪里有这样的好买卖——把几个无成本的水卖出去?哪里有这样好的市场?

结果,大多死撑的淘金者都空手而归,而改变方向的大维却在很短的时间靠卖水赚到6000美元,这在当时是一笔非常可观的财富。既然淘金无果,为什么不能改变一下赚钱的策略呢?

一个人如果没有具备适应变化的脑袋,必将难以在竞争激烈的社会中拥有财富。

你为什么是穷人,这是你必须正视

的现状。由此回头看看走过的路，你就可能发现原来方向不对，有人说得好："换个方向，你就是第一。"因为大多数人都是一个方向，千军万马都一样的思维，一样的行为，是群盲，就像羊群一样。

许多人终其一生没有什么大的成就，一生碌碌无为，就是因为舍不得放弃机会成本去冒风险，结果到老时无限悔恨。

全球第二大软件公司"甲骨文"的行政总裁、世界第四富豪艾里森对此就有着深刻的理解。在美国耶鲁大学300周年校庆时，艾里森应邀参加典礼。当时，他当着耶鲁大学校长、教师、校友、毕业生的面，说出一番惊世骇俗的言论。他说："所有哈佛大学、耶鲁大学等名校的师生都自以为是成功者，其实你们全都是 loser（失败者），因为你们以在有过比尔·盖茨等优秀学生的大学念书为荣，但比尔·盖茨却并不以在哈佛读过书为荣。"

艾里森却又接着说："众多最优秀的人才非但不以哈佛、耶鲁为荣，而且常常坚决地舍弃那种荣耀。世界第一富豪比尔·盖茨，中途从哈佛退学；世界第二富豪保尔·艾伦，根本就没上过大学；世界第四富豪，就是我艾里森，被耶鲁大学开除；世界第八富豪戴尔，只读过一年大学；微软总裁斯蒂夫·鲍尔默在财富榜上大概排在十名开外，他与比尔·盖茨是同学，为什么成就差一些呢？因为他是读了一年研究生后才恋恋不舍地退学的……"

艾里森随后话锋一转，"安慰"那些自尊心受到莫大伤害的耶鲁毕业生，他说："不过在座的各位也不要太难过，你们还是很有希望的，你们的希望就是，经过这么多年的努力学习，终于赢得了为我们这些人（退学者、未读大学者、被开除者）打工的机会。"

这番话令全场听众目瞪口呆，艾里森是不是太狂了，居然敢把耶鲁大学那些骄傲的师生称为失败者。是的，艾里森的话非常之偏激，但其中所蕴含的道理却异常的深刻，世间有几人能够明白。我们身边几乎所有的人，都可能会有一种强烈的"身份荣耀感"，或以出生于一个良好家庭为荣，或以在大公司工作为荣，当然，不能说这种荣耀感是不正当的，可是，当我们正陶醉于自己的所谓的"成功"时，我们已经被真正的成功者看成了失败的人。

人生是被一个又一个亮点照亮的，而为了创造新的亮点，就需要你随时放弃你正在拥有或曾经拥有的荣光。所谓置之死地而后生的，其实就是把机会成本变为零甚至负数的策略，结果反能赢得战争。

人只有把过去的成功当作新的起点，才可能有更上一层楼的机会。一个人如果很有潜力与抱负，而现在又有点不大不小的成功，那么此人今后能否干出一番更大的事业，就取决于他敢不敢把现有的机会成本从主观上降低，甚至降低至零而做出新的选择。否则庸常生活会悄无声息地剥离成功者身上的光彩，消解他的英雄气，最终掏空了他的激情和想象力，使他变得萎缩、卑微和庸俗。

力不足不宜论技，技不熟不可论道。征服天下易，征服自己难。天自潇洒随己意，人又何故负今生？——在金钱面前多多理性地考虑一下成本，对你肯定是大有益处。要有长远的眼光，不要鼠目寸光——选择了一片树叶而放弃了整片森林。

有的人的财富装在脑袋里，有的人的财富装在口袋里，能让财富装满脑袋又能从口袋掏出财富的人才是真正的富翁。思路决定出路，观念决定贫富。做事先做人，做人做观念。观念变人就变。先知先觉是机会者，后知后觉是行者，不知不觉是消费者。

今天，许多人在苦苦工作、苦苦挣扎，其原因就是因为他们依然固执于陈旧的观念。他们希望事情都能原封不动，他们抵制任何变化。那些失去了工作或房子的人总在抱怨技术进步，或是埋怨经济状况不佳以及他们的老板，却没有意识到，问题的症结在于他们本身。陈旧的观念是他们最大的包袱，也可以说是最大的债务。为什么呢？原因很简单：他们没有意识到已有的某种思想或方法在昨天还是一种资产，但今天却已经变成了负债。

有天夜里，一支美国海军舰队在海上航行，观察哨发现正前方有灯光，可能是迎面过来的船只，便报告给舰长。舰长下令：通知对方，让他们改变航线，否则有相撞的危险。可是，用"灯语"与对方交流过后，马上观察哨又来报告说：对方传来的信号是，让我们马上改变航线。舰长一听就火了：

"什么？岂有此理！"舰长不可一世地说："告诉他，我们是美国舰队，命令他必须改变航线！"这样的"命令"发出后，得到的回应是："我是灯塔，请你立刻改变航线。"

通往财富的道路上问题很多，有的是"缺少资金"，有的是"缺少技术"。有的是什么都缺。不论是哪一种，面对这些问题，我们应该意识到：自我的改变才是非常重要的。因为你的改变肯定会影响到问题的改变。

珍惜时间，就是抓住当前

原文：君子以施禄及下，居德则忌。

释义：痛苦一再抚泪告诫我们，只有今天是属于我们，而明天则是上帝拥有。千万不要轻言放弃今天。

释例：时间对于每一个人，它会各具特殊的意义。有些日子对于一般人来说，是平平淡淡的日子，却对一些人刻骨铭心。有一些时间段，使人痛苦，或使人快乐，但这一段过去，会恢复平静。所以，有一句话说，时间可以医治一切。人间的创伤，唯有时间与爱，才能抚平。

时间对于每一个人，都非常有限。如何更有效地利用，是每一个人面临的重大课题。但在这一方面，似乎我们都忽略了。

人类总是这样，总是热衷去关注别的东西，而不关注人类本身。

世间上最可宝贵的是生命，并且不能重复。而生命本身就是时间，珍惜生命就是珍惜时间。

珍惜时间，就是抓住当前。

毛泽东有一句名言：一万年太久，只争朝夕。

这句话的意义很好。可惜，在"文化大革命"时，大家都用这句话为自己的派别利益而斗争，搞"文攻武卫"。

抓住当前，这是一个成功的诀窍。

但我们要抓住当前什么呢？这是最重要的问题。因为我们往往抓住的都是似是而非的"当前"。

有一个故事，颇能说明这一点。

有一天，两师兄聊天。师兄石巩问师弟西堂智藏说："你能不能抓住虚空？"师兄为什么问师弟这句话呢？因为佛门中人最重要的事情，就是"万中皆空"，抓住了"虚空"，也就是抓住了"当前"，抓住了大事。

师弟说："能。"

师兄说："那你抓抓看。"

师弟说："好！"

师弟说着，伸手在空中抓了一把，而且把五指紧紧捏住。

师兄笑了，说："只是这样吗？结果你并没有抓住什么呀！"

师弟不解，说："那么你认为应该怎么抓？"

师兄一把抓住了师弟的鼻子，并且用力，痛得师弟"哇哇"叫。

师弟喊："松开，快松开呀！痛死我了。"

师兄说："你懂得为什么抓你鼻子了么？"

师弟说："懂了，懂了！痛死我了。"

师弟那时其实还不懂。他只是怕痛。

师兄告诉他：既然色（我们通常说的物质）即空，空即色，那么与其伸手去扑过空，倒不如捏住你鼻子还更接近真实。

抓"当前"，其实要抓住事物的本质。

但我们日常生活中，有哪些事情，我们抓住了事物的本质呢？

兴修水利，我们首先想到的是红旗和锣鼓，我们抓的是声势和宣传；植树造林，我们首先选择的路段是领导经常走过的，我们抓的是上司的赞扬。我们规划自己的人生，是看别人的脸皮，只要别人的脸面是笑的，哪怕牙齿被打得掉进了肚子里也觉得值。

我们都是一群半傻的人。本来是抓下巴的，抓到了胡子就以为是下巴了。

或者，我们根本不傻，抓下巴比抓胡子要多花力气，我们就干脆抓胡子了，省力，省事。

抓住当前，是人生的实在。

哲人说：因为我干，所以我充实；因为我干，所以我不用仰视。

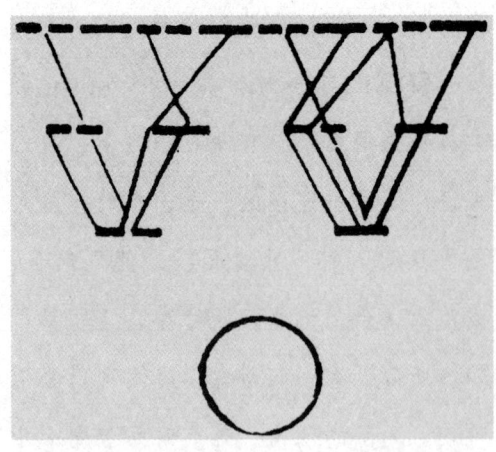

八卦小成图，出自清·陈梦雷《周易浅述》

古人说：临渊观鱼，不如回家织网。

等，只是空嗟叹！

《周易》说，抓住当前，还是要有一个万全之计。

《周易》的夬卦，是最能"抓住当前"的一卦。马上就要与小人决裂，作一个了断。抓的就是"当前"。但《周易》说，与小人决裂，处置他们，还要有一个万全之计。夬卦的卦辞说："夬扬于王庭，孚号，有厉。告自邑，不利即戎，利有攸往。"意思是说，最急、最当前的事，处置起来还是要有原则：一是当众宣布他们的罪状，然后以诚信号召众人，合力将小人铲除；二是首先告知自己领地的人，先获得支持，即使有了支持也不可立即动用武力，这样才会有利。

小人虽少，但诡计甚多。事情虽急，但牵扯甚众。这是我们不能大意的。

抓住当前，切忌浮躁。

《周易》说，反目是睽。睽卦也是一个很急的卦。反目了，就会出现许多意想不到的事情。也是要抓住当前。

这个卦的上九爻，爻辞里说了一个故事：如果一个人刚愎不明，满腹狐疑，可能会导致孤立。就像一只猪，陷进了泥潭，背上涂满了污泥，人家看见以为是一车可怕的鬼，举起箭来就要射。但仔细辨认，那是一只猪，就把弓箭放了下来。

《周易》里这样说，这只猪虽然涂上了污泥，但依然是猪，不是鬼。就像被怀疑的同志，虽然让人猜疑，但还不是敌人。

睽卦的这一爻的爻象说：遇雨之吉，群疑亡也。那只猪遇到了雨，背上的涂泥被洗干净了，众人的猜疑没有了，吉祥。

抓住当前，除了解决实际的麻烦与问题之外，最高境界是求同存异。

还是睽卦，它认为解决当前之麻烦，应有一个原则，那就是异中求同，结合力量，有所作为。

唯有宽大包容，才能异中求同，异中求同，是为了最大限度地团结力量，不得已的权变。但《周易》说，积极主动去寻求，并不违背原则。

猜疑，是抓住当前的大敌。

如果要更好地抓住当前，还得用毛泽东的一句话来作为篇末的结句："抓而不紧，等于不抓。"

"抓不住，空悲切，枉白首"。白白错失良机，而遗憾终身。

我们在古今的戏剧与艺术作品当中，可以看到马蹄疾驰，马背上的人气喘吁吁，冲着刑场高喊："刀下留人！"这是艺术，更是现实。因为现实的这一幕太感人了，所以被艺术定格了。人的生死成败，往往只差之毫厘。前一秒钟是人，后一秒钟是鬼。在生活当中，我们做人办事，有什么理由拖拉，松松不在紧呢？任何的拖沓，任何的放任，都是对人的生命的亵渎。

是的，时间对于人与事，是有一定期限的，超过了也就是延误了。

延误一般有两种。一种是不该相信的时候，一下子相信了，没有经过考察；一种是本该继续相信下去的，结果中途动摇了。

痛苦一再抚泪告诫我们，只有今天是属于我们，而明天则是上帝拥有。千万不要轻言放弃今天。

借题发挥，机不可失

原文： 干母之蛊，不可贞。

释义： 救治母辈所造成的弊病，要耐心等待，如果时机不成熟的话，就要坚守正道等待时机。

释例： 借题发挥就是人们常用的一种抓住机会表达的切入方式，它借对方在说话中所提出的问题、理论或观点，来论证自己的观点和主张，以实现反击的目标，达到自己的目的。其好处是易于使人接受，常常起到绝妙的说服作用。

据说美国五星上将卡特利特·马歇尔（1880—1959）还利用借题发挥娶了一个漂亮的老婆——

事情的经过是，马歇尔在他驻地的一次酒会上认识了一位漂亮的小姐，酒会一结束，就请求这位小姐答应让他送她回家。这位小姐的家就在附近不远，可是马歇尔开了一个多小时的车才把她送到家门口。小姐于是问："你来这里不是很久吧？你好像不太认识路似的。"马歇尔微笑着借题发挥说："我不敢那样说，如果我对这个地方不熟悉，我怎么能够开一个多小时的车，而一次也没有经过你家的门口呢？"这位小姐听出了这位心慕已久的将军的意思，于是也"借题发挥"，干脆嫁给了马歇尔。

实际上，马歇尔是最初的出题者。

又比如："鱼，应该闭嘴。"

多嘴，当然容易上钩。贪嘴，也是容易上钩的。论辩中的诱惑太多，而且离不开言来语去，但我们还是以慎言为好——

一则笑话说，夫妇俩在钓鱼，妻子唠叨不休，把小鱼儿吵得四散而逃。一会儿，居然有一条又饿又呆的大鱼上钩了。妻子说："这条大鱼真可怜。"丈夫于是借题发挥说："是啊！只要它闭上嘴，不也就没事了吗？"

借题发挥要等待说话的时机。生活离不开借题发挥，离开借题发挥的生活是无趣的。

君子自强不息

原文：天行健，君子以自强不息；地势坤，君子以厚德载物。

释义：人不能有一分一秒的松懈，求学、做人、为道、为德，都应如此，还要"柔顺利贞，君子攸行"效法乾坤一样，天地一样的胸襟，包容万象，自强不息。

释例：母马和大地一样，逆风而行，就是地球与太阳之间的关系，地球是反太阳的方向运转，行地无疆，地球永远是运转的，马也是不休息的，马睡觉是站着的，懂得物理，这书中的味道就读出来了。像庙里为什么敲木鱼，因为鱼的眼睛不会闭上的，鱼是不睡觉的，所以敲木鱼是教学道的人，要像鱼一样，要时刻警醒。

行地无疆，也就是乾卦"天行健，君子以自强不息"同样的道理。人不能有一分一秒的松懈，求学、做人、为道、为德，都应如此，还要"柔顺利贞，君子攸行"效法乾坤一样，天地一样的胸襟，包容万象，自强不息。

它是"奋斗"与"道德"的结合，它精辟地概括了中国文化对人与自然、人与社会、人与人的关系的深刻认识与辩证的处理方法，是中国文化优秀传统的集中表述。

作为一个高尚的人，在气节、操守、品德、治学等方面都应不屈不挠，战胜自我，永远向上，力争在事业与品行两个方面都达到最高境界。在做人做事方面应该顺应自然，胸怀博大，宽以待人，承担起宏伟的历史任务。

确实，数百年来"自强不息，厚德载物"的精神濡染着一代又一代的国人，为中华民族的崛起与腾飞而奋斗不止。走过了风风雨雨，有挫折、失败、艰苦，但更多的是胜利、超越与希望。

要干一番事业，首先必须自强不息，没有自强不息精神，就会怨天尤人、自暴自弃，没有自强不息的精神，就找不到前进的动力源泉。

只有自强不息，企业和个人才能树立远大理想和目标，才能在困难面前不退缩，才能具备忧患、危机意识，居安思危，时常考虑企业和个人所处环境，清醒地反思企业和个人的行为，才能在危机来临时从容不迫，沉着应对，有效地预防危机、排除危机；只有自强不息，才会不断加强学习，通过学习认识到他人的长处，用足够的时间来修补公司和个人在某些方面存在的不足，通过学习发现企业和个人所面临的新问题，接受新的挑战，整合资源实现对现状的突破。

自强不息的企业和个人才能顺应时代变化、抓住机遇，时常变不利弱势为有利强势，最终达到事业的成功。

自强不息是一个企业和个人能否成功的前提，她固然重要，但在努力自强自尊的同时，我们还应该善于审时度势，深刻把握人与自然、人与社会、人与人的关系，注重与自然和睦相处，同社会谐调发展，推己及人，宽以待人。厚德载物，这是团队精神的必要内涵，人既要宽容他人，更要取人之长，要有虚心求教的宽广胸怀。

在自己的工作中团结一切可以团结的人共同战斗，只有这样，才不会求全责备，尖酸刻薄，才不会斤斤计较、自私自利。目光如豆、高傲自大、心胸狭窄、蝇营狗苟等卑下品格都是同"厚德载物"的要求相去甚远的。自古就有德才兼备、德能勤绩的用人及量人的标准，人才德为先，厚德方能载物，成就伟业。

"先人后事"始终是一个颠扑不破的真理。

或许有人认为"天下攘攘、皆为利往；天下熙熙、皆为利来"，人活着就是为了利，不可能生活在没有铜臭的真空里。一些领域也因此形成一种倾向，弥漫着一种风气：要钱不要道德，要个人不要集体，要物质不要精神。在那里，人与人之间的关系成为金钱关系。

确实，人的一生是和钱分不开的，没有钱是万万不能生活的，但君子爱财应取之有道，无论做什么事都不能违背做人的准则、道德，更不能违法乱纪，否则势必失去了做人的意义。一个领导人如果没有德，就不可能凝聚人心、聚集人气，鼓舞士气，提升企业整体素质，更不可能使员工树立正确的人生观、价值观、世界观，也不可能团结一帮志同道合的人共同发展。自强不息的基础是重视以人为本的思想，厚德载物则强调重视整体的以信和为贵的理论。"自强不息，厚德载物"有着强有力的互补，"自强不息"激励人不断地向前，然而人对于压力毕竟有个极限，随时可能出现惰性。而"厚德载物"却给人强烈的责任感，出于这种推力，"自强不息"才能源源不断地得以延续。

牢记"生命不息，奋斗不已"，牢记"不求一帆风顺，只盼能在逆境中坚韧不拔"。

支持、染饰达成共荣

原文：贲其须。

释义：装饰长者的胡须。

释例：很多人对自己的上司都会有以下的说法：他的命运比我好，但办事能力却远不及我，可恨他还作威作福，表现出不可一世的样子。只懂得一味批评下属的工作做得不好，一旦问题真正出现之际，他却推卸责任。谁也无法从他那里得到明确的指示，大家都认为他不是一位好上司。奈何在现实生活里，每个职员都要服从他的命令。你感到很气愤，但你要记住一个事实：没有人是十全十美的。与其在办公室里与其明争暗斗，弄得两败俱伤，不如努力与每一位合作愉快，为日后美好的前途打好稳固的基础。凡事"小不忍则乱大谋"，你应该检讨一下自己的态度，学习与办公室里的每一个人做朋友。

不要妄想于短短数月内便可以完全改变上司的性格。良好的人际关系实在是需要慢慢建立的，尽管上司没有要求你把过去的工作纪录拿给他看，你也可以把它们整理妥当，主动呈交给上司过目，让他晓得你的工作能力，晓得你对他的忠心耿耿，对方自然会对你增加好感，不再盲目挑剔你的处事方法。

在环境许可的情况下，请尝试支持、爱戴你的上司。站在他的立场想一想,你就会发现对方其实也有许多不得已的苦衷。无论遇到任何工作上的困难,不可过分依赖上司的帮助,避免与他发生任何正面的冲突。尊敬你的上司,你会发觉对方慢慢开始接纳你的意见。

争取老板的器重当然不是一朝一夕的事。有人认为"比其他人做更多的工作,例如超时工作"是最重要的。其实并非如此!新一代的雇主可能有另一种想法:工作并不算繁重,却要超时才完成,太低能了吧!

所以要使老板对你另眼相看,最实际的是除在工作上尽责外,还要学懂每一个程序的进行,了解公司的立场;注意你的上司如何做他人的工作,怎样与主层行政人员沟通,在其他部门又担任什么角色。当你成为这个行业的专家时,老板又岂会忽略你呢?

欲得天下,人心不可不得

原文:虽盘桓,志行正也,以贵下贱,大得民也。

释义:盘是大石头,桓是草木,这个现象,是一块大石头压在土地上,这土地就不能利用了,但土地的草木怎么办?从石头的旁边长出来了。桓则是草木虬结的现象,这样的草木从压着的大石旁长出,就是盘桓的现象。

后来在文学上,描述老朋友见面,陪着玩几天,就说"盘桓几日",就是表示友情虬结不清,逗留一番。在这里是说初九这一个阳爻,代表生命的生发之根在下面,上面虽有那么多阴爻像大石头一样压在上面,可是这个要生发的根,永远是压不住的,终于要盘桓

马援像。马援,字文渊,东汉初名将。据史料记载,马援年轻时曾自己养马、种地,因为他做到了《易经》说的"以贵下贱,大得民也",所以在他起兵卫国时,能一呼百应,成为一代名将

出来。

这种现象是好事情,可是需要时间,需要等待,不可急。利居贞的居,就代表站稳在那里,慢慢地等待,很正地等待,不能动歪脑筋,不能走邪路,等到石头外面的草木成林了,变成观光石头,可以供游人野餐了,更大一点可以利用了。

所以孔子说,虽然是屯结不清,但以整个卦象来讲,中心思想是纯正的,行为是纯正的,那便没有问题,不正就成问题了。但是如果这个卦象,以人生政治的道理来讲,以贵下贱,这是很难做到的。

释例:中国历史上做领导人的有四个字"礼贤下士",对人有礼而谦下,向不如己的人请教,就自然得到群众的拥护,自然得到老百姓的拥护,大得民心。何以叫"以贵下贱",在《系传》里讲过,阳卦多阴,阴卦多阳,这个屯卦,是阴爻多,阳爻少,只有两爻,物以稀为贵,而这个时候,最怕傲慢,所以说建侯的事业,革命的事业,要以贵下贱,便大得民也。

《史记》里记载过汉代伏波将军马援的传略。说马援小时候不喜欢四书五经,但习武非常有兴趣,刀枪棍棒样样都通。马援的哥哥知道要把弟弟往科举的路上扯,是毫无意义的,便同意他习武。马援长大后,自己去开辟一块地方,养马,种植,有点像现在的农场。后来,生产了许多粮食,他就把它分给朋友和当地人。到了起兵卫国时,马援一呼百应,很快就成为将领,而且屡立战功,成为西汉时期不可多得的一员猛将。

马援之所以成功,是因为他能够立言,说话有人相信,能组成队伍。他之所以能够立言,是因为他仗义疏财,救助困危,有德。

在拜金主义猖獗的现在,重建中华民族的伦理道德,至诚至善,已是刻不容缓。勇挑重担,乐善好施,知恩图报,善于与人相处,等等,这些都是美德,都应该提倡。

得民心者得天下,失民心者失天下,古往今来无不例外。从秦皇、汉武、唐宗、宋祖、一代天骄成吉思汗这批中国封建王朝开明君主的清明统治,到夏桀、商纣、秦二世、隋炀帝、和李隆基的亡朝统治,直至当今世界的每一个执政党治国安邦的成败得失均能得到印证。忆往昔，秦国由于商鞅变法而深得民心，受到广大百姓的热烈拥护支持，使变法服得成功，为以后秦统一全国奠定了基础。秦始皇一系列的巩固统一措施使人民的生活得以安定，社会生产得以恢复和发展。

但是，由于秦始皇因修筑长城而滥用民力，抓走壮丁以修长城，弄得人心惶惶，再加上秦朝赋税沉重，法律严苛，刑罚残酷，特别是秦二世的统治更加残暴，使得民心向背，进而激起陈胜、吴广的农民大起义。虽然到最后起义失败，然而民心的丧失也使得秦朝走向衰亡。再看曾"风华"一时的强盛的唐朝，自唐太宗因重视黎民百姓，能体会到"水能载舟，亦能覆舟"的深刻蕴意，所以体恤百姓，减轻徭役，使百姓安居乐业，进而开创了"贞观之治"的强盛局面。

但唐玄宗后期一味贪图逸乐，用人不当，政治昏暗腐败；与此同时，激烈的土地兼并与藩镇割据战争使百姓失去赖以生存的土地，加之高额租税、连年的自然灾害，使百姓陷入水深火热之中。农民无所生存只能反抗给他们带来沉重负担的唐皇朝，唐皇朝在农民起义下土崩瓦解。不望远，再观近的。清朝后期，外国侵略者把中国当作一块肥肉，都想割一份。清政府的腐败无能，使大好的中国河山受尽百般蹂躏，大片国土沦为殖民地。不甘受辱的中国人起来反抗无能的清政府，孙中山先生领导的辛亥革命完成了推翻中国封建王朝这一使命。纵观史事，仁者几何？凡暴君不外乎江山让人，朝代被覆，甚至于身死他手；凡仁君不仅深得人心，受民爱戴，更能巩固千秋大业。得民心者得天下，失民心者失天下。所谓仁者无敌，即笼络百姓，将心比心。

论及仁者，我认为三国时期的甚多英豪皆可冠以此名。无论是刘备，曹操，还是孙权，三者都深得人心。

刘备也曾是位无名百姓，他对百姓疾苦的了解可谓切身。当他成了蜀军之首，蜀国之君，也无时不考虑着自己的百姓。对手下的众多才将，刘备视如己出，待之以礼。这也是他成为一代帝王，得以与另两国对峙的重要因素。

曹操，不必多言，他是公认的枭雄。人知曹操爱才如命，凡是人才，曹操皆诚心相迎。无论是叛军之才，还是败军之将，曹操无不投以钦佩爱惜之情。曹操的势力得以壮大，是他对将之仁的成就。

孙权，对百姓的关心与刘备不相伯仲。正是他对民之仁，使得东吴日益强大。民心相向，东吴能扮演"三国鼎立"之一角，正是于此。

得民心者得天下，失民心者失天下。得道多助，失道寡助。仁者将流芳百世，否则将遗臭万年。这一不变的真理主宰了众多伟大人物的命运。"问苍茫大地，谁主沉浮"！仁者是也！

然而，历史终究过去，它留给我们的除了它的辉煌，更宝贵的是经验及教训。若"后人哀之而不鉴之，亦使后人而复哀后人也"。

作为后人的我们，不仅要得到这些经验教训，更要悉心鉴之，只有如此，才能自我进取，推动历史的进步，成为史上的主宰者。得民心者得天下，我们不一定得到天下，但若我们是得民心的仁者，我们将得到比天下更珍贵的东西。

装饰光润，心悦诚服

原文：贲如濡如，永贞吉。

释义：装饰得光泽柔润，永远坚守正道，便可获得吉祥。

释例：人们犯错时，最受不了的是大家对他群起而攻之，因为这伤害了他的感情。他也许会承认错误，但无法接受这种批评方式，这将使他对领导、对同事充满敌意，一旦有机会，他就有可能以牙还牙。

如果你希望自己的批评取得效果，就决不能使别人反对你。一定要记住，你的目标是取得一些好的效果——如使对方回到正确的航向上来，而不是去贬低他的自我。即使你的动机是高尚的，是真心诚意的，也要记住，对方的感觉也在起作用。当其他人在场时，哪怕是最温和的方式也很可能引起被批评者的怨恨，不论是否辩解，他已感到他在同事或朋友面前丢了面子。

因此，对于一些过失，只要他认识到错了，就没有必要当着全科室的人要求他作出公开检讨，而只要在你的办公室里，一个人面对面跟他谈，就足以使他反省了。任何具有上进心的人都不愿犯错误，这从他个人角度也是如此，何况你的目的只是为了让他改进工作，而不是贬低他的人格。

实际上，你是否奉行这个准则也是对你批评的真实动机，至少是对你的批评艺术是一个很好的考验。人们有句口头禅：家丑不可外扬。其中道理想必你明白。总之，不要在其他人在场时对别人进行说教，无论是批评孩子，还是同事朋友，或是下级，要把批评的范围尽可能缩小——当然以有助于被批评者承认并能改正错误为限，否则就流于迁就了。

对此，你只需扪心自问：我的批评是真心诚意的？还是出于个人动机？其次，如果出自诚心，那么观察你批评的效果如何，得到什么样的反映。有此两端，就可以测试出你的批评艺术水平了。

富贵功名到了极点要谦虚

原文：有大者不可以盈，故受之以谦。有大而能谦，必豫，故受之以豫。

释义：人到了最高点的时候，不要自满，再加便会溢出来，所以大有卦下受之以谦卦。

释例：人一旦强大了、富贵了，就该注意了。大有大的坏处。

弱小就要受气，落后一定挨打。一人、一团体、一民族乃至一国家，怎么能不希望强盛壮大呢！然而一旦真地强大了，也未必把持得好，也未必把持得住，所谓大有大的难处，并不轻松。

十八年的媳妇熬成婆。一旦黄袍加身，说话算数，会不会一反常态，作威作福，鱼肉弱小，也很难说。

天下不亡于柔弱，而灭于强盛，如秦皇、项羽、闯王、天王、罗马帝国、拿破仑、希特勒。由强盛到败亡，都有

陆贾像，选自清·顾沅辑《古圣贤像传略》。陆贾，汉初思想家、政治家，早随刘邦平定天下，口才极佳，常出使诸侯。汉初，易学研究出现了新高潮，陆贾著书《新语》，将《系辞》文字任意驱谴，所用与上下文文气一致，无斧凿之痕。陆贾的易学思想，对《周易》的发展起了较大的推动作用

一个共同的特征：强盛而不能守持贞正之道。

《大壮》卦辞强调"利贞"，《象传》又说"大者正也"，以"贞""正"自我约束，王而不霸，刚而不猛，强而节用，更不能自恃强壮而胡作非为，行邪恶暴戾之事，这便是居强盛而可以善处的基本要求，也是《大壮》卦所反复强调的核心原则。

九三爻辞讲："小人用壮，君子用罔"，一贬一褒，再鲜明不过地指出了对待"大壮"的两种基本态度。恃强行暴，必为暴杀。强盛而能以贞正药之，庶几乎可望长治久安。

《史记·郦生陆贾传》记载，陆贾老是在刘邦面前唠叨《诗》《书》，刘邦不耐烦了："乃公居马上而得之，安事《诗》《书》！"唠叨《诗》《书》的人对马上得之的人一本正经地说："居马上得之，宁可以马上治之乎？且汤、武逆取而以顺守之，文武并用，长久之术也。"无暴不可以得天下，得天下而依然以暴行之，则足以乱天下、亡国家。所谓"马上"，乃是武力强盛的象征；而工作重点由"马上"转变到"马下"，则是变强盛的武功为圣明的文治。

起于弱小，终于强壮。从事物的发展和转化来看，强壮确实并不是什么好事。然则人之为人也，弱亦忧，强亦忧。

与《周易》提出制衡强壮的"贞正"原则不同，老子提出的对策是避刚就柔，避实就虚，避强就弱，即所谓守柔守雌，通过权衡和控制，竭力不使自己处在强盛这个十分危险的位置上。他的根据是："贵以贱为本，高以下为基。"他的结论和方略是："知其雄，守其雌，为天下溪，""知其荣，守其辱，为天下谷。"这似乎比《周易》来得更彻底，但是同样比《周易》更难做到。

中国社会周期性的饥荒、动乱乃至天翻地覆，使这个民族的精神十分敏感，以至于在这种持续不断的刺激中变得愈来愈脆弱，有时简直就是有些神经质——看似有常却无常，得也患，失也患，不管做什么都是如履薄冰，如临深渊，从国家社稷到个人的生命和生活（几乎谈不上财产所有权）都缺乏真正的安全感。

这种揪心的情节我们在阅读《周

易》的过程中时时都能感觉到。《系辞》论《易》，一开首就直指本心："圣人设卦现象，系辞焉而明吉凶，刚柔相推而生变化。是故吉凶者，失得之象也；悔吝者，忧虞之象也；变化者，进退之象也；刚柔者，昼夜之象也。"

这里所举出的"象"，没有一个不是令人揪心的不安之象。惊慌的精神在"象"与"象"接成的一个个孤岛上盘旋栖居，栖居盘旋，可是到头来他依然找不到立命安身的地方。《系辞上》说："八卦定吉凶，吉凶生大业。"

但是"吉凶"并不是可以一劳永逸"定"下来的，无论怎样辉煌的"大业"都断然不是万年桩。"君子安而不忘危，存而不忘亡，治而不忘乱……"《系辞》讲忧患，几乎不厌其烦，可是最终的目的却只有一个："身安而国家可保也。"

——吉凶、失得；悔吝、忧虞；变化、进退；刚柔、昼夜等等等等，如果不能有效解决情感、心灵和精神所关注的一系列现实的与终极的幸福问题，那么不管是《易》之为卜，还是《易》之为理，它就没有丝毫的价值和意义！

《象传》说："大壮"所谓"大"，就是强大、壮盛。阳刚之气勃然上升，力量愈来愈强，形成雷电，震动天地，统摄万物，草木走兽无不畏惧，所以说强壮。"时当'大壮'，最应守持贞正，守持贞正又最为有利"：日中则昃，月盈则食，物壮则老，为强为盛而不使衰落败亡，这本来就是极其困难的事情。

因此，保持强盛的法则就是强不逞强，强不凌弱，强而不暴，威而不猛，王而不霸。这样就能以强盛祛除邪恶，呵护苍生黎民，光大天地正道，从而使自己立于不败之地。天无私覆，地无私载，日月无私照，强力在手而不营私，于百姓万物一视同仁，不事偏斜，正直刚大，本色永远不改，这正是天地生万物养万物的本性和怀抱啊！

信陵君杀死晋鄙，拯救邯郸，击破秦兵，保住赵国，赵孝成王准备亲自到郊外迎接他。唐雎对信陵君说："我听人说：'事情有不可以让人知道的，有不可以不知道的；有不可以忘记的，有不可以不忘记的。'"信陵君说："你说的是什么意思呢？"唐雎回答说："别人厌恨我，不可不知道；我厌恨人家，又不可以让人知道。别人对我有恩德，不可以忘记；我对人家有恩德，不可以不忘记。如今您杀了晋鄙，救了邯郸，破了秦兵，保住了赵国，这对赵王是很大的恩德啊，现在赵王亲自到郊外迎接您，我们仓促拜见赵王，我希望您能忘记救赵的事情。"信陵君说："我敬遵你的教诲。"

唐雎叫信陵君谦虚谨慎，淡忘功劳，这的确是高明的处世哲学。正如《老子》22章中所说的："不自见，故明；不自是，故彰；不自伐，故有功；不自矜，故长。夫唯不争，故天下莫能与之争。"

规避是非，消除祸事

原文：剥之，无咎。

释义：大床的剥落已经损及于床头了，床头必将被剥蚀损坏，守持正固以防凶险。

释例：有些人天生脾气暴躁，情绪容易失去控制。这些人常常为了一些小事而大发脾气，甚至公开斥责他人，叫人难受极了。

请先考虑导致恶劣情况的真正原

《东周列国志》版画之信陵君窃符救赵图。信陵君窃符救赵，受到赵王的礼遇，然而他没有因此而不可一世，反而愈加谦恭，这符合《周易》"有大者不可以盈，故受之以谦"的思想

因，研究一下朋友的习惯。一般而言，爱发脾气是否有一定的模式？是否他一直与别人之间有问题呢？还是只因现有的一个特殊任务，令他紧张不已，才会像吃了火药一般？

知道了所有问题的答案，你就可以做出反应和防止下一次事件重演。环顾一下，身边是否有人比你更懂得应付他？向他学习吧。

据心理学的推断，经常令朋友害怕

的人，只是优势作祟而已，你没有可能请他去见心理医生，可以做的，就是自我保护了。

当朋友大发雷霆，不要推卸责任或试图解释，冷静地说："我会注意这情况。"或说："让我立刻去看看！"然后离开这个紧张的地方。既然目标物已在眼前消失，他就没有咆哮的对象了。

随遇而安顺其自然

原文：是故君子所居而安者，易之序也；所乐而玩者，爻之辞也。

释义："居"就是平常，也叫"平易"，也就是一个人平平常常，就能居有所安，心安理得。

释例：汉语由字的构成开始，再到词到句，都是非常耐人寻味的。现在年轻人为什么对自己的母语没有足够浓厚的兴趣，我想应当是学校里的老师没"玩"好。老师自己没有玩出兴趣来，自然不会对学生产生什么影响，原本许多可以讲得生动的课，很可惜地成了"到此为止"。老师上课最重要的教学任务实际上是激发学生的兴趣，然而现在多数教师是在"教知识"，"教知识"就是这个杯子里的水倒到那个杯子里，

也叫"填鸭式"，我教了，你学到多少归咎于你有没有认真听。要是碰上这样的语文老师，那可真是学生的悲哀了。

"心安理得"这个成语看起来很平常，老师讲的基本上跟《成语词典》里的结果大致一样，"自己认为所做的事情是理所当然的，心里很坦然"。我们自己要再拓展一下，要再去丰富它。"心安理得"可以寻根到影响了几千年中国文化的《周易》：

"是故君子所居而安者，易之序也；所乐而玩者，爻之辞也；是故君子

尧时的名士许由像，传说尧曾欲让天下于许由，但许由向往身心自由拒绝了尧的请求

居则观其象而玩其辞，动则观其变而玩其占。是以自天佑之，吉无不利。"

用现在的话来说意思是，我们要懂得自然科学的道理，用在人生哲学上。是君子的人都受过教育，应该了解这个道理。"居"就是平常，也叫"平易"，也就是一个人平平常常，就能居有所安，心安理得。心安后，真理才能发现，于是就可以按规律做人，就不会有什么不利的事情发生。

"是故君子所居而安者，易之序也；所乐而玩者"，易经的六十四卦为什么这样排列？懂了其中的道理就懂得人生了。

《周易》里边包括了大自然的物理哲学、人生哲学、政治哲学等等，是值得一辈子都去学的。孔子告诉我们学《周易》的好处：学了《周易》，懂了《周易》，我们便心里很安详，很少烦恼、痛苦，这就是上面那句"是故君子所居而安者，易之序也"的道理。

这就说到人生哲学了，我们学《周易》为了解自己，了解人生，所以一个君子所处的日常生活，君子的人生，能够得到安心的，亦即佛教禅宗常说到的安心。人心得安是很难的，世界上几乎没有一个人安心过。

谁心安了？谁满足了？这是不可能的，真安心，不必要求什么，已经满足了，可见这是很难的。安心不易，安身亦难，安生活更难，实际上这些都是心的作用。

孔子说：如果真懂了《周易》，平常所居而安得了心，只要看《周易》变化的次序就够了。为什么？因为它有一定的次序，可以看到卦的变，而且依照《周易》的法则，宇宙万物万事随时在变，但不是乱变，也没有办法乱变，是循一定的次序在变，所以懂了《周易》，人生一切的变故来了，都可以真地安贫乐道度光阴。

人生万物有一个不变的东西，就是这个"必变的道理"，有如气象局的报时台，现在报的下午三时二十五分，下一句就是二十五分十秒，这是一定要变的。人类自己反省，有一件最愚蠢的事，希望自己一辈子不变，最好长生不老，永远年轻，可是这绝不可能。

懂了《周易》，就知道变有一个秩序，有一个一定的原则，因此我们做事业也好，做别的也好，第一知道自己怎么改，第二知道变到什么程度了，所以用不着去卜卦,把《周易》变化的程序搞通了,大法则就通了。但是变的当中,一变就有动,一动就有变,那么在动与变的结果,有好有坏,有吉有凶。

关于吉凶,我们已经知道,是根据人为的观念而来,人为的利害得失而来,但得失的究竟如何?"所乐而玩者,爻之辞也"。把文王所著的这本《周易》,每个卦下面所讲的道理——辞,懂了以后,透彻了它的道理,就快乐了。

我们的心灵本来很清静安定,只因为被外界事物相迷惑困扰,如同明镜蒙尘,就活得愚昧迷失了。

云居禅师每天晚上都要去荒岛上的洞穴坐禅。有几个爱捣乱的年轻人便藏在他的必经之路上,等到禅师过来的时候,一个人从树上把手垂下来,扣在禅师的头上。

年轻人原以为禅师必定吓得魂飞魄散,哪知禅师任年轻人扣住自己的头,静静地站立不动。年轻人反而吓了一跳,急忙将手缩回,此时,禅师又若无其事地离去了。

第二天,他们几个一起到云居禅师那儿去,他们向禅师问道:"大师,听说附近经常闹鬼,有这回事吗?"

云居禅师说:"没有的事!"

"是吗?我们听说有人在晚上走路的时候被魔鬼按住了头。"

"那不是什么魔鬼,而是村里的年轻人!"

"为什么这样说呢?"

禅师答道:"因为魔鬼没有那么宽厚暖和的手呀!"

他紧接着说:"临阵不惧生死,是将军之勇;进山不惧虎狼,是猎人之勇;入水不惧蛟龙,是渔人之勇;和尚的勇是什么?就是一个字:'悟。'连生死都已经超脱,怎么还会有恐惧感呢?"

世事变幻,祸福无常,当你遇到一些意外的突发事件时,能否处变不惊,从容应付呢?

"风来疏竹,风过而竹不留声;雁过寒潭,雁去而潭不留影。故君子事来而心始现,事去而心随空。"这是古人对随遇而安的解释。意思是说,人遇到事情时,会本能地有所反映,事情过后又恢复原来的安静。当进而不进,是自暴自弃,应退而不退,是不知自量。

古语说:"伸缩进退变化,圣人之

道也。"纵观古今历史，一个在事业上有所成就的人，必定是一个善于驾驭时势的人。顺时驭势与一成不变、墨守成规相对立，它的含义是，要按照变化了的、发展了的情况灵活机动地处理问题。

物质条件的获得，物欲的满足，不要无限制地追求那些不现实的、得不到的东西。正如卢梭所说的那样："人啊，把你的生活限制于你的能力，你就不会痛苦了。"一切理想都要植根于现实这块肥沃的土壤中。

庄子指出："穷亦乐，通亦乐。"这是什么意思呢？所谓穷是指不顺利，通是指顺利。庄子认为，凡事顺应境遇，不去强求，才能过上自由安乐的生活。这是一种顺应命运、随遇而安的人生态度。无论顺境或是逆境，人都应该保持一种乐观的生活态度。

"安时而处顺，哀乐不能入也"。这句话的意思是，能够安于时代潮流，遵循自然法则的人，悲哀和欢乐就不会占据他的内心。这是一种自然的生活方式。有一些人为了出人头地，达到自己的目标，往往不顾一切，拼命去争取。而一旦遭到挫折或打击，往往会意志消沉，一蹶不振。

古时有一位贤者叫许由，尧帝仰慕其名，想将天下让给他。许由对尧帝说："鹪巢于深林不过一枝。"说完便离去隐居了。这句话意思是说，凡事不必求多，只要具有一个够维持正常生活的环境就行了。《庄子》中还讲，"偃鼠饮河，不过满腹。"意思是人要安分，不应贪心纵欲，贪欲一多，烦恼也会增加，心灵便得不到宁静了。人生最重要的是要心灵平静，而知足常乐是心灵平静的唯一办法。

《庄子》中有一句话叫"寿则多辱"。讲的是古时，尧帝到华地视察。当地的官员为尧祈福说："希望你能获得很多男孩，获得丰厚的财富。"但是，尧帝拒绝接受这种祝福，他对官员们说："男孩子多了，操心的事情便会接连不断出现。钱财丰厚了，麻烦的事情就会多起来了。活的时间越长，遭受耻辱的机会也一定更多。"这的确是一种高见。

"人生减省一分，但超脱一分。"在人生旅程中，如果什么事都减省一些，便能超越尘事的羁绊。一旦超脱尘世，精神会更空灵。简言之，即一个人不要太贪心。洪自诚接着说："比如，减少交际应酬，可以避免不必要的纠纷；减少口舌，可以少受责难；减少判断，可以减轻心理负担；减少智能，可以保全本真。不去减省而一味地增加的人，可谓作茧自缚。"

人们无论做什么事，均有不得不增加的倾向。其实，只要减省某些部分，大都能收到意想不到的效果，倘若这里也想插一手，那里也要兼顾，就不得不动脑筋，过度地使用智能，容易产生奸邪欺诈，所以，只要凡事稍微减省些，便能回复本来的人性，即"返璞归真"。

《呻吟语》的作者吕新吾也说过："福莫大于无祸，祸莫大于求福。"意即没有不幸的灾祸降临，就是最大的幸福。一天到晚四处钻营的人，比任何人都更加不幸。所以，人千万不要为欲望所驱使。心灵一旦为欲望侵蚀，就无法超脱红尘而为欲望所吞灭。只有降低欲望，在现实中追求人生目的，才会活得快乐。

"如果我有一条围巾，我就会把它围到脖子上；如果我有一朵花，我就会每天为它浇水。"就像这歌里唱的一样，生活给了我们什么，我们就应该去承受。

第四篇　经商智慧

现代西方管理科学在西方文明进步的历史背景之下，因受西方工业理性的影响，特别是工业理性对该学科的模式化限定，其价值趋向过于追求数理化设计和具体性操作，致使经济效益背离社会效益、科学化分野于人文化，学科进步陷入了理性尴尬。从社会实践来看，现代企业行为包括经营与管理，在科学的、实际的操作之下，人文与价值严重失落，不再拥有永恒的凝聚力与秩序性。这就为古代易经宝典的现代性价值转换提供了良好契机，也为"易经经营学"的产生提供了充分的可能性与必要性。

北宋宰相赵普曾言"半部《论语》治天下"，说的是《论语》的政治价值；现在也有人讲"一部《周易》安天下"，这无疑道出了《周易》对治国理财、安定社会的重要作用，其中蕴含着无比丰富的经营管理文化资源。《周易》的经邦济世理论，哺育了一代又一代社会仁人志士，相信"易经经营学"的产生与完善也必将造就一批既富有现代经营理念、又怀有人文价值情愫的"现代儒商群"。

古代《周易》作者可谓"先哲"，他们凭借自己的素朴智识或直接或间接地反映出自身所生存的自然、社会的环境与状况，并形成了富有灵感性征与理性力量的思维体系，以此来指导当时及后人的社会实践，在探索宇宙、社会、生命、人生、自然的奥妙方面展现出非凡的聪明才智。《周易》所拥有的思考问题、认识事物的思维方式，我们称之为"易学思维"。

易学思维是古代先哲们深沉智慧与伟大实践的结晶与产物。古代先哲经过反反复复的"仰观天象，俯察地理"，在体悟生生不息的自然与社会法则中形成了可贵的易学思维，而易学思维的形成反过来又增强了他们把握宇宙规律、认识社会发展、探知世界运行的能力。他们运用易学思维不断思考着世界的变化、社会的更替以及人类的成败得失、吉凶祸福、盛衰荣辱等难以解开的问题。

《周易》是一座神秘的古堡或是一座富丽的殿堂，易学思维则是其中的瑰宝。"易学思维"实际上是象数思维、变易思维、太极思维、阴阳思维、五行思维、经卦思维等各种思维方式与方法的有机统一。它为人类文明社会提出了许多直到如今还仍然富有生命力且极为珍贵的认识问题、解决问题的思维原则和思维方法。

对于现代经营与管理而言，易学思维所提供的思维逻辑有着极强的指导力和广泛的适应性。现代经营与管理中的许多思想、原则、方法往往可以在《周易》中找到精神雏形；通过易学思维分析现代经营过程中遇到的许多问题往往能收到意想不到的奇效。

《周易》是一部开发人的灵性、启迪人的理性的"智慧宝典"，是亘古常青的科学，可谓"知识之知识"。因为《周易》作为"大道之源"，为人们提供了开敞智慧大门的金钥匙。研用《周易》，我们不仅要深入探究易之三才——天、地、人之道，寻求真理之源，而且要灵活运用易之方法论思维观。如果我们将《周易》的"理""法"结合起来，并应用于现代经营与管理，我们将收到出乎意料的管理效能。由此，我们似乎体味到了现代企业规范化管理的有效路径。

广义讲来，易学思维亦可称为象数思维。象数思维方法是中华传统思维的一朵奇葩。几千年来，随着历代易学的不断发展，象数思维日臻完善，与现代西方思维相比显示出十分神奇的魅力。

作为一种特殊思维方式，象数思维离不开卦、爻之象。八卦正是八种象，"卦者，挂也"——挂出一种直观的"象"——以引起人们的无穷想象，以便探求出理论。

象数思维，顾名思义，可以分出两种思维模式：一曰"象思维"，即"取象"比类，旨在因象明理；二曰"数思维"，即"运数"比类，旨在"极数通变"。这两种思维模式共同构成了《周易》的思维传统，也内在地汇入了中华民族的传统思维之长河。

中国传统思维的特点之一即是"象思维"发达。今天研用《周易》，尤其是应用于现代经营与管理，"象思维"的作用与地位不可低估。

"象"即像，正如《周易》所言："圣人有以见天下之赜，而拟诸其形容，象其物宜，是故谓之象。"一指卦象，即八卦和六十四卦符号；二指物象，即八卦和六十四卦所象征的世界万事万物，其中八卦所标指的天、地、雷、风、山、泽、水、火为世界八种基本物质。

那么，何谓"象思维"呢？

"象思维"是指通过思维的具象性，将各类事物加以运思，对所认知、领悟的客体进行思维加工，触类旁通，从而得到某种结论的思维方式。

因于"象"之分类,"象思维"亦可分为"卦象思维"与"物象思维"两种。

"卦象思维",即借助于人们的经验或知识,对八卦或六十四卦的内外卦各所表征的事物进行联想式的运思,从而得出一定的或一般的结论。例如,"泰卦",下乾上坤,阴气下降,阳气上升,二气相交成"泰象"。运用"卦象思维"可以得出泰卦之结论:"小往大来,吉,亨。则是天地交而万物通也,上下交而其志同也;内阳而外阴,内健而外顺,内君子而外小人,君子道长,小人道消也。"从自然的万物生长,到人世的上下一致以及君子与小人的不同归宿,得出的是富有义理色彩的思维结论。

"物象思维",即借助于古人和日常生活的各种"物象",因象明理,从而启发人们的思维,推导出深沉的哲理。这种"物象思维"较多地体现在《系辞传》当中,例如在否卦爻辞中有言"其亡其亡,系于苞桑",由此阐发出这样的哲理:"危者,安其位者也;亡者,保其存者也;乱者,有其治者也。是故君子安而不忘危,存而不忘亡,治而不忘乱,是以身安而国家可保也。《易》曰:其亡其亡,系于苞桑。'"这里从牛羊可以逃走之物象,引申出"居安思危"的忧患意识,这种引申是恰切的、鲜明的、得体的。其富有哲理的推论,运用了物象比类的思维途径,既保证了最终结论与初始物象内涵的相辅相成,又保证了思维逻辑的紧密推延,闪耀着理性思维的智慧之光。

"数思维"同样属中华民族理性思维的特殊方式之一。"数思维"对于中国古代以来科学思维的发展进步产生过积极的影响。利用"数"来整理、概括、总结科学技术的成果,标志科学技术的发展水平,表达数理思维的程序,是"数思维"的奇妙之处。

所谓"数思维",顾名思义,是借助于"数"、"数理"来进行思维推理,表达思维的程序,推演思维的结果。《周易》经传处处充满着"数思维"的记载。《周易》中"数思维"较为简洁。例如"先甲三日,后甲三日""先庚三日,后庚三日""革言三就""三人行则损一人,一人行则得其友""有不速之客三人来"等等,近三十处借助于"数"来表述卦义。《易传》中"数思维"较为深刻。例如《系辞上》:"易有太极,是生两仪,两仪生四象,四象生八卦,八卦定吉凶,吉凶生大业。"这里借助于2—4—8数理关系表达出宇宙的奇妙演化,正是古代宇宙生成图式的数理化概述。这对中国古代思维进展产生过极其深远的影响。

再例如"四营十八变"的占筮程式:"大衍之数五十,其用四十有九。分而为二以象两,挂一以象三,揲之以四,以象四时,归奇于扐以象闰,五岁再闰,故再扐而后挂。"这既是"数"的运演,又不仅仅是"数"的运演本身,其中又紧密联系着关于天地、阴阳、三材、四时、再闰等历法的问题,真可谓玄妙之至。

《周易》之"数思维"将后人带入了神秘的宫殿,人们在"数"的背后看到了数理,看到了宇宙万物生成、运动、变化的规律。朱熹曾说过:"如鸿荒之世,天地之间,五十有五之数,奇偶相生,粲然可见。"这里足以表明"数"在易学中的地位。先天易学之创始人邵雍更是把"数"看作宇宙万物之本原,他说:"神生数,数生象,象生器",把"数"置于"象"之先。司马迁也十分注重"数"之演变,他在《史记·太史公自序》中有言:"易著天地、阴阳、四时、五地,故长于变。"总之,《周易》的"数思维",借助于"数"、"数理"来表达世界万物的变化,构筑出"极数通变"的原则;"数思维"直接地推动着中国古代科学思维的进展,表达着中国古代先哲的智慧。

"易道广大,无所不包。"易之象与数表达着宇宙、自然、人生、社会的通体信息;象数思维作为一种理性思维,常被古代天文、历法、乐律、医学、养生所运用。明代科学家徐光启曾这样表达易之象与数及其思维的科学价值："象数之学，大者为历法，为乐律，至其他有质有形之物，有度有数之事，无不赖以为用，用之无不尽妙极妙者。"

那么，象数思维对现代管理的价值何在呢？

在人类文化发展史上，《周易》借助于"取象"以比类，得出富有哲理的推论，给人以启迪，这是东方独特的思维方式的鲜明特色。这也是东方文化在当代展示出优于、异于西方文化的独到之处。"象思维"正对现代管理学产生着深刻的启迪。按照"象思维"的内在要求，现代管理者必须注重建立规范性的管理模式。

第一，重视整体形象与总体效应。

在市场经济条件下，现代管理的社会整体形象与市场总体效应对于增强自身的内在实力、展示自身的良好形象、促进自身的健康发展有着重大的现实意义。

现代管理者必须十分重视整体形象与总体效应。远古之人，不能离象言理；今日之管理者亦不能离开被管理之客体的诸象——公司形象、名牌品牌、市场服务等——而纯粹讲什么管理与经营。一个企业的良好的形象设计和社会效应，对于企业在竞争激烈的市场大潮中赢得大众消费、获得卖方市场、击退竞争对手从而立稳脚、求发展是何等重要。

第二，重视市场行情与及时决策。

"象思维"以简驭繁，正如"八卦"，"其称名也小，其取类也大"。取象的目的在于比类，通过选取个别事物、个别现象作典型，对其共相进行逻辑演绎，得出普遍性的结论。

受此启发，现代管理者必须十分重视市场行情的分析与调研，以小见大，进行取象比类。通过抽查、造访，进行市场行情摸底，并以此为根据，及时对生产、销售、管理等诸环节进行科学规划、有效决策，以减免失误，增强效益，并常常总结经验教训，提升至企业文化的高度，提出和强化公司理念。

第三，重视统筹兼顾与全面治理。

"象思维"的合理内核在于以事物整体之"象"喻事物个体之理。《周易》六十四卦本身是对宇宙的整体性把握；易之表征的诸"象"正是宇宙万物的综合。"象思维"要求人们整体性地观察分析宇宙万物的运动、变化、发展，因为宇宙之间绝对没有孤立的事物，事物之间无不存在相互依存、相互制约的关系。

"象思维"对于现代经营与管理的重要启示之一，即是要统筹兼顾公司事务以及诸种事务之间的关系，全面治理现代管理对象所包含的各个方面、各个环节、各个因素及其发展变化情况，采取多层次、多维度的立体思维，去开拓具有更多自由度的管理空间，并使之容下随着市场变化日益增多的、丰富的新内容，以适应现代科技、现代管理实践的多方面发展的要求。

第四，重视现实实践与经验积累。

"象思维"方法，有利于总结人类的实践经验，便于归纳现象作出结论，进行演绎。它是归纳与演绎的结合，又是分析与综合的统一。这种特殊的思维方式，寓理性思维于形象思维之中，将形象思维当做了通向理性思维的桥梁。

由此指导的现代管理，要求人们必须躬身现代管理实践，积极总结实践经验，及时将现代管理纳入科学管理系统，以利于走出传统的、简单的、机械的管理模式，通过吸取包括易学在内的传统文化的精神，站在现代科技水平上，建立有中国特色、中国风格的现代管理方式，开拓全新的、最优的管理世界。

"数思维"的方法论意义在于"运数比类"，在于以数喻理。《系辞》有言："参伍以变，错综其数。通其变，遂成天下之文；极其数，遂定天下之象。"可见，易"数"具有"弥纶天地之道"的神奇功夫。那么，"数思维"有何"弥纶管理与经营之道"的功用呢？

第一，建立数字化管理模式。

工业化社会过后，随之而来的是信息化时代。现代信息科学的高度发展特点之一，即为各行各业各领域的数字化管理。现代管理必须紧紧追随数字化的进展。正如《礼记》中所言："凡举大事，毋逆'大数'。"现代管理的诸环节都应以数字化模式来加以规范。管理对象和管理要素应按照几种形式、多少比例、什么结构来调配，都应通过精确的数字标识出来，以利有效管理。

第二，建立科学化管理模式。

"数思维"是中国传统的思维方式之一，中国传统的科学技术往往利用数来整理自己的内容体系，表达思维的程序。"数思维"对于现代管理的启迪之一即应是突出"科学化"的地位。《系辞上》有一组关于天地之数的精确表述："天一，地二；天三，地四；天五，地六；天七，地八；天九，地十。天数五，地数五。五位相得而各有合，天数二十有五，地数三十。凡天地之数五十有五，此所以成变化而行鬼神也。"倘若现代管理能仿效此天地之数来构筑现代企业及其经营，也会收到神奇的功效。尤其是现代管理者，在自己的思维活动中，要力求使自己的主观与客观相一致、认识与实践相一致，真实地反映无限变化的管理世界。

第三，建立动态化管理模式。

"数思维"即"运数比类"的思维方式，其重要主张为"极数通变"。《周易》揭示天地之数、大衍之数；乾坤策数等，无非教人们要做到"极数通变"。"易，穷则变，变则通，通则久"，这正说明了事物存在与发展的客观逻辑。现代管理受此启迪，即应建立动态化管理模式。在对管理对象的各种管理要素做动态分析的基础上，善于激活管理对象和管理要素的积极方面，同时保持现代管理者思维的各种动态性——发散性与收敛性、纵向性与横向性、静态性与动态性、反馈性与超前性，从而使得现代管理对象所包含的各个方面、各个环节、各个要素以及各种形态得以健康地、有效地运行。

变易思维体现着易学精神的真义。生生之谓变，正说明世界变化的普遍意义。变易思维正是对世界变化的普遍意义的一般性概括。掌握变易思维对于现代经营与管理有着重要现实意义，它可以指导人们在企业经营的过程中进行有效的动态管理。"变易者，言生生之道，变而相续。"东汉郑康成的这句话体现着他对宇宙、社会、人生的变化与发展的规律性认识，正是对变易思维的恰切表达。

变易思维要求我们以变化发展的眼光看待一切事物。它认为：宇宙万物、社会人生无不生生变衍；阴阳五行、八卦六爻无不变动不居。从时间上讲，世界进展具有一种绝对不可逆转的连续性；从空间上讲，万物变迁具有一种无限扩张的广延性。

经营管理者在观察、分析和对待各种具体的经营事务时，必须善于从经营本身的规律出发，以辩证发展的眼光做出正确的、科学的经营战略决策，并适时而变地不断修订各种策略，以沿承和保持经营管理的不断成功。反过来，如果经营者思想保守，缺少变易思维，正如故步自封、画地为牢，其结果将导致经营惨败。

经营者以变易思维进行战略决策和动态管理，具体地讲，可以包含如下几个方面：

第一，以动态的、辩证的思维和眼光，制定灵活的、可行的经营计划，避免头脑简单、思想固执、自以为是和孤傲自赏。《周易》"观卦"借举祭祀之例说明要以变化的眼光、从具体情况出发、不能一概而论的道理。古时祭祀，都是先灌酒后献牲，"盥而不荐，有孚颙若"，用做祭牲的俘虏被打伤了，不宜用于献神，因而不能荐献。

第二，要善于进行经营机制的革新，不能因循守旧。特别是在目前，我国正逐步实现着从计划经济体制到市场经济体制的转轨,企业正面临改制,现代企业制度正逐步实施。因此,进行经营机制的革新尤显重要。《周易》革卦以战争为例贯穿"变"的思想主线,说明"变"的重要性。"革言三就,有孚。"言者,靳也,指马胸带。原先马胸带未束紧,马跑不快,因而战败,后来把马胸带绑了三匝,马车飞奔,打了胜仗,捉到了俘虏。

第三,要注重研究外部市场及环境的变化对自身经营管理的影响。"关起门来过日子"是不会长久的。目前,我国即将加入WTO,这将对国内各行各业产生严重冲击,我们不仅应着眼于国内市场的变化状况,更应着眼于国际市场的发展趋势。当今时代,世界市场的变化特点是多元的,变易思维也正是要求我们以"变"为世界第一公理。因此,经营管理者必须知变、善变、适变、权变、顺变,只有掌握"变"的枢要,才能在市场中求生存、图发展、站稳脚。

值得注意的是,《周易》的变易思维是指"变"与"不变"的对立统一,并非认为"瞬息万变"是事物发展的全部,相反,它亦十分重视"不变"的重要性。在一定的条件下,"不变""稳定""和谐"等同样是十分重要的。这对于经营者在必要的时候适度保持"一以贯之"的经营方略,求得"以不变应万变"的效能也有重要的现实性启示。变易思维内在地包含着"变"与"不变"两个有机的联系方面。变易思维强调"变"与"不变"的对立统一,既是运动变化,又要和谐变动,这是自然社会的基本法则。

也正因为这种思想,和谐成为中国古代哲学思想的精华,正如孔子讲"仁"也首言"和谐",和谐的时代才产生兴旺的历史。所谓历史上的"少康之治""文景之治""贞观之治""开元盛世"等都是一种和谐施政的结果。著名西方学者哈肯教授曾指出"协调导致有序";英国哲学家汤因比也说:"当今人类已掌握了可以毁灭自己的技术手段,同时又处于极端对立的政治、意识形态的营垒，最需要的就是古代中国哲学的精髓——和谐。"

孔子的中庸理论也正得益于这种变易思维的辩证法。"中"即取中，不偏不倚，无过而无不及，亦即叫哈到好处；"庸"即平，指平易、平素、平常、平时等。

受此启发，现代经营管理者在掌握变易思维时必须防止走极端，认为只要不断"变"就会经营成功，那同样将导致挫折与失败。经营管理者在掌握变易思维的辩证法时，必须注意如下几个方面：

其一，宜变则变，宜和而不分。

"和"是经营文化的最高原则，具体可解释为"和谐"，它贯穿着经营的全过程。无论是企业内部，还是买卖市场两方都应以"和"为基础，求大同存小异。大家的利益应是你中有我、我中有你，相需相因、相互依存、互补互益的关系。

其二，阴阳平衡，刚正不屈。

阴为阴柔，阳为阳刚；阴阳平衡即阴中有阳，阳中有阴；"刚正"恰是中庸、中正。对于经营者而言，

应做到刚柔相宜，应将《周易》中的"天行健，君子以自强不息；地势坤，君子以厚德载物"作为自己的座右铭，时刻体悟，时刻自励，自觉地贯彻到日常的经营活动中去。

其三，循环往复，周而复始。

变易思维并不仅仅停留在"变"与"不变"的统一上，而且内在地包含着事物在这种对立统一中的"圆圈式"前进。它认为宇宙万物总是处于永恒的循环往复的进步过程中，无论是自然界还是社会，其产生、发展、消亡的过程总是周而复始的。《吕氏春秋》中也曾讲到这种"圆圈"现象。当然，《周易》是对这种思想的最早表述，"周"字之解释也包含"周环""四周""循环"的意思。《易传》中有言"日往则月来，月往则日来，日月相推而明生焉。寒往则暑来，暑往则寒来，寒暑相推则岁成焉。往者屈也，来者信也，屈信相感而利生焉。"这种思想对于现代经营者最富启发意义。经营需不断开拓市场，新旧更替是应有之事，抱残守

缺只能贻误企业发展，开拓与进取是经营管理的生命线。

由此可见，《周易》的变易思维实际上是一种关于"变"与"不变"对立统一的辩证法思想，这也正解析了"易"的几个层次，即变易—简易—不易。

《周易·系辞上传》第一章就强调简易之理。从"乾以易知，坤以简能"起，说明万事昭明公开，易知且简而能。又有"易则易知，简则易从。易知则有亲，易从则有功。有亲则可久，有功则可大。可久则贤人之德，可大则贤人之业。"最后提出："易简，而天下之理得矣；天下之理得，而成位乎其中矣。"易者本身包含易简之义。那么，何为简易？这是指在纷繁复杂的事物及其运动过程中，总存在着一般性的规律与简洁明了的本质，人们应注意发现之，以利于在复杂之中求得简易，并找出一般的、通常的、适宜的解决办法。经营者在错综复杂的现实关系中，既面临着尔虞我诈的商务关系，又面临着四面八方的信息网络；既经受着内部机制的多种限制，又经受着外部环境的诸多约束。这种状况恰恰需要经营者善于求得简易，即做到理清商事、去粗取精、内外协调、上下沟通，做到不被复杂的表面现象所迷惑、不被眼前的暂时状态所困扰，而始终明见本质、统领全局，这是一种非凡的"简易"功夫。当代许多著名的学者特别强调"简化"的重要性。

"不易"是指事物的本质与规律，这是事物的根本法则。东汉郑康成提出了"易即不易""不易者，言天地定位，不可相易"的绝妙论断。对于企业经营者而言，"不易"可以包括许多方面：

一是做人的基本道德原则不可易。公正无私、从善从德、凛然大义等中华传统美德是应永恒保持的，不可有见利忘义、见钱眼开、欺行霸市、乘人之危等有悖于"君子黄中通理"之事。另外，修身、齐家、治国、平天下的人生目标也始终是不易的。

二是自强不息、刚正不阿的精神。不管处于何种境地都应不断创新与发展，做到"处逆境而不法，遇挫折而自强"。

三是国家的大政方针法律法规不可易。作为经营者应遵纪守法，决不做违法乱纪之事，要深知"善不积不足以成名，恶不积不足以灭身"的道理；应学习和掌握国家的路线、方针、政策，特别要学习市场经济理论，以市场经济的规则来规范自己的经营策略与实践，避免盲目性、机械化，尽量少走弯路，少遇挫折。

四是当代人们对产品、商品的价值需求与目标是不易的。这种价值标准是人们经历了长期的生活实践而形成的，具有长期的稳定性，作为满足市场需求的经营者必须遵循这种价值标准的不易性，例如，人们追求产品的小型化、简便化、耐久化、节能化、美观化；自动化、安全化、环保化等等。把握了这种价值标准的不易性，以利于经营者适时调整生产和经营产品类型，满足了市场的需求，是经营成功的首要原则。

变易思维应用到现实的企业经营与管理中将收到显著成效，有些应用可能是非自觉的。有报刊披露上海第二毛纺厂实行"动态管理"，由原来"弱不禁风、贫病交加、生产滑坡、效益下降、人心涣散的企业"茁壮发展成为全国同行业的巨人，还拯救了12家大中型企业，使1万多名亏损企业的职工安居乐业。其"动态管理"在于提倡不断创新，而且"让大家有经济头脑"，厂长万德明的一席话概括了其动态管理的精义："世界在变，世界的经济结构也在变……作为一个管理者，就是要不断调整管理战术去适应形势。"

《周易》是一部仰观天文、俯察地理、中通万物之机、远究天际、近取人情的"大书"。它是通古今之变、阐人生之道的大学问。易的要义就是变，变易思维也就是《周易》的最高方法论原则。经营管理者如能体悟变易之道即可达到无为而治、无往不胜的最高境界。正如《系辞传》曰："形而上者谓之道，形而下者谓之器；化而裁之谓之变，推而行之谓之通；举而措之天下之民，谓之事业。"经营管理者只有掌握变易思维，进行动态管理，坚持"变中不变""有所变有所不变""以不变应万变"，把握"适时而变""应时而化"等的辩证法，才能在千变万化、风雨交加的市场竞争中寻得恒久之道。

《周易·系辞上》指出："易有太极，是生两仪，两仪生四象，四象生八卦，八卦定吉凶，吉凶生大业。"又说："盛德大业至矣哉，富有之谓大业，日新之谓盛德，生生之谓易。"这些文字在阐述宇宙生成图式的同时，既表达了一种高明的太极思维方式，又涉及掌握这种思维方式对于进行经营管理、成就社会大业的现实意义。

那么，何为太极思维？

《系辞》云："易有太极，是生两仪，两仪生四象，四象生八卦。""太极"是宇宙一元的两面——阴与阳，天地阴阳形成整体。太极即阴阳未分时混沌的广大之气，太极之变，即成阴阳，阴阳相摩而生天地，天地之变而生金、木、水、火、土，金木水火土之变而生天、地、水、火、风、雷、山、泽，是谓乾、坤、坎、离、巽、震、艮、兑八卦。由八卦相重而产生六十四卦，又三百八十四爻，以此来容括万物、涵盖万象、统贯天地。这正是太极进化的逻辑结构。因此，太极思维首先是一种整体思维。

"太极"表明了宇宙的本原式本体，它又与两仪、四象之间相互蕴含，浑然一体，正如朱熹所言："自太极而分两仪，则太极固太极也，两仪固两仪也。自两仪而分四象，则两仪又为太极，四象又为两仪矣。"朱熹所言表明了"太极"与万物的关系，太极生化万物，但又不独立于万物，而是寓于万物之中。唐代易学家孔颖达在《周易正义》中也将太极看作一个整体，即"天地未分之前，元气混而为一"

的浑然整体。这启示人们，太极思维具有整体性特征。

先天八卦即伏羲八卦，极高妙地表明了太极思维的整体性特征。《易传》中曾就八卦的位次排列借以说明整体的时空定位，"天地定位，山泽通气，雷风相薄，水火不相射"，四个对立的卦组"两两相偶"，正如邵雍所言"乾坤定上下之位，坎离列左右之门"。

《易传》中所说的"数往者顺"是指从震四到乾一为阳升；而"知来者逆"则是指从坤八到巽五为阴息。所说"天左旋，地右转"则分别是指自乾一至震四、自巽五到坤八，正说明天地运转的整体法则。关于四时与四方亦作出了规定。天之阳为兑主春分，巽交天阳而阴生主夏至，艮为在地之阳主秋分，震始交阴而阳生主冬至；离为日，日升表东方，坎为月，月起表西方，乾南而坤北。

再进一步讲，《周易》六十四卦也突出地表现出整体性特征。《序卦》说："有天地然后万物生焉，盈天地之间者唯万物。"甚至每一卦的卦体也显示出整体性结构。

伏羲八卦对于时空的统一性规定正反映了思维的整体性特征。而且，"易之为书也，广大悉备"，天、地、人三才尽有。太极思维要求人们观察分析任何一事物或任何一人时应首先将其视为一个整体、看作一个系统。因而，任何事物都具备一般特征，任何一般又离不开个别，既没有脱离一般的个别，又没有离开个别的一般。太极思维应用于现代经营与管理，要求人们应善于整体驾驭。

第一，经营网络自成系统，自上而下，由总统分，防止挂一漏万。

若干个经营子系统隶属于一个经营母系统。母系统离不开子系统的支撑，子系统离不开母系统的统领。只有上下一致，整体和谐，才能共创经营业绩。

第二，处理好局部利益与整体利益的关系。

在经营的过程中，各分支机构要注意从整体利益出发来开展各项业务，不能只顾局部的集体利益或个人利益，要知道没有整体利益就没有局部利益的道理。作为经营主管者在强调维护整体利益的同时，也应采取一定的激励手段充分调动全体经营者的积极性，从而发挥出最佳效能。

第三，处理好眼前利益与长远利益的关系。

眼前利益往往容易引起经营者的首先关注，若经营者鼠目寸光势必将采取杀鸡取卵般的不良措施，其结果是前功尽弃、半途而废，更谈不上获取长远的利益。例如只看到一时的市场需求盲目扩大生产，只注重提高产品数量而忽视质量，只维持已有客户关系而不注重开拓新市场，如此只能坐吃山空。

第四，全面掌握市场信息，坚持适销对路，注重培育畅通的销售渠道。

精明的经营管理者，总是能从市场全局出发，不放过任何一条市场信息，不忽视任何一个经营环节，适时地改进各项经营策略，从而保持经营渠道畅通、市场经久不衰。

第五，以"生生不息"的发展眼光指导企业经营与管理。

作为一个现代企业必须着眼于本企业的"过去—现在—未来"的发展全过程，从产品的研究、开发、生产直到销售的每个环节出发，去制定经营策略，设计科学工艺，生产合格产品，并及时占领市场。而每一个环节都不是孤立的，应互相照应、互相协调，求得健康的、整体的发展。

另外，太极思维亦要求经营管理者要在整体经营实践过程中以圆满的、和气的姿态对待自己的同事和部下，讲究太极完整，尊重他们的人格尊严，刚柔并济，阴阳和谐，不偏不倚，发挥每一个人的"太极"思维，以求经营管理事业生生不息，繁荣昌达。

在这里，需特别分析一下由太极思维推出的系统论经营与管理方法。太极思维的整体性特征内在地包含着系统性原则，整体性不可排除联系性。所谓联系性即是事物内部和外部的联系、直接与间接的联系、现象与本质的联系、形式与内容的联系、偶然与必然的联系、对立与统一的联系等诸多关联性因素的统一体。这种联系性表明了事物的系统性存在。而事物的系统性存在又要求我们以联系的而不是孤立的、系统的而不是分割的、统一的而不是单一的眼光去观察、研究和分析问题。诺贝尔奖获得者、理论物理学家、曾提出耗散结构论的普利高津在一次演讲中曾说："西方科学对自然的看法是确定论的、精确的和解析的，而中国文化则是一种整体的或现在我们叫做系统论的观点。"显然，他对于中国文化的整体性思维持肯定态度。现代经营与管理自成系统，因而必然存在着经营与管理的系统论方法。

将《周易》的太极思维和系统观输入到现代经营与管理之中，进行方法论指导，将大有作为、天地洞开。我们都知道，战后的日本一方面吸收西方的经营管理理念，另一方面又采纳了东方文化，特别是儒家文化当然包括易学精神的精华，建立了"天、地、人、仁、义、礼、智、和"等崭新的经营理念，使得日本经济飞跃发展，跃居世界前列。这是中西文化融合的系统观念应用的成功先例。

分析现代经营与管理的系统论方法，可以得出如下启示：

其一，以"人"为核心的"三才"系统论方法。

在现代企业经营与管理的组合系统中，"人"是企业的核心，企业是人的企业，尊重人、重视人已成为现代企业的共同理念。"易"之三才即天、地、人，天时、地利、人和是成就事业的三大方面。若将"三才"与现代企业经营与管理的构成要求相对应，则可以分出机构、机制、规定、员工、资产、信息、时间、资金等诸多方面。其中"人"是起决定作用的因素，这已被现代企业的经营与管理实践所证实。

其二，注重"买—卖"市场对立统一系统的平衡状态。

市场的供需关系即买卖关系决定了市场的平衡状态，经营与管理者必须注意研究和掌握这种状态，并将其作为企业行为的向导。阴阳两仪是太极的两面，代表事物相互对立、相互依存的两个方面，也是对宇宙万物及现象的高度概括，阴阳的平衡状态决定了事物的存在、发展与消亡。事物运行宜"用中"，不可偏废，"执两用中，中和为常道，中和可常行"。因而，企业经营亦应时刻关注市场运行状况，避免盲目性和片面性。

其三，增强现代企业经营与管理的"人文化成"意义。

《周易》最早提出"文化"即"人文化成"的原典性范畴；太极思维的系统性也启发人们不能仅仅把经营与管理局限在社会经济领域之中，更应把它放在社会大文化的背景之下去进行，并且逐步建立起社会效益和经济效益并举的、高水准的经营文化。以人文来化成"经营"应是对传统的、狭义的经营方式的"消解"，亦应是经营学研究的"革命性"进步。

总之，太极思维首先是一种整体思维，要求经营管理者善于做到整体驾驭。同时，它还是一种形象思维、直觉思维，又是一种富含灵感的特殊性思维。这种思维对于现实生活世界的作用是至高无上的，用心体悟，将受益无穷。现代社会的经营与管理受到现代工业理性的制约，有待于通过掌握和运用先人留给我们的这种宝贵财富，找寻富有革命性成效的、超越传统模式的、富有文化底蕴的经营管理新理念和新天地。

《易传》曰："一阴一阳之谓道。"阴阳的相互作用构成万事万物存在的机理，由此体现了易学中的阴阳思维。阴阳之道包括如下几个方面：

其一，阴阳是事物存在与发展的两个方面。这两个方面无时无刻不处在矛盾的对立统一之中，双方各以对方的存在为己方存在的条件；万事万物负阴而抱阳，冲气以为和。宇宙万事万物无论多么复杂、有多少表现形式和发展趋势，无不包含阴阳这两个方面，反过来讲阴阳可以包含万事万物，阴阳可以包容万千。

其二，阴阳之交决定了事物的变化与发展。事物由小变大、由简而繁皆取决于阴阳之道；正是由于事物阴阳的相互渗透、互补和此消彼长这种相反而又相成、斗争而又统一，构成了事物生生不息的发展过程。

其三，阴阳标识着事物的性质。"阴"通常表达着宽阔、柔弱、深沉、晦暗、内向、向下、虚空、冷静、封闭等；"阳"通常表达着激烈、刚健、积极、明亮、外露、向前、扩张等。这两种相反的趋向互为作用，其结果表现出事物的存在现状与性质。不同的阴阳属性必然有着不同的表现形式。

阴阳思维是太极思维的进一步延伸。作为一种理性思维，它重在强调阴阳之道的和谐统一与辩证对立，有着极强的统摄性和包容性；作为一种系统性思维，它力图用阴与阳的对立统一来说明宇宙万物的生成与动因，有着极强的一般性与概括性。阴阳思维把纷繁复杂的现实世界化繁为简，归结为阴阳两大类，提出阴阳之道是宇宙的根本法则，这在一定程度上解释了世界万物及其现象的运动规律，不失为我国古代朴素辩证法的精髓之一。

阴阳思维要求人们在思考和研究事物存在、发展、消亡的时候，必须坚持阴阳辩证法，通过阴阳之间的相反相成，来说明事物存在与发展的根源。它对于指导人们正确地认识世界，把握事物，揭示存在的本质，理解事物规律具有重要的意义。现代经营与管理若能贯之以易学的阴阳之道和阴阳思维，注意把握阴阳的平衡与不平衡的辩证法，经常保持"太和"状态，将会收到不可估量的效能，正所谓"盛德大业至矣哉"。

第一，经营管理者自身要具备"刚柔并济"的素质。

"刚柔并济"向来是中国传统的价值观，"君子知微知彰，知柔知刚,万夫之望。"《系辞上传》云:"动静有常,刚柔断矣。在天成象,在地成形,变化见矣。是故刚柔相摩,八卦相荡。"对于一个经营管理者而言,有刚有柔才能成就事业。又云:"八卦成列,象在其中矣;因而重之,爻在其中矣;刚柔相推,变在其中矣。"恰当地发挥自己的"刚"与"柔"的不同方面,使之相推、相荡、相摩,就能不断实现企业在不同的发展阶段上的各项指标和任务,引发企业发生巨大的变化。其中,"刚"的方面可以包括如下品质:刚健、不屈、积极、主动、无私、无畏、聪慧、团结、敢于负责、以理服人和善于管理等;"柔"的方面可以包括如下品质:关爱、细心、温和、宽容、沉着、耐心、无为而治、以情动人和讲究艺术等。"刚柔相济"正所谓"文武之道,一张一弛",要宜"刚"则刚,宜"柔"则柔,一刚一柔,一主一从,其结果必然形成一种相互亲和、彼此融通、积极向上的氛围。

第二,善于运用和处理企业内部诸方面的力量和关系。

阴阳思维十分重视考察事物内部及诸事物之间的矛盾关系,认为任何事物的存在与发展都是内在阴阳双方相推相荡的结果。《系辞上传》说:"乾坤,其易之蕴耶,乾坤成列,而易立乎其中矣。"说明阴阳双方的相推、相荡是世界一切变化的内在根源或根本原因。经营一个企业或运营一个单位、城市甚至国家,都应注意运用这种阴阳思想。

首先,要注意分析内部矛盾关系,看哪些是主导的、刚健的、积极的一面,哪些是从属的、阴柔的、消极的一面,并注意分辨出各自的力量对比,以便于有针对性地做出决策和对策。

其次,要注意把握、协调、引导对立双方的矛盾关系,把阴阳双方的对立统一状况控制在有利于发展的最佳状态,即尽量实现矛盾双方对立统一、协调一致的"度"。就一个企业而言,即是要着重培养和协调内部诸方面的力量关系,从培养"人"、管理"人"的角度,建立健全各种规章制度;通过科学机制的形成来激活并敦促企业以良好的、健康的速度发展。

第三,善于区分生产与销售过程中的阴阳方面和关系。这最能体现"易"的功夫。如果在生产与销售过程中阴阳混淆、阴阳颠倒,企业终将破产。正所谓"乾坤毁,则无以见易;易不可见,则乾坤或几乎息矣。"没有了矛盾、没有了阴阳,谈何存在!一个企业概莫能外。

如何确立生产销售过程中的阴阳关系呢?答案是要善于"理阴阳"。在现代化企业管理中,生产要顾涉市场需求和生产能力。市场是准绳,能力是限度,制定生产任务和目标必须注意阴阳平衡,否则"过犹不及"。若把握不了这种阴阳平衡关系,则可能导致或者生产过剩、供过于求或者生产不足、劳力闲置、供不应求,这都不利于发挥企业的最佳经营。只有把握好阴阳平衡关系,才能充分发挥企业的各种潜能,实现企业的最大利润。

在世界经济全面市场化的条件下,销售不仅仅要完成推销任务,还应反馈市场状况,为企业发展提供可资决策的素材。这其中也有一个阴阳区分与把握的水平问题。一要客观地反映产品在市场中的"供求"关系,把握市场的阴阳状况;二要科学地预测市场发展态势。在深入地进行市场调查的基础上,要透过现象看本质,不能一叶障目,不见泰山。只有这样,才能使企业不断开发和提供技术先进、足质足量、适销对路的产品,满足社会和市场需求,保持企业的良好发展势头。

第四,善于亲和同行,凝聚人心,成就盛德伟业。

"立天之道,曰阴与阳。"天地相交,阴阳通气,万物兴隆。正如《象》曰:"天地交而万物通也,上下交而其志同也。"小到一个单位,大至一个邦国,只有大家亲和保合,团结一致,保持大局无隙,才能兴旺发达。尤其是作为执政者更应抱有远大政治理想，善于亲和同行，总揽全局，体察人心，即如《象》所言"圣人感人心而天下和平"，从而达到"水之依地，地之承水"的亲密无间。这是成就盛德伟业的前提和基础。对于一个企业而言，经营与管理者若能体悟这种阴阳之道，运用阴阳思维去调整和驾驭各种人事关系，保持企业的稳定与发展，是何等重要！

总之，阴阳思维作为一种朴素的辩证思维，对于现代经营与管理有着深刻的指导意义。尽管这种思维比较直观和简单，但标识着世界万事万物的普遍原则和根本法则。由这种思维可以直接启发出"保合太和"的经世原则，对于现代经营与管理而言，能够达到"保合太和"将是一种最高要求和最佳境界。

朱熹在《周易本义》中特别看重"保合太和"的重要性，他说："万国各得其所而咸宁，犹万物之各正性命而保合太和也。"宋代思想家程颐也说过："天地之道，常久而不已者，保合太和也。……乾道首出庶物而万汇亨，君道尊临天位而四海从，王者体天之道，则万国咸宁也。"这种"保合太和"也正是由"天之道"——阴与阳的关系推论出的经世准则。阴阳思维所追求的终极目标也正是"保合太和"。任何事物内部或事物之间的矛盾总有双方的相互乖离暌违，也总是需要一个对立统一的过程：一方面，要斗争并且持续进行；另一方面将有"其事同"、"其事通"的结局。但是"保合太和"则是其双方"各正性命"的结果。作为一个企业离不开先进的管理与经营。它所追求的"保合太和"，是通过经营管理者所建立的、以自我调节为手段而达到动态平衡的内在机制来实现的。作为经营措施，需要包含计划、组织、协调、实施、财务、管理等，每一个环节也将包含矛盾，而整个过程更是多重矛盾关系的统一体。这些矛盾关系互相对立、互相制约、互相促进，共同发挥各自的作用。如果注意整个过程包括各个环节协调运作，那将获得一种动态的、积极的平衡，正所谓"保合太和"，从而有利于促进企业的发展。

经营管理者要时刻注意预见和发现经营过程中的各种不良事端，并及时将其消除在萌芽之中。产品的市场投放、营运过程的管理、翔实计划的制定与实施、市场信息的调研、流通渠道的通畅等都应引起特别关注，要做到具体问题具体分析，要对症下药，及时消除障碍。中国加入世贸组织后，许多行业将面临巨大冲击，每一个企业都必须调整和补足缺乏国际竞争力的方面，特别是要在引进西方经营与管理机制的同时，努力探索适应世界市场经济的、符合东方传统思维的管理模式。这就要求将东方传统思维及文化应用到现代企业管理中去。阴阳思维与"保合太和"观要求从企业整体利益出发，着眼于从生产到销售的管理全过程，灵活处理各种矛盾关系，以保证企业的均衡、和谐发展。作为经营管理者更应该将阴阳思维与"保合太和"观内化为自己的素质，不断拓宽视野，增长经营才干，提高管理艺术水平，在振兴盛德伟业的同时，发扬光大易学思维及其方法论意义。

《周易》认为，无极生太极，太极生两仪，两仪生五行。所谓五行，一曰水，二曰火，三曰木，四曰金，五曰土。五行之性，水曰润下，火曰炎上，木曰曲直，金曰从革，土曰稼穑。五行各具特性：水具有寒冷、向下的特性；火具有火热、向上的特性；土具有长养、化育的特性；金具有清静、收杀的特性；木具有生长、条达的特性。五行之间最基本的关系是相生相克和相辅相成，其次是制化乘侮等结构关系。一般而言，五行之间的生克关系是固定不变的，即木生火，火生土，土生金，金生水，水生木；木克土，土克水，水克火，火克金，金克木。五行之间的每一行，总是充当着"生我""我生""克我""我克"四种角色。这种相生相克关系，是在动态的平衡与不平衡中进行的。

所谓五行思维，是继阴阳思维

之后更为具体化的思维方式，即是用以揭示和说明宇宙万物之间都有一定的组织结构和构成模式（见下表），其运动、变化、消亡都是由五行之间相生相克和相辅相成关系来决定的这样一种思维方式。

五行所属	木	火	土	金	水
季节	春	夏	长夏	秋	冬
乙卦	震巽	离	艮坤	乾兑	坎
数字			五	四	
方向	东	南	中	西	北
天干	甲乙	丙丁	戊己	庚辛	壬癸
地支	寅卯	巳午	丑辰未戌	申酉	亥子
五藏	肝	心	脾	肺	肾
六腑	胆	大、小肠	胃	三焦	膀胱
五穴	井	荥	输	经	合
颜色	绿	红	黄	白	黑
味觉	酸	苦	甜	辛	咸
情欲	怒	喜	忧	悲	恐

五官	眼	舌	口	鼻	耳
声音	呼	笑	歌	哭	呻
五津	泣	汗	温	燥	寒
五体	肌膜	血脉	肌肉	皮毛	骨髓
五音	嘘	呵	呼	呬	吹
五律	角（牙）	徵（舌）	宫（喉）	商（齿）	羽（唇）
五常	仁	守	信	义	智
五劳	步	视	坐	卧	立
五精	魄	神	意	魂	志
五恶	风	热	湿	燥	寒

其一，世界万物都有五行结构。纷繁复杂的物质世界并非是杂乱无章的，而是具有一定的结构性征。正是由于世界万物的阴阳二气及其相互摩荡，才形成了事物的五行结构。任何一事物都由金、木、水、火、土五种物质元素构成，五行之间同气相求、相应、相通或者异气相克、相反、相背。这种相生相克关系决定了事物的存在及其运动状态。五行思维的方法论之一即是试图把所有对象都当做整体来看待。

其二，世界万物都须遵循五行法则。所谓五行法则是指宇宙万物的运动必须通过一种相应相通的五行关系来支配。五行法则是事物运动带有一定的规律性的直接原因。实际上，整个宇宙就是一个以四时（春、夏、秋、冬）和五方（东、西、南、北、中）为核心的宏大的时空系统，四时运行、五方更换极大地决定着世界万物的产生、变化和消亡。这就必须使世界万物的运动呈现出共同的普遍的规律性。可见，阴阳的变化决定了五行的制化，五行的制化决定了时空的变换，由此而天地合气，万物化生。"在逻辑上，我们可以把五行的结构关系看作阴阳关系的展开。事实上，在自然界和一切事物的每一运动过程中，不一定只是两个方面在发生作用，而往往是两个以上或诸多的方面交错地发生作用。许多复杂的作用系列，尤其是生物机体的变化，从根本上看是阴阳相反相成，具体分析却是一个具有复杂结构的反馈系统。所以，需要五行这样的系统模型来说明。金能克制木，木虽然不能直接反作用于金，但是木通过生火，能够达到反过来克制金的作用。金生水，水虽然不能直接反作用于金，但水能生木，木能克土，土由于被克因而减少了对金的滋助，从而使金受到制约。五行之中的每一行向其他行发出的任何作用，都会由于五行之间特有的生克胜复关系得到一个相应的反作用，使五行在一般情况下总能在运动的过程中保持整体平衡。因此，可以说，五行的相生相克、胜复制化，是阴阳关系延伸和扩展开来的一种具体表现，而阴阳是对这些具体结构关系的更高概括。"

当然，事物的五行结构与五行法则之间的关系也是互生互化的。五行结构是事物五行法则形成的内在原因，五行法则又反过来构成事物的同构关系，即正由于事物运动的周期性、秩序性，而使事物的五行结构进一步形成和显现。五行结构与五行法则共同表达着事物的生克关系，这种生中有克、克中有生、相反相成、互为功用的关系推动和规定着事物的运行与发展。

那么，五行思维有何特点呢？

其一，五行结构是世界万事万物的共同构成方式，是事物具有统一的内在结构的根源。因此，五行思维要求人们认识事物时必须以一种统一的逻辑相似性为依据。

其二，五行法则是万事万物运动、发展、变化的统一规律。研究事物的运动状态、运动形式、运动特征，必须从事物的内在结构和五行法则的关系上、从事物与外部环境的联系上出发，把事物作为一个整体的、联系着的对象来看待。

其三，五行结构和五行法则是事物运动、变化呈现出"不平衡——平衡"不断转换的根本原因，这就要求人们在分析问题、认识事物的过程中，必须以一种动态的眼光，从生克制化的角度去进行。

值得注意的是，五行思维尽管具有深刻的辩证法特征，但要避免形而上学地看待和应用。五行结构模型在一定的范围内和一定的程度上反映出事物的规律性，但不可能是对事物结构的客观而科学的说明，它只是提供了一种思维方法，人们应借助于这种方法，从事物内在的逻辑关系出发去探求事物的内在本质和属性。作为一种直观思维，五行思维具有一定的局限性，表现在简单的、粗略的、片面的对物质属性（木、火、土、金、水）和关系（相生相克）的普遍性推衍，难以全面地对世界作出真实的说明，而且带有经验论、机械论的色彩。

但五行思维毕竟是古人长期生活实践的产物，现实生活中的五方、五气、五藏、五律、五色、五味无不证示着世界的五行关系图式，它在一定的程度上粗略地揭示了宇宙万物的构成模式和运动规律，必然具有一定的价值意义。对于现代企业经营与管理也自然具有直接的启发意义。现代西方企业特别是日本，一般的生产和经营组织往往以五人为一单位，其工作效率达到最优。这是一个五行思维应用的典型事例。

五行思维对于现代企业经营与管理的应用性价值是多方面的，有人将经营中的几大要素，例如投资、财政、产值、消费、积累等用五行来对应，通过金、木、水、火、土的相生相克关系来表达这几大要素的相互影响、相互作用的互动关系及其运行的内在规律。例如，"投资"取象为"土"，表明由资金固化为资本的基础性特征；"产值"取象为"木"，是对投资的消耗，即木克土。"木"性可生，因而表明生产的自然增长。同时，有人将生产经营的全过程"生产—销售—投入—效应—再生产"划分为"五行流程"，即"生产资料—产品—利润—技术与广告—市场"。

综观人们对五行思维的创造性理解与应用，无非包括直接应用和间接应用。间接应用包括了对五行思维的价值性发挥。例如，人们从五行思维推断出现代企业经营与管理过程中"公平竞争"的重要性。在市场经济体制下，每一个企业都必须面对竞争，"物竞天择，适者生存"是竞争的普遍规律。随着我国市场经济体制的日渐完善，竞争虽越来越激烈，但其健康化、正规化、公平化趋向愈来愈强。中国传统的道德规定在这方面有着明确的价值标准，"君子喻于义，小人喻于利""君子爱财，取之有道"等，昭示人们在市场竞争中不要见利忘义。五行思维对于人们坚持公平竞争有哪些启发呢？

其一，市场经济是由一定的经济结构组成的，各构成要素之间的关系也正如同五行关系一样有着相生相克、相通相分的阴阳两方面。没有"生"就没有经济增长，没有"克"就没有经济的平衡与协调，也就没有竞争。这种相生相克要求生中有克、克中有生、相反相成、相互为用，正恰当地表达着市场经济条件下"公平竞争"的良好状态及其重要意义。

其二，市场经济必须遵循一定的经济法则，在市场经济三大规律（价值规律、竞争规律、供求规律）中，竞争规律最能显示出市场经济的活力。这就如同五行关系正规定了事物的运动、变化一样。公平竞争已成为市场经济发展的内在要求。

所以，日常的经济活动甚至政治、文化活动都必须以建立和维护社会的公平竞争为必要条件之一。

其三，五行思维认为五行结构具有保持动态平衡的能力，同样，市场经济条件下的竞争也有一个动态平衡的问题。动态平衡的竞争必须是公平竞争，没有公平，谈不上平衡，更谈不上动态。要保持市场经济持续、健康、高效地发展，必须通过公平竞争等形式来维护其动态平衡。

其四，五行思维要求把事物看作一个整体、并且认为事物内部五行之间的生克关系存在着"强"与"弱""盛"与"衰"的关系。因此，在市场竞争中，也必然存在着力量对比。这就启发人们面对市场必须增强自身的竞争力，一时处于劣势也不必悲观失望，要设法由劣势转化为优势，积极参与市场公平竞争。

其五，土、木、金、火、水"五行"，其属性由静到动，动静结合，层次分明，井然有序；市场经济也只有建立公平竞争的机制，才能保持社会经济的有序性、动态性、灵活性和有效性。五行之中"水性"最强，市场经济下的公平竞争应提倡"水性"。老子有言"上善若水""天下之至柔，驰骋天下至坚"，可见"水性"的力量之大。现代企业在激烈的市场竞争中，具备"水"的品性是非常重要的。只有具备"水性"才能避实就虚，以柔克刚，战胜对方。正如《孙子兵法》所言："水无常形，能因敌变化而取胜者，谓之神。"

《周易》的五行思维把世界万物的内在结构归结为"五行"，把世界万物的运行规律也归结为"五行""五行"之间相生相克的关系决定了万物不同的运动状态和不同的变化程度。这是一种素朴辩证法和唯物论。作为一种直观性思维，"五行"思维已经内化为中华民族传统的思维方式之一，它对于指导人们按照事物内在的逻辑要求去推论事物本质、发现事物之间及事物内部的有机联系有着重要意义。这种思维方式应用于企业的经营与管理有助于培养人们客观的、科学的经营理念，建立健全并维护社会的公平竞争，发挥企业的最佳效能，取得良好的企业效益，进而使企业能够在市场经济的大潮中稳步发展。

《系辞》有言："是故易有太极，是生两仪，两仪生四象，四象生八卦。"八卦即八经卦，是由四象（太阳、少阳、太阴、少阴）推演而成，包括乾、坤、震、艮、离、坎、兑、巽。八经卦之重演构成易经六十四卦。八卦起源于："古者包羲氏之王天下也，仰则观象于天，俯则观法于地，观鸟兽之文与地之宜，近取诸身，远取诸物，于是始作八卦，以通神明之德，以类万物之情。"可见，八卦之"源"正在于天地之"象""法""文""宜"，是对客观世界的高度概括。

从易之本体"太极"到六十四卦恰如一棵大树的"根""干""枝""叶"的分化关系，体现了事物生成的过程。对此邵雍做过如下论述："是故一分为二，二分为四，四分为八，八分为十六，十六分为三十二，三十二分为六十四，故曰分阴分阳，迭用刚柔，易六位而成章也，十分为百，百分为千，千分为万，犹根之有干，干之有枝，枝之有叶，愈大则愈小，愈细则愈繁，合之斯为一，衍之斯为万。"易学思维正是这一自然过程的逻辑表达，经卦思维作为易学思维的具体形式，着重于表达宇宙、自然、社会自身发展的特点和趋势。欲理解经卦思维及其意义，首先应对"八经卦"进行系统解析。八经卦的性质及其表象物可以从下表中区分清楚：

另外，八卦还与"时令""方位""生化"等世界时空密切对应。

由此可见，八经卦属性不同，分门别类，共同地反映着世界万物的不同面貌和特征。但作为一种"轮廓"和"框架"，八经卦对世界万物的反映是概略的、简约的。经卦思维正是要求人们在思考问题时要着重识别对象事物的本质属性，了解对象事物的不同功用，从而对客观事物及其规律有一个简要的把握。

经卦思维包含如下几个方面：

其一，一切事物都有自己的本质和属性，都有自己内在的发展逻辑。认识事物必须注意进行分析和归纳，切勿一概而论和混为一谈。

其二，事物内部或事物之间都存在着特定的关系，各种关系都是由不同的事物和方面共同作用的结果。认识事物必须注意从具体事物及其联系出发，防止孤立地、片面地看问题。

	乾	坤	震	艮	离	坎	兑	巽
阴阳	阳	阴	阳	阳	阴	阳	阴	阴
五行	金	土	木	土	火	水	金	木
德性	健	顺	动	止	丽	险	悦	入
物类	天	地	雷	山	火	水	泽	风
家属	父	母	长男	少男	中女	中男	少女	长女

其三，八卦结构是事物存在的时空模型，具有极强的一般性意义。认识事物必须从其整体出发，系统地加以理解，防止以偏概全。

其四，各经卦之间存在着一定的矛盾关系，既对立又统一，共同维护八卦系统的平衡与稳定。认识事物必须以动态的眼光、辩证的思维去进行，解决问题也尽量以和谐的、平缓的方式和辩证的、灵活的原则去进行。

其五，八卦拟象，是对世界事物的最一般性概括。经卦思维是从现实具体中寻找理性具体的思维，它能够通过卦象的推演、阴阳的变化揭示出世界万物的不同本质、特性和状态。

八经卦从阴阳到五行、卦德以至于拟物，皆不相同，其功用恰如八仙过海、各显神通。这不仅为我们提供了一种认识问题、解决问题的方法论原则，而且还为我们寻求具有永恒价值且亘古常新的易学真谛提供了最大的可能性。《周易》所阐发的经卦思维，一度成为前人经邦济世、建功立业的普遍原则。在当今时代，经卦思维对于现代企业管理与经营同样具有深刻的启迪意义。经卦思维主张生产经营都应各司其职，各尽其力，同心同德，通力合作，发挥个人的最佳效能。在经营过程中，大家都要挖掘最大潜能，人人自强自立，不断开拓新局面，做出新贡献。《易传》有言"天下同归而殊途，一致而百虑"，只有这样，经营才能兴盛，企业才能繁荣。

那么，运用经卦思维如何才能做到"八仙过海，各显神通"呢？

首先，要营造一种宽松和谐、积极向上的良好局面。《易传》指出："唯君子能通天下之志""天地感而万物化生，圣人感人心而天下和平。"这说明拥有一个良好的经营环境的重要性。作为同事，要心心相印、齐心协力、同舟共济，而不要相互拆台、背道而驰、尔虞我诈。事实证明前者换来的必是兴旺发达，后者则是败落衰竭。

其次，要建立一种争先恐后、百舸争流的竞争机制。企业内部要职责分明，奖罚分明，要有激励机制。在用工制度上，强调竞争性，要讲究人职匹配，用人要做到唯贤而不唯亲，惟能而不惟资，要能者上，庸者下。以能否创造效益和利润为经营好坏的尺度。在分配制度上，则应发挥激励性，坚持按劳取酬，将经营效益与个人收入挂钩，实行奖励工资，多劳多得，避免不劳而获、少劳多得，极大地激发经营者的积极性。

再次，要注重发挥个人的潜能。《周易·说卦》云："立天之道，曰阴与阳；立地之道，曰柔与刚；立人之道，曰仁与义。"天、地、人为易的三材。对于人而言，仁与义是人道的基本原则。其中，"仁"强调要以人为中心，正如孔子所言"仁者，爱人"。所以，企业经营必须坚持以"人"为中心，必须以关心人、尊重人为前提。老子也特别推崇"人"的地位和"人"的作用，他曾说："道大，天大，地大，人亦大。域中有四大，而人居其一焉。"可见，在他眼里，人与天地具有同等的地位。老子又强调发挥人的作用："圣人常善救人，故无弃人；常善救物，故无弃物。"说明只要善于挽救与利用人，就可以发挥他的作用。可见，古人特别强调发挥人的主观能动性的重要性。在企业经营管理的过程中，若能以"人"为核心，注意发挥"人"的作用，挖掘"人"的潜能，实现企业的发达与腾飞将成为意中之事。

世事千百，经济万象。现在已拥有68亿元固定资产、年产值超10亿元的娃哈哈集团的发家史给人们提供了许多有益的启示，其中"自强不息的企业精神，优胜劣汰的竞争机制是娃哈哈集团创造竞争氛围的无形魔杖"。在娃哈哈集团，职员全部实行严格的经济责任制，充分发挥每个职员的最大潜能，给他们提供施展才能的各种机会。该集团实施产品无国界、技术无国界、引进人才无国界的政策，体现了一种开放的、开明的积极氛围。近些年来，公司规模不断扩大，正是由于"八仙过海，各显神通"的发展态势才换来了集团一流的质量与一流的效益。

作为跨国公司的青岛海尔集团，其经营的理念更是体现出传统的经卦文化的精髓。"人人是人才""赛马不相马"是海尔崭新的用人理念。企业内部实行公开竞争上岗，人事部门每月公布空岗情况，任何职工都可以上台打擂。海尔总裁张瑞敏说："你能翻多大的跟头，我就给你多大舞台。"海尔非常重视把每个职工的积极性和创造力挖掘出来，能够随时"借助下属之力""借助全体职工之力",并形成合力,不断攻克市场难关。"八仙过海,各显神通"正成为海尔内在的经营管理理念。

经卦思维为人们研究和思考问题提供了一种精巧的思维方法。作为一种一般性思维方式,它尽管难以精微地表达事物的个别特征和具体联系,但为人们融会贯通、举一反三提供了逻辑推演的可贵模式。在世界经济全球化、东方经济将经受西方文化冲击的形势下,通过东方文化如何发挥传统文化的作用,如何对经卦思维进行价值性应用,藉以激发我国企业经营与管理的活力,是一个富有深远的现实意义和深层的理论价值的重要课题。

《周易》是我国古代经邦济世的宝贵经典。它为历代的政治家、商人提供了精湛深奥的易学思维,以供他们藉此治国理财。易学思维是中华民族传统的思维方式之精华,是中华民族传统的经营管理思想的灵魂。它对于现代社会的经营管理也必然具有极强的现实指导意义。

前面,我们循着《周易》的自然逻辑,渐次解析了象数思维、变易思维、太极思维、阴阳思维、五行思维及经卦思维,并分别就它们对于现代经营的启迪作了简要的述评。实际上,这六种思维之综合,即可称之为易学思维系统。那么,整体而言,在学科意义上易学思维系统对于现代经营管理的价值何在呢?

西方社会的工业化革命为人类创造了灿烂的近代文明,为人类文化的进步做出了不朽的贡献。在管理方面,他们创造和总结了许多极有价值的经营理念和管理思想。例如,组织行为理论、动态平衡理论、经营决策理论、系统管理理论、权变经营理论、管理科学理论等,为经营管理科学的发展提供了有益的方法论启发。然而,随着资本主义文化矛盾的日益显露和日渐激烈,西方管理学由于其极强的实用性、操作性、数理性和具体性而陷入了穷途末路。东方管理理念以其玄妙性、综合性、整体性和神秘感、和善化，逐步获得了人们的价值认同。当西方的实证科学过分地追求对事物局部的、侧面的、深刻的分析而遇到不可避免的困境的时候，许多有识之士已达成了这样的共识：西方的实证科学，应该到东方古代哲学中去寻找理论根据，通过对东方智慧之探求解决当代科学发展之困境问题。易学思维系统所拥有的超越时空的永恒性价值，正是东方智慧之内核与精华，其推广与应用必将引起西方管理学的"革命"。

易学思维蕴含着一种崇高的、和美的、向上的精神力量，它"极尽幽静，研究神机妙算，通万事之理"。这引起了西方学者的极大兴趣和强烈关注，他们将易学思维贯穿到现代管理之中，进行实用性演用。例如由太极思维推出整体驾驭，由阴阳思维推出保合太和，由变易思维推出动态管理，由五行思维推出公平竞争等，这种研究尽管略显简约，仅停留在一种实用性层面，但不失为一种价值萌芽。

"易"之弥纶经营之道，必能弥补西方管理学之缺憾，易学思维之应用于现代管理学，必能引发易经管理学的智慧性创造。实际上，"易经管理学"是一个古老而又新颖的论题。说它古老，是因为古来《周易》本身就是一部管理学典籍，《周易》中处处充满着管理学警句：

——易与天地准，故能弥纶天地之道……知周乎万物

而道济天下，故不过。

——有天道焉，有人道焉，有地道焉，兼三才而祈之

故六，六者非它也，三才之道也。

——天行健，君子以自强不息。

说它新颖，是因为"易经管理学"这个学科概念，首先是由西方的管理学界人士为了走出管理学困境、探求更高层次的管理方法提出来的。当然，"易经管理学"还没有作为一门系统性的学科问世，但概念和问题的提出本身证实了易学思维系统对现代科学的自觉性契入和易学应用的现实性价值。

急功近利，亢龙有悔

原文：亢龙，有悔。

释义：飞腾到了极限地位的龙，最终将会有所悔恨。

释例：古人说，"物极必反"、"盛极必衰。""亢龙"的出现正是这种事物变化的现象。亢，指极度、高亢双重意思。因为"飞龙在天"，飞得过高，一下子超过了极限，呈不胜负荷的态势。

经文本意告诫人们不要无限度地盲目追求成功，追求名利，要实事求是，居安思危，自我警觉。虽然我们的才能有超常发挥的可能，但并非无条件地超常发挥，如果忽视了客观实际，仅凭主观盲动，只能造成追悔莫及的后果的。

所以，当一个人的成就发展到巅峰时，其本人和用人者都要保持清醒的头脑，既要能看到成功的一面，也要能看到不足或遗憾的一面。只有正确面对现实，及时发现了不足，才不至于让错误的东西也跟着发展。当疵病和错误尚未显示出负面影响时，及时抑制住，是明智之举；反之，如果让疵病和错误搭快车飞腾，势必使之扩大和铸成"悔恨"。泰罗也是一例。

由于泰罗的自身条件、背景以及当时所处的社会条件，"科学管理"研究的方法、效率、思路等也有局限性，表现为对管理较高层次的研究相对较少，理论深度也相对地显得不足。实际上，"科学管理"理论（或称"泰罗制"）也并非泰罗一个人的发明。正如英国管理学家林德尔·厄威克所指出的："泰罗所做的工作并不是发明某种全新的东西，而是把整个19世纪在英美两国产生发展起来的东西综合成的一整套思想。他使一系列无条理的首创事物和实验有了一个哲学体系，称之为'科学管理'。"

因此，当我们在追求成功达到一定的顶峰时，就应该有所收敛，并去总结自己的缺陷和遗憾，防止失败带来自身的懊悔。

轻信纵容，反受其辱

原文：包羞。

释义：受纵容为非作歹，导致羞辱。

释例：如果满足于小人对自己的吹捧而昏昏然，最终会导致自受其辱。

美国迪士尼公司创办者沃尔特在给妻子写的一封信中说:"这个行业是最搅不清的。这个行业没有机智,没有应变能力,没有专业培训是不容易显露头脚的。有些一肚子诡计的人,看起来很可爱,往往是由于没经验,反而容易上当,之所以我没有像羊入狼群,是因为我庆幸我请教了一个人。我很乐观,自信……我认为很值得让人放心的是包维斯。"

然而,欺骗沃尔特的人,不是别人,正是他非常信任的那个包维斯。包维斯说,卡通影片录音,他拥有一组称为"电影声"的独立录音系统。据说只需要一两位音效人员和五六件乐器即可。沃尔特的信任,使一笔又一笔的钱流进了包维斯的口袋,最后他对沃尔特假惺惺地说:"我特别想帮助你。你的米老鼠也可用来推销我需要的电影声。这比大公司给你的钱还要多,我可以帮你做到。我可以负担卖到每一个州的放映卡通片的权利的一切费用,包括推销员的开销。给我十分之一的毛利就行了,喏!这是摄制卡通片的钱。我先借给你。"

一个月过去了,却一直没有支票汇过来,满怀希望的沃尔特派人去了一趟纽约,还是没有拿到,这时的沃尔特才恍然大悟:包维斯是个大骗子。

曾为墨西哥革命英雄维拉做顾问的更塞·雷辛被沃尔特请去当法律顾问。1930年1月,沃尔特请他去纽约找包维斯谈判,包维斯说,他并不重视米老鼠,米老鼠的成功不过是无意的,他只负责推销电影声,他希望续约在一年后顺利进行。沃尔特提出不付清旧账,免谈续约。包维斯说他能判对方续约,随后,他拿出一封内容是乌比和包维斯签约,并由他每星期给乌比300元摄制新卡通片集的电报给沃尔特看。

与他一起辛苦创业的乌比也会背叛他!这怎么可能!沃尔特一下子像被推下深渊,呆呆地愣在那里。

伺机而动,平稳过渡

原文: 需于郊,利用恒,无咎。

释义: 在郊外等待,宜于守常,保持恒心,可以没有灾害。

释例: 古人求师,徒弟找师父千辛万苦,而师父找徒弟也是万苦千辛。达摩祖师面壁九年,就是等待理想的传人。南岳怀让禅师感到传灯的时候到了，就到处查访，查访到马祖道一禅师。

理想的状态总是在"众里寻他千百度"中。确实很多人心目中的理想总是姗姗来迟。所以，一定要耐心地等待。

英特尔公司的首席执行官现身说法，他说："我1987年做首席执行官时，我就对《纽约时报》的记者说，我只做5年的首席执行官。但当时没有人相信我，而事实上别人不相信我是对的。再过一些日子，英特尔公司已有30年历史了，在这30年历史中英特尔一共有三任首席执行官，而我的任期比他们的平均任期都要长。20世纪90年代我花很多时间在寻找培养接替我的人，贝瑞特博士在六七年以前接触了公司的管理工作，一年以前他已是总裁。英特尔雄心勃勃，有很大的扩张性，如果我要等英特尔公司成为一个特别的、不同一般的大明星的地步，那么我可能要等到120岁。"

"我做英特尔的首席行政官已有11年，相当于公司历史的三分之一多，其中很多时间用在为贝瑞特接替我做首席行政官的准备上。我认为任何管理者的部分关键工作是为继任者铺路，我相信为继任者铺路的最好方式是平稳过渡，既当铺路者，又能对其继任者起推动作用。"

坚守正道，以不变应万变

原文：不克讼，复即命，渝，安贞，吉。

释义：争讼失败，返回后也就认从了正理，改变了初衷，安心于守正，获得吉祥。说明坚守正道，安分守己就没有什么损失了。

释例：以前讲到的不"食旧德"，是指旧的体制，旧的管理模式和理念。而本爻中的"复即命"，则是另一层意思，是说人马换了，体制改革了，管理模式和理念有创新了，但是，有一种东西不能改变它，这即指传统的道德，纯正的处世之道。因为每一个民族都有自己民族的文化传统，每一个国家都有自己的传统特色，传统是民族的根，特色是国家的魂，一个始终将自己和自己的事业或所领导的事业，完全置于大时代的宽带之上，置于国家和民族根本利益之中的领导人，一定要始终保持不忘本，不变色。只有这样，才能在时代的大竞争、人才大较量中，以不变应万变，立于不败之地。

松下幸之助是一个自主的、坦诚的、直率的人，因此他也希望自己的员工同样有自主性，同样坦诚、直率，从而在公司形成一种自由豁达的风气。在松下的倡导下，松下公司形成了自主自由的传统。

松下公司的传统是包括多方面的，首先是不唯命是从。当然，这是相对的，因为松下公司对自己员工必须遵守公司经营理念的要求，近乎苛刻。在这一点上，松下先生是丝毫也不让步。但在此基础上，每一个员工都可以自由发挥自己的判断力，作出反应，而不是采取消极的、但求无过的态度。松下说："员工不应该因为上级命令了，或希望大家如何做，就盲目附和，唯命是从。"松下认为，下属或员工如果是这样做了，就会使公司的经营失去弹性。

尽管松下要求部属如实坦白地报告外界对公司的不满，尽管这些事情听起来是让经营者伤心的，但松下还是如此要求。据说，有一个员工被批发商狠狠骂了一顿，说松下的电器质量不过关："不如去开烤白薯店，别再制电器了。"员工如实地向松下报告了。随后，松下就亲自拜访了这位批发商，表示歉意。批发商因为一时的怒气而发了一通牢骚，不想引得社长亲自拜访，非常不好意思。自此以后，松下公司与这家批发商的关系密切多了。

松下不限制员工越级提意见或提建议。他认为那种逐级申诉的成规是不必遵行的，即使普通员工，也可以向他直接反映问题，表明主张。由此，他提醒那些居于领导地位的管理者，要有这种心理准备，应有欢迎的姿态和支持的行动。

无论何种自由举措，全都是为了公司的发展，说到底也是为了员工和社会的福祉。松下认为，公司既然是大家的经营体，就应该由大家来维护，只有毫不保留地建议，才能获得人和。充分的、来自不同的方面的提案，这正是事业发展的途径。

是不是唯有自己最可靠

原文：师或舆尸，凶。

释义：不时有士兵从战场上运送战死者的尸体回来，太不吉利了。

释例："军纪"制订好了，"在师

中"的人选也确定了，但仍然不是高枕无忧的时候。此时，成功和失败的比例或许一比一。尽管规章制度很严密，负责贯彻、落实的人选也完全能够胜任，各方面准备工作也做得非常好。但竞争是激烈和残酷的，市场是变化莫测的，加上各种其他不确定因素，所以，失败也是常常发生的事。

普尔曼在与伍德拉夫合开一家公司之前，是被美国钢铁大王卡内基拉拢过来的，一次他气喘吁吁地跑来向卡内基报告不知他从哪里打听到的情报："联合太平洋铁路快破产了，就是艾姆兹的那家。"

这个突如其来的消息，令卡内基半信半疑："怎么可能？这是真的吗？"普尔曼非常自信地说："他现在需60万元急用，去华尔街不太方便，只有等待卡内基先生您去伸手援助他。"

普尔曼的话让卡内基为之一震，他犹豫片刻，决定冒一次险。他开始特别讨厌这种投机性的投资，此后，他认为投机属于"寄生虫行为"。

卡内基把普尔曼带来的情报，首先报告给了宾夕法尼亚铁路的汤姆逊，而汤姆逊又告诉了斯考特。最后联合太平洋铁路300万元股份加上60万元的贷款，以担保的方式给它，由卡内基、汤姆逊、斯考特三人负责。

"这样一来，联合太平洋铁路终将落在我们的手里！"汤姆逊紧握拳头兴高采烈地说。

这个内部秘密，后来不知是谁泄露到华尔街，一时舆论大哗。

"可能要出事！斯考特的言行不可信！"卡内基等人担保的股票开始被他们调查。斯考特乘联合太平洋铁路的股票在华尔街突然暴涨的当天晚上，卖掉了他手中所持的股票。

汤姆逊知道斯考特卖掉了股份以后，强烈抨击他违反约定，并涉嫌侵占，严重渎职。为此，撤销了他在联合太平洋铁路的职位，已经赚了一大笔的斯考特反而并不着急，既然有钱还在乎什么职位呢？

从这件事中，卡内基发现，世上唯有自己最可靠。这是教训！

摧枯拉朽，扭转败势

原文：师左次，无咎。

释义：军队暂时撤退，避免损失。

释例：失败并不可怕，只要及时予

以纠正，找出失败的主要原因，然后重新建立新的体系，仍然是可以挽救败局的，乃至变败为胜的。

1945年，亨利·福特的长孙接管了福特汽车公司的全部行政经营权。

而此时面对他的是每月亏损900万美元的垂死挣扎的"福特"。令人难以相信的是如此之大的公司竟然没有一个像样的账簿。甚至连死去很久的员工也列在工资分配单上。更谈不上什么预算和决算。这位新上任的"福特二世"敏锐地感觉到，公司存在着严重的资产流失问题。而在用人制度上所表现的任人唯亲，是造成人才使用不合理的关键。在近500名高级职员中，竟找不到一个受过高等教育的人。因此，要挽救福特汽车公司，就要进行一次彻底的改革。而要完成这一改革，关键是要找一个具有全面管理经验的人。"福特二世"以诚意感动了原任通用汽车公司的副总经理欧内斯特·布里奇。他又任用了包括后来担任美国国防部长的罗伯特·麦克纳马拉，以及世界银行行长的查尔斯·桑顿等十个人。

1946年中期，福特二世就开始了大刀阔斧地进行用人制度改革，当年就使公司转亏为盈。以后利润逐年上升。到了1950年，利润就已高达2.5815亿美元。

零距离直面缺陷

原文： 田有禽，利执言，无咎。长子帅师，弟子舆尸，贞凶。

释义： 田围中有兽，宜于捕捉，不会有危险。刚毅、中正的长者可以统率军队，而无德无才的小人只能载尸败归。守持中正可以防止凶险。

释例： 本爻的象辞说："弟子舆尸"（弟子抬尸而回），"使不当也。"是用人不当的缘故啊！虽然是"长子"亲自帅师出征，虽然作战中有所擒获，但仍然造成己方的重大伤亡，而这种过错不是别的，正是用人不当造成的。

前文讲到人选问题，似乎没有可追究的地方。即使这位"在师中"的关键人物是合适的，但如果这位关键人物用错了人，仍然会造成不可弥补的损失。这里的"长子"是指那位"在师中"执掌大印的权威人物，因为长子在兄弟排行中是具有权威的。

从经文涵义中不难推断出，这种后

果,是由于原有的规章制度对"长子"的权利范围规定不明确,或者不合理。可见要追究原因还得从头检讨"军纪"条文的科学性和实践性。

某柴油机分厂连续发生多起推杆装配质量问题,出现了一些质量事故。针对这些事故的发生,分厂领导敢于正视存在的质量问题,勇于承担责任,对缺陷不妥协。从分厂厂长开始到负有责任的各级人员都进行了相应的处罚,张榜公布以警示全厂职工引以为戒,并以此作为反面教材,进一步开展零缺陷、零距离管理活动,为工厂的零缺陷管理提供了一个宝贵的案例。

面对发生的质量事故,柴油机分厂领导层对缺陷不妥协,严格按照处理质量问题三不放过的原则,成立以分厂厂长为首的质量事故处理小组,开展了详细的现场调查、研讨和实物分析,进而找出了事故的原因,并采取了相应的对策。

首先,对全体员工进行了质量管理意识教育,使员工真正树立起零缺陷的管理理念。并以巨大的魄力采取措施,对现有的400余个滚轮衬套全部做报废处理,用事实来教育员工,让员工从这件事上真正地体会到第一次就把事情做对是最省钱的。以这一次的损失换取以后的不再损失!

重新按照图纸要求生产与其相符合的滚轮衬套:对难以统一掌握的打磨、除毛刺、倒钝的技术规定,采取预防措施,采取用技艺评定的方法,制作工件打磨和检查的样件,以此来增强实物评定和检查依据;而且为了对整个过程进行有效地控制,还采取了需要进行质量评定后方可进行生产等一系列措施,设立专检岗位,实行专检、全检和质量卡死制度,加强生产过程中的实物质量控制,实行"三定"制度,即定人、定设备、定工艺,若有变动,则需要进行相应的质量评定。

独当一面论功行赏

原文: 大君有命,开国承家,小人勿用。

释义: 凯旋而归,天子颁布了诏命,分封功臣,或封为诸侯,或封为上卿,或封为大夫,但小人决不可以重用。

释例: 至此,又可告一段落,对阶段工作也该认真总结了,对每位高、中、基层主管人员也该论功行赏，论过以惩了。对那种给企业添乱的人要坚决解除他的职务，收回原任的权力。

这里强调的主要是"开国承家"，论功行赏。奖惩、晋升制度一直是企业人才管理中刺激"条件反射"的强化手段，是我们处世的方略。

法国麦当劳公司实行一种快速晋升的制度：一个刚参加工作最为出色的年轻人，可以在18个月内当上餐馆经理，可以在24个月内当上监督管理员。

而且，晋升对每个人是公平合理的，既不作特殊规定，也不设典型的职业模式。每个人主宰自己的命运，那些适应快、能力强的人能迅速掌握各个阶段的技术，从而更快地得到晋升。这个制度可以避免有人滥竽充数。每个级别的经常性培训，只有有关人员获得一定数量的必要知识，才能顺利通过阶段考试。公平的竞争和优越的机会吸引着大量有文凭的年轻人到此，实现自己的理想。

首先，一个有文凭的年轻人要当4～6个月的实习助理。在此期间，他们以一个普通班组成员的身份投入到公司各个基层工作岗位，如炸土豆条、收款、烤牛排等。在这些一线工作岗位上，实习助理应当学会保持清洁和最佳服务的方法。并依靠他们最直接的实践来积累实现良好管理的经验，为日后的管理实践作准备。

第二个工作岗位则更带有实际负责的性质：二级助理。这时，他们在每天规定的一段时间内负责餐馆工作，与实习助理不同的是，他们要承担一部分管理工作，如订货、计划、排班、统计……他们要在一个小范围内展示他们的管理才能，并在日常实践中摸索经验，协调好他们的小天地。

在进入麦当劳8-14个月后，有文凭的年轻人将成为一级助理，即经理的左膀右臂。与此同时，他们肩负了更多更重的责任，每个人都要在餐馆中独当一面。他们的管理才能日趋完善。

这样，离他们的梦想——晋升为经理，已经不远了。有些人在首次炸土豆条之后不到18个月就将达到最佳阶段。

合作诚信，团队出击

原文：有孚比之，无咎。有孚盈缶，终来有它吉。

释义：诚实守信，真诚团结，辅佐

君王，没有灾祸。诚信装满"酒坛"，远方的人也会前来归附，吉祥。孚，即孵。因为禽类孵化期都有一个确定的期限，时间到了必定会孵化出小鸟、小鸡的。所以，孚比喻诚信。

释例：只有上司崇尚诚信，持守诚信，下属才有坚定、明确的信念。惠普公司的"公司＝人才＋汽车库"这条公式就是源于公司诚信的理念。

这条公式的内涵相当丰富。首先，休莱特尊重每一个员工，认为每一个员工都是惠普的"人才"。休莱特所坚持的信念是："不论男女，大家都想找一个富有创造力的好工作，拥有优美的工作环境，这样就会把工作做得更好。"

"惠普公司的传统是处处为员工着想，尊重员工，肯定员工的个人成就"。因为休莱特重视每一个员工，所以惠普公司对每一个员工实行"一经聘用，决不轻易辞退"的办法，这在美国是绝对没有的。

"汽车库"式的方针，反映在惠普公司策略上。他们每年用于新产品开发的费用，相当于销售收入的8—10%。

"汽车库"式的方针，也反映在惠普公司新产品开发时上下团结一心的人际关系上。除了有少量的会议室之外，公司的任何领导人都没有单独的办公室。各部门的全体职员，都在一个大办公室里办公，小单位之间也仅用屏风来隔开。休莱特觉得这样有利于创造上下级之间团结合作的气氛。除此之外，在公司内部，对包括董事长、总经理、部门经理在内的各级领导人，均直呼其名，而不称呼其职务。

行为中和，凝聚合力

原文：比之自内，贞吉。

释义：在内部亲密团结，努力辅佐君主，结果是吉祥的。

释例：和睦是中国传统"和"文化中的一方面内容。全国政协主席李瑞环在伦敦英中贸易协会上作了题为"和睦相处，和谐共处"的精彩演讲。他说我们：

表现在人与自然的关系上，强调"天人和谐"；

表现在人与人的关系上，要求"和睦相处"；

表现在人与社会的关系上，崇尚"和群济众"；

表现在各个国家的关系上，倡导

"协和万邦"；

表现在各种文明的关系上，主张"善解融和"；

表现在商场贸易的关系上，信奉"和气生财"。

20世纪30年代英国著名哲学家罗素在他的《中国问题》一书中说："中国至高无上的伦理品质中的一些东西，现代世界极为需要。这些品质中我认为和气是第一位的。这种品质若能被全世界采纳，地球上肯定会比现在有更多的欢乐和祥和。"

这里所讲的和睦是专指内部的和气（"比之自内"）意思是说，一个企业，一个单位想提高知名度，增强凝聚力、向心力，必须从内部的和睦做起。

1977年，一位《福布斯》杂志记者与一位创办了一家在美国非常成功的零售连锁企业并同时掌管着该企业的CEO一起，亲身经历了一天的工作生活。这位记者在随后撰写的文章中描述道：在排得满满的访问时间表里，这位企业家不停地走访下属各店铺，并与数百名员工进行了交谈。他倾听他们的困难、赞扬他们取得的成绩，并且向他们提出自己的建议。

这位CEO营造了公司内部的凝聚力，而这种凝聚力将会演变成一个企业的传奇。记者写道：这位公司领导对待手下员工就像对待花园中的花草树木，他用精神上的鼓励、职务晋升和优厚的待遇来浇灌他们，适时移植以保证最佳的搭配，必要时还细心除去园内的杂草以利于他们的成长？这篇文章的主角当然就是：山姆·沃尔顿——沃尔玛百货商店的主席和CEO。

沃尔顿的眼光无疑是超前的。在他那个年代，雇员往往被看作是需要尽量削减的"成本中心"，而沃尔顿却把他们看成是一种需要培养及管理的资本。今天看来，这似乎已不再是一种革命性的眼光。为了在当今市场上争得一席之地，高级经理已经知道他们必须吸引并留住最好的人才。但是他们的做法却凸现了一个在很多公司中都突出存在的局限性：这些公司的管理系统仅仅专注于如何有效地利用这些资本，而不是员工。在实际工作中，公司的评估机制很少把人力资本考虑在内。

知人善用，赢得信任

原文：比之匪人。

释义： 亲密辅佐，但要防止行为不正当的人。

释例： 但"和"，绝不是无原则的调和、和稀泥，"和"是讲原则，辨事非，论利害的。如果与那种心术不正，溜须拍马，搞歪门邪道的人讲和睦，就是同流合污，狼狈为奸，沆瀣一气，最终必然受其伤害。

对于那些确有较强能力却也喜好溜须拍马的人，你一定要小心对待，因为这些人可是重量型"炸弹"，弄不好会造成极大麻烦的。

对待这种人，首先你要依据他的实际能力而委以相应的职务。起码在他们的眼中，你不是不识才的领导者。这影响着他们的工作热情，而且也带动着一批人。

也许有些较有能力的人，他们看不到这类人的阿谀奉承，而只看到了他们的才华，并同时盯着你的行动。如果你不能委以有奉承喜好的这类人以相应职务，其他那些持观望态度的有能力者就会离你而去。尽管这些人看问题不够全面，但他们确实走了，无可挽回。

同时，就你本身而言，也应该摆脱一些社会偏见，给予这些人以一定地位。

说这种人是枚"重量型炸弹"，另一个原因在于，如果你对他处理不好，会大大影响本单位其他员工的工作态度与工作热情，形成一定规模后会拖垮你的部门。

例如，当这类员工干出一定业绩的时候，你从本心来说也想对他们施以鼓励。可不巧，这会儿正是他们溜须拍马最勤的时候。你本来是真心为了他们的工作业绩而鼓励他们，可在有些员工看来，可能就认为你是由于喜欢他们的溜须拍马。

这虽然纯属偶然，但造成不良后果责任还在于你自己，因为你考虑问题不周全。

可以想象，如果这类事情发生，不要太多，仅一两次就能把你在员工面前信誓旦旦所言"不喜拍马"的言语冲得无影无踪。以后，正直的人们不再相信你的话了，他们会把你的话当成耳旁风，使你失去了下属的信任。同时，那些独善阿谀奉承的人便会蜂拥而至，不把你搅个底朝天才怪。

由上可见，只有最大程度地赢得下

属的信任，才最终得以把工作做好。

突破制衡，缔造成功

原文：牵复，吉。

释义：受到牵连返回原来的位置，吉祥。

释例：同样一副担子，三个人抬着，必然互相牵扯，重心难以维持平衡，反而效果不好。如果改成两人抬，前后均衡使劲，步调一致，肯定会提高效率，合作成功。有这样一个实例，正好说明了这种"牵复"的道理。

三个能力高强的企业家合资创办了一家高新技术企业，并且分别担任董事长、总经理和常务副总经理的职位。一般人认为这家公司的业务一定会欣欣向荣，但结果却令人大失所望，这家企业非但没有赢利，反而是连年亏损，原因是不能协调，三个人都善决断，谁都想说了算，又都说了不算，最后啥事也没干成，管理层内耗导致企业严重亏损。这家公司隶属于某企业集团，总部发现这一情况后，马上召开紧急会议，研究对策，最后决定敦请这家公司的总经理退股，改到别家公司投资，同时也取消了他总经理的职位。有人猜测这家亏损的公司再经这一番撤资打击之后，一定会垮掉，没想到在留下的董事长和常务副总经理的齐心努力下，竟然发挥了公司最大的生产力，在短期内使生产和销售总额达到原来的两倍，不但把几年来的亏损弥补过来，并且连连创造出相当高的利润。而那位改投资别家企业的总经理，自担任董事长后，充分发挥自己的实力，表现出卓越的经营才能，也缔造了不俗的业绩。

合作法则是生存的法则

原文：舆说辐，夫妻反目。

释义：行在半路上，忽然大车的辐条从车轮中脱出来，车不能再行了，回到家里，夫妻因此大吵大闹着要离婚。

释例：如果把社会交际活动比作车体，把处世技能比作车轮，这就要求活动与技能保持一致，如果脱节，势必造成人际交往中的误解和分歧。

人们已逐渐了解，最能有效运用合作法则的人，生存得最久，而且这项原则适用于从最低等的动物一直到最高级的人类。

卡耐基先生、洛克菲勒先生、福特先生，已经教导生意人了解合作努力的价值。那也就是说,他们已经教导那些愿意去观察的人,让他们了解他们借以积聚大笔财富的那项原则。

合作是具有成功领导才能的正确基础。亨利·福特最实质的资产就是他所建立的良好组织的工作效率。这个组织不仅为他提供了他所能生产的汽车的全部销路与市场,更重要的是,为他提供充分的经济实力,使他能够应付可能发生的任何紧急情况。

由于福特本人了解合作原则的价值,所以使他不至于像别人那样依赖金融机构,同时也使他拥有更多的财政及商业力量。

"联邦储备银行制度"是合作的另一个例子,使美国得以免除货币恐慌。连锁商店是另一种形式的商业合作,同时为进货与销售提供了双重的优点。

现代化的百货公司,等于是把一群小商店集中在同一屋顶下统一经营,电费、水费等经常开支只有一种,这是商业界中合作一个优点的又一证明。

抡起板斧,斫掉赘肉

原文:履虎尾,愬愬,终吉。

释义:跟在老虎尾巴后面走路,感到恐惧害怕,但谨慎小心,终于得到吉祥。

释例:老虎虽是珍贵保护动物,但它的缺点是容易伤人的。如果把社交人际场合比作老虎的话,只要你处世谨慎,按规章办事,一视同仁,其实也不会有什么危险的。俗话说:"事在人为。"

走马上任的史密斯向大家发誓,一定要彻底摒弃老掉牙的阻碍生产、阻碍公司发展的管理制度,一定要以一个全新的管理机构来取代官僚化的管理机构。史密斯心里自然清楚他要冒多么大的风险,顶多么大的压力。但他认为,这样的冒险是值得的。他上任之后,抡起了板斧,三下就斫掉了公司过去的赘肉。

第一斧头:严肃地整顿管理机构,彻底地改革经营体制。他首先从管理体制着手,对总公司的人员进行精简,把权力下放,扩大各业务部门的自主权。史密斯坚决支持业务部门行使权力,改变官僚作风和工作方法,后来证实,此举大大提高了工作效率。为了加强企业自身的活力,还和韩国的"大宇"、"现代"两家汽车厂开展业务合作,拓展更宽泛的海外市场。

第二斧头：深入市场做细致的调查研究。根据市场的需求，改变了轻视轻型轿车生产陈旧的观念，把生产重点从高档的耗油量大的汽车，转向"迷你型"的轻型汽车。为了彻底扭转被动局面，史密斯加强了市场信息调研工作。

第三斧头：降低生产成本，提高工作效率。史密斯把总公司直接管理的"雪佛兰""别克""奥兹莫比尔""凯迪拉克""庞蒂亚克"等汽车生产部门和加拿大汽车分公司合并成两个集团，集团内又划分出专项生产部门，把经营权直接下放到生产经营部门，杜绝了拉皮条的管理现象，降低了成本，提高了生产效率，盘活了企业。

史密斯的三个紧急措失实施之后，通用汽车公司的市场竞争能力得到了大大增强，迅速起死回生，扭亏为盈。1983年"通用"纯获利润37亿美元，1984年净利润上升到45亿美元，创造了世界汽车厂家年利润的新纪录。因此，史密斯被美国人誉为"最伟大的生意人"。

刚毅果断，至刚至柔

原文：视履考祥，其旋元吉。

释义：回顾走过的历程，考察善恶祸福，返转回来顺应阴柔，是极其吉祥的。

释例：当然刚毅果断只是处世的方法之一，回顾一下自己的与人们交往的经历，不难发现，以柔克刚的应用频率往往高于以刚克柔，其效果也是前者高于后者，柔的高于刚的。

很多身居高位的人物，能记住只见过一两次面的下属的名字，在电梯上或门口遇见时，一面点头微笑，一面叫出下属的名字，一定会令下属受宠若惊。

上司要赢得下属的心悦诚服，一定要恩威并施。所谓恩，不外乎亲切的话语及优厚的待遇，而话语尤其重要。要记得下属的姓名，每天早上打招呼时，如果亲切地呼唤出下属的名字再加上一个微笑，这名下属当天的工作效率一定会大大提高，他会想：上司是记得我的，我得好好干！对待下属，还要关心他们的生活，排解他们的忧虑，他们的起居饮食都要考虑周全。

所谓威，就是命令与批评。命令一定要令行禁止。不能始终客客气气，为维护自己平和谦虚的形象，而不直接批评属下的错处，必须拿出做上司的威严来，让下属知道你的判断是正确的，必须不折不扣地执行。

上司对下属布置工作、交代任务后：一方面要敢于放手让下属去做，不要自己独揽一切；另一方面在交代任务时，要明确要求，什么时间完成，达到什么标准。任务布置好之后，上司还必须检查下属任务完成的情况。以柔克刚，才能驾驭好下属，发挥他们的才能。

情感投资增强亲和力

原文：包荒，用冯河，不遐遗，朋亡，得尚于中行。

释义：有包容大川似的宽广胸怀，可以徒步涉过大河急流；礼贤下士，对远方的贤德之人也不遗弃；不结成小团体，不结党营私，能够辅佐公正有道德的君主。

释例：内心刚毅果断，外表却柔和宽大，这并非阴险，也并非表里不一，这只是一种性格，不管这种性格是先天遗传的，还是后天修养的，对于一位乐于交际的人来说，都是有益于与人相处的。内心刚毅果断，不至于糊涂，不至于无原则和稀泥；外表柔和宽大，必然能与朋友建立感情，能与员工打成一片。

领导者与下级相处，要做到充分发挥部属的作用，合理安排人才，做到人尽其才，才尽其用。领导者必须具有容人之量，注意保持和下级的感情联络，这样才能把下级吸引、凝聚到自己周围，减少误会，增加信任，同心同德，把工作做得更好。

培植感情的办法很多。平时，简便而有效的方法是：经常和下级在无拘无束的气氛中聊聊天，显得亲切随便。

日本天野公司总经理，对新职工了如指掌，他不看材料，就能叫出每个新职工的姓名，说出毕业学校、家庭状况、考试成绩及个人爱好。因此，他和新职工谈话就显得很轻松自然。

在西方，许多经理把"情感投资"作为管理的一个重要内容，不惜投入大量的精力、财力。

美国惠普公司特别注意鼓励领导人员深入下层，采用"敞开式"办公室，全体人员都在一间敞厅中办公，各部门间只有矮屏分隔，无论哪级领导都不设单独办公室；并且不称职务，即使董事长也直呼其名，均无例外。惠普公司认为，这样做有利于上下左右通气，创造无拘无束和亲密合作的气氛。

别外,还可参加下级组织的文艺欣赏、体育比赛等各种业余活动,在这些热烈而又丰富多彩的活动中,增加人们之间的了解和亲近感。下级结婚时前往祝贺;职工过生日赠送生日蛋糕;对年满20岁进入成年的职工赠送纪念品,以资鼓励他们做一个成人而不断进步;下级生病或生活困难及时家访,帮助解除后顾之忧等等,都是联络感情所不可缺少的。

人际关系是复杂多变的,我们不可只注意联络一些人而疏远另一些人,那样会被人认为是培植私人势力,产生离心力。在社交场合我们一定要胸怀宽广,多为他人着想,消除纠纷,才能增强亲和力。

热情实现你已久的夙愿

原文:帝乙归妹,以祉,元吉。

释义:商代帝王乙嫁出自己的女儿,因此得到了福分,是十分吉祥的事。

释例:经中说,天子将妹妹下嫁给臣子,其实是一种形象的比喻,比喻在社交的场合我们抛开权利和等级的观念,同所有的人接触和交往。这不仅是对别人的一种荣幸,也是对自己的一种激励。

激励应该热情而经常。你不能在你需要做某件事情时,才偶尔提一下。那么会成为一种阴谋,不真实而且没有人会相信你。

优秀的社交人士总是会经常激励他们的朋友,因为朋友的表现令我们真心欢喜。

职场也是如此啊。"照这种进度来看,可以比订单预定的时间早两个星期发货。"他会以激动的口气告诉员工。他也会打电话给提出建议的员工:"你有这么好的看法令我很高兴……"

卡纳佛几年来一直都在争取一笔生意,希望能把煤卖给城中一家大的联营商店,但这家商店根本不买卡纳佛的煤,反而向城外的商人购买,而且常常都有意从卡纳佛的门前运货,卡纳佛非常恼恨这家联营商店了。他一直纳闷,为什么这家联营店不肯买他的煤呢?

这时,有人向他提供了一个策略:举办一场演讲赛,题目是"联营商店是否造福市民"。

卡纳佛接受建议,有意代表支持联

营商店的一方,于是他去拜访联营店的经理,说道:"我不是来推销我的煤,而是想请你帮个忙,我参加一个演讲赛,代表支持联营商店的一方,所以我要请你提供给我有关联营商店的资料来赢得这场比赛,除了你,可能没有别人能帮我这个忙。"

卡纳佛事后说:"我请他抽一点时间会见我,他答应了。在我说明目的后,他让我坐下,并花了将近两个小时的时间告诉我有关的问题,他高高兴兴地说明联营商店在价值上以及它所发挥的功能,我必须承认,他扩展了我的观察面,改变了我对他的看法。当我要离开的时候,他送我到门口,搭着我的肩说道:'希望你的辩论会一举成功,春天时请再来一趟我的办公室,我想和你谈有关煤的事情。'对我来说,这真是一个奇迹,我并没有要求他买我的煤,他竟主动提出来,这个经验告诉我:如果想要别人对我们好,首先应该付出热情的自我,这个道理的领悟比获得一笔生意还要令人愉快。"

所以如果你希望别人喜欢你,你就要主动地付出热情,去关心别人。

Sunny 的蛰伏意识

原文:伏戎于莽,升其高陵,三岁不兴。

释义:把军队埋伏在密林草莽之中,占据附近的制高点频频瞭望,三年都不敢出兵打仗。

释例:如果一个人,一方面隐秘地探访下属,躲躲闪闪,神神秘秘;一方面又居高临下,虚张声势,这种做法本身乖戾悖理,折腾三年也做不好一件像样的事,只会引起别人的猜忌和不信任,甚至离心离德。因此我们务必要时时检讨自己,防止此类事态的发生。

有这么一个故事——

sunny 手底下有 100 多个作家、编辑和画家。这些人都非常聪明、有创造性并且富有经验,但是,他们也经常稍有不满就大发脾气。要想管理好这些人,管理人员首先必须要有耐性,还要有一定的伎俩和战术——而后者则不是这位主管所擅长的方面。由于他刚刚被调入该公司领导阶层不久,所以,一开始,他还不便于对公司事务说些什么。

几个月以后,sunny 发现有一个编辑,经常在一个重要的编辑方案上磨磨蹭蹭。于是，sunny提出要求在近期内看到一些这个人所编辑的文字。但是，出人意料的是，这位编辑耸了耸肩，说了一个不能称之为借口的借口。

由于首次出击就遭受了挫折，sunny决定要压一压这个编辑的锐气，便以势压人地说："你必须按照我所说的去做，因为你是在为我工作！"

没有想到，这位编辑回答说："你想的倒美。我根本就不是在为你工作，我是在为公司工作。你只不过是凑巧被公司安排过来，成了我的上司而已。"

也许，这位编辑只是在咬文嚼字而已。但是事后，sunny对编辑的话再三品味，终于发现了问题。

如果说，一个管理者的权威，是以员工忠诚地为他工作为基础的，那么，反过来，如果员工不是在忠诚为他工作的话，这就说明，他在那个员工的心目中没有权威，因此，也就谈不上对这个员工使用权威。作为一个管理人员，你不可能让所有的人都拥护你，总会有人恨你，有人怀疑你，不管他们到底出于什么原因。有时，即使有些人一开始对你忠心耿耿，他们也可能会收回他们对你的忠心和支持。就这些人来说，如果他们不对你表示支持的话，那么他们就会对你表示反对。sunny是一个十分聪明的管理者，他最终设法使自己从这种对抗中走了出来。

自裁罚，正人先正己

原文：乘其墉，弗克攻，吉。

释义：准备登城向敌人进攻，但终于没有进攻，是吉祥的。

释例：先是号啕大哭，而后又破涕为笑，这是一种情境的变化，还是种心态的移位？当然，这里的"哭"和"笑"，只是一种形象的比喻，现实生活中，有许多事确实令人啼笑皆非，无可奈何，但细想起来又不无道理，乃至发人深省。

松下幸之助刚刚公布一项处罚条例，而第一个违犯这个条例的便是自己，这难道不是件尴尬的事吗？

1946年元旦后的一天，松下幸之助上班迟到了。这是一桩说小也小、说大也大的事情。松下拟在新的一年里整肃风纪，以崭新面貌迎接新工作，走好日本战后复兴的第一年。因此，他要求无论任何人，上班绝不能迟到，并决心以身作则。不巧得很，偏偏自己迟到了。

松下迟到有些客观原因。本来，他上班是由公司的汽车来接的，那天他早早起来，赶往阪急线梅田站等车，可是左等右等，车总是不来。看看时间差不多了，他只好乘上电车；刚上电车，见汽车来了，便又从电车上下来乘汽车。如此一来，到公司的时候一看表：迟到了10分钟！原来司机班的主管督促不力，司机又睡过了头。

按照规定，迟到是要批评、处罚的。分析此事，直接责任者是司机，间接责任者还有司机班的主管，他们俩都应对此事负责，都应该接受批评。但是，松下又想，如此的情景，而且，为了公司的发展，这种事情是迁就不得的，否则新年新貌的计划就肯定要泡汤。此外，下属犯这样的错误，也和过去自己的督责不严有关，自己也应该负起责任来。最后松下决定连同自己在内三人一起受罚。

把握分寸，明辨事理

原文：匪其彭，无咎。

释义：虽然家财万贯，但不过分聚敛财物，就不会发生灾祸。

释例：九四阳爻居阴位，犹如绵里藏针，不至于盛气凌人，所以不会有什么不妥。而这种景象往往具体表现在处世风格上。

在市场与产品不断变化的今天，一家公司一定要有很强的文化，这样你才能不被淘汰，并取得成功。这样即使你经历了不同社会环境的变化，你总能取得未来成功的稳定因素。

良好的人际关系能吸引很多优秀的人才。因此你也有机会与一群了不起的人进行共事，使人更好地发挥在商业运作及管理方面的长处。事业之所以很顺利是因为我能够充分发挥自己的潜力和经验。还因为你有很棒的工作伙伴、雇员及公司文化。

"我们的机遇正处于历史上史无前例的时期，因此我们的挑战在于：当我们面临如此多的机遇时，要结识最杰出的人才，这些人才可使我们获得成功。"

诚信相交，用其所长

原文：厥孚交如，威如，吉。

释义：以诚实守信的准则对外交往，对上尊敬，对下怀柔，必然增加个人的威信，是吉祥的。

释例：在社会交往的各个场合我们

都做到柔顺谦逊，中庸而不偏激；在上者，能以诚信待下，在下者也能以诚信回报上。这种上下以诚信相交，互相信任，足以激发士气。一般，具体表现在用人者的管理理念上，是尊重下属，重视每个人创造力的自由发挥，不要求全责备，只求和睦相处。

在社会交往中，我们结识的朋友都会对我们的事业有所帮助的，我们必须重视每个人的积极性，做到人尽其才，一专多能，每个人的各种特长都应得以运用发挥。

上司对待下属不要求全责备，而要用其所长。每个人都是有其长的，上司要为下属发挥这种特长创造条件。

有的上司不仅在薪金、工作满足感、前途推动等方面对下属照顾，还会给下属一个得体的美名。比如一名处理来往信件、传送文件的差役，美其名曰"写字楼助理"，会让他有种荣耀的感觉，工作更会卖力，更认真负责。

发现下属的特长，还必须给予他一定的自由空间，如果总是吩咐得十分具体，下属只能成为上司的傀儡，则难以显示出他自己处理事务的办法与能力。

有一件业务，上司只需交代某日之前与对方联系好即可，至于他如何调度工作，是通过电话先联络，还是自己亲自登门拜访，完全由下属自行安排。这样可以让他在实际工作中运用脑筋，积累经验。有位公司老总对下属布置任务时常说："我只看结果，不看过程。过程是你才能发挥的空间，我相信你。"

天变道亦变

原文：自天佑之，吉无不利。

释义：上天保佑有德之人，赐福于己，吉祥，无往不利。

释例：上九通常是满而溢泄，盛极必衰。然而，满而不溢，才是居上位者应有的修养。只有这样才能顺乎天而应乎民，得到上下相助。

丰田英二在他所著的《决断——日本丰田决策者的经营秘史》一书的序言中，曾引述了佛学中的两段经典：

"你所做的事如果是好事，就要勇敢大胆地做到底，天地间所有的神都能助你一臂之力。只要你有丝毫的畏惧将一事无成。"

"只要是美好的事，你应该当仁不让地去做，你将会得到上苍的帮助和保佑。"

这种做事的态度和精神，现在已成为日本成功的商人共同拥有的精神。松下幸之助在访问中国时就这样说过："作为一个企业家，学问是重要的，但更重要的是敬业的精神。"

日本商人更懂得把这种执着精神和灵活的战术相结合的重要性。正如松下幸之助所说的那样："正确经营观念、经营思想是在社会生活中产生的，是符合社会法则的一种观念的法则。可以说这种法则是自然法则。因此从这种自然法则中形成的经营观念，虽然其具有随社会生活变化而变化的灵活性，但万变不离其宗，本质上它是相对不变的。这种相对不变的经营观念，无论过去、现在以至将来，也无论是在日本或是在国外都是适用的。"

对日本企业的市场战略，可以分为市场开拓战略和产品开发战略两大部分去理解，去认识。一是执着的精神，二是灵活的战略战术，二者紧密结合在一起，所以日本的企业才具有了我们所看到的如此惊人的竞争能力。

不断更新，总有新产品出现是日本企业经营灵活性的又一表现。"最新产品"是使用得最多的广告词。

日本是一个深受佛教影响的国度。日本商人正是受到佛教"天变道亦变"思想的影响，而使自己的产品不断更新换代，以利于市场竞争，以求企业的生存和发展。正如菲利浦·卡特勒所说的那样：日本文化给日本的企业提供了在市场营销竞争中发挥灵活性的很好的思想意识基础。

谦谦君子，授之大用

原文：谦谦君子，用涉大川，吉。

释义：谦虚而又谦虚的君子，可以涉过大河（意思是能够克服一切困难，排除一切障碍），最终必然安全吉祥。

释例：这里一个"用"字很关键，强调谦虚并非消极的、无原则的退让，而是积极地有所作为。

曾经担任过公司首席执行官的布朗就是这种类型的"谦谦君子"。

布朗在参加工作之前，在哈佛商学院获得经济学学士学位及斯坦福大学工商管理硕士学位，他没有任何技术背景，在刚加入昆腾公司时还不知道什么叫磁盘驱动器，是一位技术上的门外汉。但布朗是一位很会快速学习的人，这种特性使得他的升迁极为快速。在昆腾15年中，布朗曾任过市场部副总裁、产品销售部总监、执行副总裁。1993年，昆腾进行部门调整，布朗又被任命为负责开发个人电脑存储产品的桌面产品部总裁。在其领导下，该部门的营业收入从10亿美元增到30多亿美元，成为该公司最大的一个部门，"我还为董事会制定了一份计划，为昆腾成功地推进一项很大的并购活动——DEC数字设备存储业务部做出过贡献。"

1995年，37岁的布朗被提升为首席执行官；1998年当他40岁时，又被提升为董事长。1995年当布朗接任首席执行官权杖之时，他没有预料过他将会成为《幸福》500大公司里的一个首席执行官。但第二年，即1996年，他就率昆腾挤进了500大公司，如今昆腾公司又被《财富》杂志选为增长最快的100家上市公司及100家最值得工作的公司之一。

固守中正，谦美扬名

原文：鸣谦，贞吉。

释义：谦虚的美名远扬四方，固守中正就可获得吉祥。

释例：如果一个人的谦虚美德在社会上或单位里产生了共鸣，得到了众人的认可，便足以证明他的谦虚不是矫饰于外的虚伪，而是发自内心的真诚和纯正。

一家中型印刷公司（有60名员工）的退休老板告诉我，他说："海瑞，那年他26岁，对印刷一窍不通。不过看他过去的记录，知道他是个好会计师。一年半前我退休，他被选做公司的董事长和总经理。

"回想起来，海瑞有个无人可比的特点，他不仅对工作干练，对上司保持有一种谦恭，而且对全公司人都保持一种谦逊的姿态。只要他帮得上忙，他都竭尽所能去做。

"海瑞跟我的头一年，我们公司损失了几员大将，海瑞跑来找我，建议我采用一种优厚的福利制度，结果真如他所说的，公司以有限的花费降低了员工的流动率。

"海瑞对公司的贡献相当大，他在研究了生产部门的花费后，建议我以三万元买部新机械，结果发挥了功效。有一次我们遇到滞销，他去找行销经理说：'我不懂行销，不过我愿帮忙。'结果他想出的办法替我们做成了好几笔大生意。

"每有新人进来,海瑞都热心地带他们熟悉环境,并使他们对公司的运作发生兴趣。

"海瑞并没有欺骗我的企图。他并不好管闲事,没有野心,不会暗箭伤人,也不会命令他人做事,他始终是那样谦虚待所有的人,并且乐于助人,把公司的成败视为他的成败,把公司看成他自己的公司。"

谦和之美,君子永持

原文: 劳谦,君子有终,吉。

释义: 勤劳而谦虚的君子,必能把美德保持到底,最终一定是吉祥的。

释例: 如果一个受到重用的人,能做到劳苦功高而又谦逊,有骄傲的资本而不骄狂,始终如一,那么,这种人肯定能得到一致的认可。

克罗尔最大的才能,主要在于他善于调动手下人的积极性,引导他们献计献策。他经常说:"要推动工作,应该是调动人的求胜的愿望,而不是用恐惧或威胁的手段。"有一回,公司为福特汽车公司设计广告,但必须先拿出一条主题标语来。公司负责广告业务的人员花了一个多月,翻遍了手头的所有工具书,提出了100条标语,但没有一条入选。

底特律分公司也提出了100多条广告词,艺术指导人员运用他们的知识,也提出了他们的建议,但还是不中意。所有的人都知道下午3点就要在克罗尔的办公室开会讨论。会议之前,主管人员经过筛选,最后推荐了3条。

克罗尔觉得这3条标语没有一条是符合要求的。他没有埋怨和责怪职员,而是心平气和地对大家综合了这条标语该表达什么内容,他没有提出具体的措辞,只是讲了标语应以什么样的形式出现。他讲完后,大家都赞成他的设想。接着,有人提出应该以什么方式开头,有人提出了整个句子,有人加以文字润色,最后只用了不到5分钟的时间就把标语写了出来。而且每个人都觉得是采纳了自己的意见,因而皆大欢喜。

在每次讨论会上,克罗尔都不在乎主意是谁提出来的。是资历不深的无名小辈也罢,是设计明星或经理也罢,谁最符合要求,最富有创意,他就欣然接受。有些心怀不满的工作人员抱怨克罗尔贪功,把别人的想法作为自己的提出来。但大多数人觉得克罗尔是他们这支球队中临门一脚的得分手。在最关键的时刻，还要靠克罗尔创造奇迹。克罗尔却把公司的兴旺发达归功于整个队伍。

个人——无论凡夫俗子，还是伟人的力量都是有限的。"众人拾柴火焰高"，这是一个非常浅显的道理，但真正用到社会交往上，却又不是什么人都能明白和做到的。一些人之所以取得成功，原因在于此。

虚怀若谷，坚持中正

原文：不富，以其邻，利用侵伐，无不利。

释义：虽不富有，但却虚怀若谷，有利于和近邻一起征伐那些骄傲蛮横不可一世的人，不会有任何不吉利的结果。

释例：在与人相处时，能虚怀若谷，是能够有效地调动身边人群的主观能动性。

对于任何一个人来说，工作的时间在一天中总是占着主要的比例，所以对工作的满意程度也从此中来。经研究发现，对工作感觉满意的重要源泉就是拥有友好的共事者，但并不等于拍马者，这较之工资、机会、保障、挑战等等更为重要。

人们都希望他们的社会需求得到满足，而工作从逻辑上来说，正为他们满足这种需求提供了必要的场所。了解了这一点之后，一个好的上司会知道，员工应有与人相处的机会，有社交活动，并会从别人的陪伴中得到快乐。最低限度，上司也应该在休息时间里为员工创造一些上述的那些交往机会，而不应该把员工孤立起来，将他们置于分隔开来的格子间里，彼此之间一点交往也没有。

如果上司希望员工组成工作效率高的工作小组，就必须敏感地意识到员工们的不同之处。大多数上了岁数的人不喜欢周围都是年老之人，大部分女性在某些时候只想和别的男性待在一个工作小组里。

参与管理意味着上司并不是擅自做出决定，而是与相关的个人或工作小组讨论该如何做，在听取了员工们的意见之后再做出决定。这样，主管或是考虑了员工们的意见，或是部分地采纳了员工们的意见，总之，让工人有了分担管理、参与管理的感觉。不这样做的话，上司也许会面对危险，因为如果他不征求员工们的意见，员工们会感到十分沮丧——他们其实想对别人有所帮助，感受一下他们自己是有用的。如果上司听取了员工的意见，但又不准备采纳的话，他应该花点时间向员工解释清楚他这样做的原因。许多研究都发现，是否对员工言明一切，很大程度上影响了他们的工作热情。如果你对员工说明了情况，那么，他们对工作结果产生的责任感要比那些始终蒙在鼓里的人强得多。

得意不忘形，免遭凶险

原文：鸣豫，凶。

释义：自鸣得意，高兴过了头，结果乐极生悲，必遭凶险。

释例：公司宣布将你调到另一个部门，不过有一个小小的难题，你的一位下属请求追随左右，表示若得不到你的首肯，宁可另谋高就。你的答复自然是得考虑考虑。

这个决定十分简单，就是婉拒之。除非实在有此必要，即是说，你的新职确实要这位下属担任助手不可，否则另当别论。

拒绝的原因是：你不是老板，身为打工仔，凡事服从公司的安排，才是忠心和热诚的表现。这种印象于老板心目中，是十分重要的。要是你盲目地接受这个下属的提议，向老板提出要求，只会显出你热衷搞小圈子，自以为是。适当的做法是向下属表明心迹："谢谢你对我忠心，但我对新任务还未熟悉，未知是否有工作需要你的帮忙，所以暂时由公司安排一切。"同时，最好私下与下属保持良好关系。

某位同事表示很想跟你合作，做你的下属，希望你向老板提出，把他从甲部门调到你的部门来。这问题牵涉到你跟这位同事、你与甲部门主管甚至两位主管与老板的关系。

很明显，如果是因为他跟上司不和，不想再替他效力，那么，你万万不能"接收"他。一则，与上司不和，下属必然有部分责任；二则，你接受了他这要求，等于支持他的立场，间接就跟他的主管对立。试问为了一个与你无利害关系的人而无端树敌，值得吗？

可以婉转告诉对方："我的部门暂时不须增加人手，但多谢你的好意。"

要是对方纯是因为兴趣问题，希望在你的部门发展，也请你小心观察。你接收了他，其他部门主管会误会你"抢人"呢？还是他本身也同意下属这行动？在你未弄清楚真正情况前，最好还是推拒对方。

身先士卒，热情投注

原文：介于石，不终日，贞吉。

释义：正直而不同流合污的品德坚如磐石，还不到一天时间，就明白了欢乐愉快的深刻道理，能守正必获吉祥。

释例：比尔·盖茨的过人之处就是能让公司员工长时间工作而没有丝毫怨言。"工作即是欢乐"，这是微软公司的员工普遍认同的一种"价值观"。

在微软公司，比尔·盖茨本人就是一个工作狂，也正是由于他的这种精神才带动了员工工作的热情。

当然，比尔·盖茨的这种狂热，让人觉得他是想在微软公司的工作环境中培养一种工作狂的气氛来。

微软公司北京代表处的第一任总裁杜先生曾坦言说："在微软公司，工作压力十分大。特别是刚来公司时，很少晚上在9点前回家。"

微软公司负责公关的经理曾经这样说过："比尔·盖茨不但是个工作狂，而且对工作要求相当严格，如果有下属认为某件事办不成功，他就会自己拿回去做，他不但能迅速地做好，而且能做到几乎无可挑剔的地步，因此让大家佩服得五体投地。在他手下工作，如果没真本事，是相当难的。"

《比尔·盖茨先生：微软公司的领袖如何给计算机业带来巨大变革并使自己成为全美最富有的人》一书中的作者这样写道："比尔·盖茨先生工作异常热情，每周经常工作72小时，甚至达到90小时；不工作的时候，他就像一个黑洞吸收光线那样大量吸收信息。"

"与比尔·盖茨先生一起工作的人都说，他是世界上最忙的企业主管之一。"

比尔·盖茨先生善于通过给公司员工施加各式各样的压力来激发员工最大的潜力。

执迷不悟招悔恨

原文：盱豫，悔。迟，有悔。

释义：谄媚奉承暗送秋波的手段取悦于上司，以求得自己的欢乐，这势必导致悔恨。如若执迷不悟，悔恨不及时，就会招致更大的悔恨。

释例：有一类非常普遍的下属，就是谄媚型（SYCOPHATS），也就是香港人所说的"擦鞋仔"，内地人所说的"马屁精"。

谄媚者在各行各业中都可以找得到，这类下属有一项特征：永不反对或驳斥上司的指示。无论在什么场合下（私人聚会或公开会议上）谄媚型下属只晓得做一种动作，点头同意上司说的每一句话。

这种类型的下属内心有一份挥之不去的恐惧，那就是做出本身的决定。

也许这与他们长期点头同意上司的习惯有点关系，这令他们连提出自己意见的能力也逐渐被遗忘或根本丧失了。

在他们心底里，只相信一种真理：同意上司的人令上司对他有好感；而反驳上司的人只会造成不必要的麻烦。

谄媚型下属的想法是，许多上司虽然口口声声表示自己很民主开放，乐于听取各方面的批评或意见，其实最讨厌下属指出他们的不是，因为这无形中已损伤了他们的权威。实际上，绝大多数上司都喜欢下属赞成自己的提议或想法。既然事实如此，那又何必下那么多无谓功夫，索性从一开始就点头到底好了。

谄媚型下属不断找寻一位强有力的上司去保护他们，个人尊严早已丢在九霄云外。他们最大的目标，就是使本身的"靠山"高兴，其他一切都不管。

除非上司是一位典型的"昏君"，否则他绝不会培植谄媚型下属做自己的接班人。因为这类下属除了懂得"拍马屁"之外，根本就缺乏主见，一无可取。

主管利用他们来替自己办些私人琐事倒是相当理想的，在这方面，他们定能办得妥妥帖帖。

此外，由于他们全无主见，亦无真才实学，试问怎样可以登上高位，管理业务和人事？

这类下属之所以能够在公司内生存，乃是由于他们看透了人性的弱点（上司喜欢听奉承话），再加上他们奉迎有术，才能风光一时。对付这类下属，最适当的处置方法便是降他们级或调他们到另一部门工作，作为一种警诫。当然，只有精明的上司才会这样做。

看主流，无视闲言碎语

原文： 官有渝，贞吉。出门交有功。

释义： 思想意识随时更新，坚持正道，吉祥。外出与他人交往可获得成功。

释例： 我们处世要了解一个人，一定不要相信那些闲言碎语的干扰。"人言可畏"，闲言碎语是那些见不得人的人惯用的害人暗器。它之所以能起作用，就是因为有人相信它。经验证明，知人选人是极不容易的事。一个人平平庸庸，大家彼此彼此，可以相安无事；一旦某人冒了尖、有了突出成绩，即可引起有关领导注意，能上能下，各种非议就会接踵而来，闲言碎语就是一件"法宝"。有些人平时不干事，袖手旁观，似乎"不犯错误"，专挑别人的毛病，一旦有机会就吹冷风，散布流言蜚语。这种制造闲言碎语、传播闲言碎语的人，是十分令人可憎和厌恶的。这样的人完全可以称得上害群之马，有这样的人存在一天，你的企业就甭想有一日之安宁。

知人者必须看主流，注意保护人才，决不要轻信闲言碎语。否则，许多有真才实学、有组织能力、有创业大志的人才，会因此而受歧视、被压制、遭排挤，还谈什么知人善任呢？

列宁曾经说过："如果一个机关在给专家各方面保障、鼓励优秀专家、维护他们的利益等等方面，没有计划地进行工作并得到实际效果，那么，谁也不会承认它是工作不坏的机关。"

一个企业经营者亦是如此。要做好工作，必先做到知人善任。而要真正做到知人，一定要从各种各样的旧观念、老框框的束缚中摆脱出来，不能求全责备、搞烦琐哲学，不要轻信闲言碎语，要从人才的实际表现出发，看他们对事业的基本态度，看他们工作表现的主流，要真正爱惜他们、保护他们，做到求才若渴，爱才如命。这才是非常重要的。

变中不变，不变有变

原文： 随有获，贞凶。有孚在道，以明，何咎？

释义： 他人追随自己，虽有收获，但有可能发生凶险。虽有凶险，但只要心存诚信，不违正道，使自己的美德显明，那还有什么危害呢？

释例：巴特进微软后，在微软得到了相当宽松的环境，除了比尔·盖茨有时向他请教一些问题外，几乎没有人来打扰他，"微软也不给我派什么任务，也不规定研究的期限，我可以一门心思地钻研一些我感兴趣的问题。有时，比尔·盖茨来问我一些很难解答的问题，比如大型存储量的服务器的整体架构应该是怎样的？像这一类问题我一般都不能马上回答，而要在一两个月之后才能给他答复，因为我要整理一下材料和思路。"

由于巴特不在微软总部办公，而是在位于波士顿的微软研究院，因此，巴特与比尔·盖茨之间的这种交流完全是通过电子邮件来完成，"比尔·盖茨给我发来的电子邮件一年大概在10个到100个之间。"

"我很少见到比尔·盖茨，与比尔·盖茨之间一年也就能见上三四次，但每次见面并不是一对一的交流，而是与大家在一起开上半天或一天的会。"

巴特来到微软时被任命为首席技术官，四年过去了，他依然是首席技术官，然而他的手下没有任何一个兵，他也不管理任何一个人，"我只管理我自己"。巴特对于这种状态非常满意，他认为如果真是一位非常好的技术人员其实并不需要要参与任何管理，"一个最好的技术人员变成最好的管理人员并不是一个好主意，因为这样做的结果往往会损失了他的技术特长，而且技术人员做管理有时也不一定能变成一位最好的管理人员。"但巴特又强调说："有一点非常重要，在微软不仅好的管理人才能获得成功；如果一位好的技术人员不愿参加管理，也同样能在微软获得成功"。

在其他公司，工程师们总会被经常告诫说，工程师不仅要做好自己的本职工作，还要做好本职工作的以外工作；不仅要明白自己的技术，还要明白销售、市场、制造、金融，甚至是房地产等技术以外的事情。"而在微软，情况则完全相反，工程师只需做好自己的本职工作，你的项目如果获得成功，你就可以得到成功，因为微软其他的工作也都管理得很好，微软在各个部门都有很好的管理人员，你不会因为销售员不知道怎么去销售而受到损失。"

"微软是一个非常有趣、非常有刺

激的工作场所，这就是为什么微软会有上千个百万富翁每天还要去上班的原因。比尔·盖茨有一个很好的特长，即他有一个非常好的判断力，他会很快知道什么是很重要的事情，什么是不重要的事情。比尔·盖茨对研究人员的管理方法也很独特，他常常让这些人去研究一些非常具有挑战性的问题。"

在微软研究院，微软从不规定研究人员的研究期限，但对开发部门却规定了期限，因此微软大部分的技术人员在开发产品时有期限要求，"真正的研究是无法限定期限的，因为都是一些个未知的东西，但开发必须有期限，这是研究与开发的最根本的区别。但是我如果花了两年时间还没有研究出结果的话，我就会认为这个题目可能不是一个非常好的题目，我往往会放弃它。"

也有奇效的"立即惩戒"

原文：拘系之，乃从维之。王用亨于西山。

释义：只有拘禁起来强迫、命令他，他才不得不顺服追随，再用绳索捆绑紧，才能追随到底。君王在西山设祭，要出师讨伐那些不顺从的人。

释例：要让员工感到自己正在领导时代，充分享受自己工作的成就感，才能最大限度地激发员工的工作热情与灵感。

虽然工作压力大，但微软公司员工的流动率，却是同业最低的。

比尔·盖茨成功地运用"转换式管理"：将公司的重任分解为各个工作小组，充分发挥每位员工的才能。微软公司的管理风格，简言之，就是在不断的压力与不断的动力中成长。压力刺激灵感，也变成了他们的动力。

比尔·盖茨不断地将自己和员工逼向极限，让微软公司全体员工一起接受挑战，一起成长，享受着领导时代的成就感。

公司只需要经得住磨炼的人，微软公司对员工的要求有时几乎能用苛刻来容易，但正是这种苛刻，使得公司中的每个员工都是精英。

比如，比尔·盖茨在给予员工高福利和内在成就动机的满足的同时，又经常用批评、威胁的方式管理员工，在公司内部推行"立即惩戒"与"固定的淘汰率"制度。

慎重决策，基业长青

原文：干父之蛊，有子，考无咎，厉，终吉。

释义：挽救父辈所败坏了的基业，由能干的儿子来继承父辈的事业，必无危害；即使遇到艰难险阻，只要努力奋斗，最终必获吉祥。

释例：我们常常因为害怕而不敢说真话。5年前，韩国三星电子公司主席李健熙决定投资130亿美元打入汽车市场，很多高层职员深知汽车市场早已饱和，但因惧怕老板的硬朗作风而保持沉默，结果三星公司汽车业务一败涂地。

三星公司在1997年决定进入汽车产业，当时很多三星的高层经理心里都很清楚，汽车工业早已经是生产大量过剩、各大巨头打得头破血流的一片烂泥潭。但是李维健是一位非常强势的领导者，也是一个狂热的汽车爱好者。结果是，三星汽车刚刚投产一年就关门大吉。李健熙不得不从自己的腰包里掏出20亿美金来安抚他的债主们。这时候他才感到震惊："为什么当时我说要上马的时候就没有一个人反对呢？"

寅吃卯粮，危机暗藏

原文：裕父之蛊，往见吝。

释义：宽缓地挽救父辈败坏了的基业，往前发展，必然会因耽误时机遗憾惋惜。

释例：没有谁比华尔街更喜欢成功的故事。而在20世纪90年代末，没有谁的成功故事会比朗讯CEO里奇·麦克金讲的更动听。他最知道怎样取悦华尔街——它喜欢爆炸性的飞速增长，而作为回报，华尔街也把麦克金和他的团队捧成了天皇巨星。

但是当麦克金忙于在华尔街面前搔首弄姿的时候，他至少忽略了来自另外两方面的声音。首先是朗讯的科学家们。他们一直担心公司会错过一项新的光通讯技术OC—192的开发，这项技术可以加快通讯过程中语音和数据之间的转换速度。他们曾经非常自信地为这项技术的研发而辩护，但最终却只能眼睁睁地看着老对手加拿大北方电信在OC—192项目上取得辉煌的成功。另外，麦克金还忽视了来自营销队伍的声音。听取他们的声音，他本来可以让公司的增长目标变得更加现实。要知道，为了达到麦克金对华尔街许下的那些不切实际的目标，公司的销售队伍已经在"寅吃卯粮"，他们给客户低得可怕的折扣，为客户提供过分慷慨的贷款安排，而更要命的是这些客户大多都是些前途未卜的".com"。

这种代价高昂的繁荣自然持续不了多久。朗讯的股票一转眼跌去了80%。董事长亨利·肖特最终不得不换掉了麦克金。当他痛定思痛的时候，说了这样一段话："股价只是个副产品，股价不是推动力。每当我们忘记了这一点，就必定会有一段惨痛的经历接踵而来。"

摩根信条，感应尊贵

原文：咸临，贞吉。

释义：感应尊贵者，使其行督导之责。可获吉祥。

释例：价格是相对的，一切有价格的东西，都能与其等价交换（当然，这里要有货币的功能）。相反，人格或叫尊严、荣誉也好，并不是相对的，而是绝对的。任何有价值的东西，都不能代替人格和尊严。人为了获得财产和社会地位，即或是为了保卫自己的生命，而出卖自己的人格和尊严，不仅要受到别人的蔑视，而且也要受到自己的蔑视。被后人誉为"华尔街大佬"的摩根，拥有总资产740亿美元，控制着全美所有企业资本的1/4。他在临终前给全世界留下了一句名言："只有有人格的人才能得到我的贷款。"

摩根的女婿在日记中写道："摩根在他死去的前一年的感恩节，享受到了他一生中最后的一次欢乐。"

在这个感恩节之后，摩根被迫前往"金钱托拉斯听证会作证"，被反托拉斯议员搞得疲惫不堪。

在听证会上，摩根神态自若，镇定如常仪态威严地坐在证人席上。

在听证会的第一天里，摩根从合作者及业务内容开始耐心说明，详细述说了全部铁路及各企业与摩根公司的关系。对于各企业与个人的银行及信托公司的存款金融，也根据准备好的备忘录，在听证会上作了公开展示。

第二天，英国伦敦所有报纸都推出大字标题："摩根信条——人格是信用的基础！"

亲善督导，不近祸害

原文：至临，无咎。

释义：亲善地督导下级，则必然没有祸害。

释例：一个聪明的伟大领袖永远关心下属，他不时地替下属的健康、家境、幸福等设想。让下属把他当成可靠的长者，对他敬爱有加，十分关心他的事业，恨不得使出自己所有能力帮助他。

记住这个要则：你要获得别人帮助，必先帮助别人。帮助别人愈多，未来的收获也就愈大。

唯有最愚笨的领袖才想尽方法去奴役他人，希望他人毫无条件地为他尽力。

卜里亨钢铁公司经理许瓦伯说："唯有那些能够发掘人才的人，才是世上最伟大的人物。我总觉得发掘人才比制造财富要有价值得多。"

许瓦伯先生把青年训练成干才后，对于他自己的事业是否会发生不利的影响呢？不，绝不会，反之，他却因此获得极大的助力。

唯有怀疑自己是怯懦的"领袖"，才会处处压迫下属，希望他们都变成没有个性、只知听取命令的机械人。而结局大都出乎他们意料之外，多数反而被他们有能力的下属压倒在下。

敦厚淳朴，吉祥无碍

原文：敦临，吉，无咎。

释义：忠厚地莅临为政，吉祥，不会发生灾祸。

释例：曾经读到一句格言：知道不等于得到。这句话的意思是说：知道不等于悟到，悟到不等于做到，做到不等于得到。有一个典故，讲的是白居易学禅的故事，最经典的一句话译成白话是：世界上人生哲理真的就是这么简单，但有几人能做到？

现在有很多管理人员总对他的员工这样说："照我说的做。"可他们不明白，这是下下之策。真正的上上之策应该是："照我做的做。"

管理人员的工作习惯和自我约束力，对员工产生着十分重要的影响作用。

如果一个领导者经常无故迟到，私人电话一个接一个，工作过程中又不踏实，总是盼望着下班，那么他就很难管理好他的所在部门，所有工作都会搞得一塌糊涂。

领导者以身作则是玛丽·凯公司所

有管理人员的准则。玛丽·凯每天把都未完成的工作带回家把它继续做完,她的工作信条是:"今天的事绝不能拖到明天。"她从来没有要求她的员工也这么做,但她的助理以及七位秘书也都具有她同样的工作风格。

1970年美国流行穿长裤,但玛丽·凯不管是在什么时候从来不追逐这种时髦,始终保持着自己的形象。她甚至为了保持自己的形象而放弃了她一生中最大的爱好——园艺。因为她担心自己会在不留意中,让沾在身上的泥土破坏自己的形象。

正是由于玛丽·凯的这种以身作则,公司里每一个职员都衣着整洁合体,形象光彩照人。

孔子曾经说过:"己欲立而立人,己欲达而达人。"

它的意思是说,只有自己愿意去做的事,你才能要求别人也去做,只有自己能够做到的事,才能要求别人也去做到。

有一次,石油大王洛克菲勒穿着运动装去公司上班。此后几个星期,他公司所有的男性员工都穿着运动装来上班,这个时候洛克菲勒才意识到自己犯了一个严重的错误,马上又恢复他应有的工作形象,不久他的员工们的形象也就都得到了恢复。

一针见血不容情

原文:屦校灭趾,无咎。

释义:足戴脚镣,断掉了脚趾头,不会有施刑过重的祸患。

释例:运用批评、惩罚手段时应更富有技巧性。"打一巴掌"很重要,但一定要打得响,打得绝。具体说,这一巴掌要有如下要求:要稳。采用强硬手段惩罚一个人,也是要冒风险的。这主要在于惩罚对惩罚者本身,或许这个人有良好的人际关系,或许掌握着关键技术信息,或许有着很硬的后台。拿这样的人开刀,就要对其背景多加考虑,慎重行事。惩罚不当终会带来抵制和报复,因此在动手之前首先应想到后果,能够拿出应付一切情况发生的可行办法。

要准。批评、惩罚都要直接干脆,直指其弱点,直刺痛处,争取一针见血。有时某人总是犯一种同样的错误,或者代表一类人的错误,这时的惩罚一定要选准时机,待其犯错最典型、最明白、最有危害性时方痛下杀手。这时切忌无事生非，不明事实；也切忌小题大做。这样才会做到让受罚者口服心服，有苦说不出；也才会真正让众人引以为戒。

要狠。一旦认准时机，下定决心，便要出手利落，坚决果断，毫不容情。切忌犹豫不定反复无常，拖沓累赘。一些杰出的领导者的经验便是："一旦采取坚决措施，便变得冷酷无情""即使当他们不得不解雇某人时，也并不因强烈的内疚而变得犹豫不决。"这样做，也是在向众人显示，我的做法是完全正确、适宜的，我对我的做法毫不后悔，充满信心，这是最好的选择。

打这一巴掌是必要的，但应少用、善用，而且打过之后，便是要好言抚慰了。多揉一揉也同样是必要的——如果你想把他仍然留在身边做事的话。

如果被打的人恰恰是对你很重要的人或很有背景的人，譬如说是某个上层人物的亲戚，打过之后，你可以私下对他说："你看我这样做也是出于管理工作的需要，我只能如此。并不只是针对你个人啊。"注意，这只是抚慰，不是道歉！他的错处，也还要让他自己承认与改正，你不过表明你的良苦用心罢了。

打过之后，你不妨还可对其多加照料，礼遇有加。这时他会觉得你所做的一切只是针对某事而非针对某人，他自己还是有希望的。这时他会因为你的器重而感恩不尽，努力达到你对他的要求。

我们看《三国演义》或《水浒传》之类的小说，往往可以看到类似的情节：一员大将骁勇善战，忠心耿耿，却不幸在一次战斗中失败，被对方俘获。当他被五花大绑推到堂上，正准备从容就义之时，对方高明的领袖一见，忙亲自上前松绑，口称英雄，恩礼有加。结果会怎样？不用说，多数英雄也都感谢知遇之恩，以求今后以死相报了。

从这里我们正可看出威吓与恩礼相互结合运用的妙处。

痛定思痛求其好

原文：噬肤灭鼻，无咎。

释义：施刑伤及犯人的皮肤。即使毁掉犯人的鼻子，也不会有施刑过重的祸患上。

释例：赏有信，罚必果。孔明"挥泪斩马谡"虽然令人鼻酸，但我们也不能不取信于人。

中国的三国时代蜀汉丞相诸葛亮命令马谡率领精兵，防守街亭要塞，和北方的强敌曹魏对峙。后来，曹魏大军来攻，马谡一不该疏忽诸葛亮"紧守"的指示，二不该拒绝副将王平的忠告，而仗恃着自己的才干，轻率出兵会战，结果导致严重失误，全军覆灭，街亭也因而丢失。

马谡撤回之后，依照军法，身为将帅因故违抗军令而导致失败，应处斩刑。马谡是诸葛亮一生中最喜爱的部将，以私情而论，诸葛亮心中非常不忍。可是马谡所犯的过失已经严重到动摇蜀汉根基的地步，如果诸葛亮不能明快的处置，将来无法维持民心士气。所以为了对蜀汉的全体军民有所交代，诸葛亮内心悲痛，泪流满面，终于还是下定决心，把马谡斩首示众了。

诸葛亮斩马谡之后，还深深悔恨自己无法看透他人的贤智和愚昧，把防守要塞的重任交给一个轻率的将军而贻误国家大事，所以深感自己也有连带责任。于是就亲自觐见蜀帝，自请处分，要求从丞相降为右将军。虽然蜀帝一再安慰他、重用他，但是他这一连串大公无私的明快处分，已经赢得蜀汉军民无比的敬爱，所以后来他出兵讨伐曹魏时，民心士气大振，打赢了好几场战役。

自正方可正人

原文：噬腊肉，遇毒；小吝，无咎。

释义：实施刑法像咬坚硬的腊肉并遇到毒物那样不顺利，但这不过是稍有憾恨，还不至于有祸害。

释例：在各项规章制度中，王洪德更为重视财务管理。

同许多大企业一样，京海的财务规章制度可以做到事事有章可循。对外，王洪德特别强调要摆好京海与国家的关系："公司决不能挖国家的墙角，公司的发展是靠国家的政策，对国家的利益只能维护，不能有丝毫的损害！这就需要对企业从严管理，尤其要严格财务纪律。"

他经常提醒财会部门，账目一定要一清二楚，随时准备有关部门检查。由于公司的快速发展，常常被人说长道短，但"身正不怕影子斜"，十年来公司经受住了上自中央下至地方的历次财务大检查，反而在检查中屡次受到上级的表扬嘉奖，京海"奉公守法"的声誉愈来愈大愈好。

王洪德经常教育职工，在经济问题

上要有严格的自我约束意识。他以他的生活经验告诫员工："任何一个人的垮台，都是自己把自己打倒的。"应该像古人说的那样："穷且益坚，不坠青云之志。"他一再强调创业之初便宣布的约法三章："一、遵纪守法，洁身自好，保持改革者的完好形象；二、在各种技术商务活动中，不谋私利；三、不许贪污腐化。"他当众宣布："大丈夫有言在先，如果我王洪德触犯了'约法三章'，主动自裁。其他人谁违犯，谁就自动离开公司！"

王洪德对下属历来以宽宏大量著称，但是为了严明纪律，杜绝后患，对那些贪污受贿款额巨大、情节恶劣者也从不手软，公司创办十年来，曾有一个工程队长和一个副总经理因贪污巨款，受到了法律惩处。

信赏必罚

原文： 噬乾胏，得金矢；利艰贞，吉。

释义： 实施刑法像咬带骨头的肉那样困难，但因具有金箭般的刚直品德，因此有利于在艰难中坚守正道，其结果是吉利的。

释例： "信赏必罚"自古以来即是我们所应遵循的法则。信赏必罚的重点在于及时和适度。立刻施行，大家才会知道效法和警惕。所谓"适度"，就是奖惩的程度要适当。大功大赏，小功小赏；大过严惩，小错薄罚。一定要在公平的范围内处理得让人心服口服，奖惩才有意义。

如果因为私心，小功给大赏，或是大过而薄惩，那么所引起的后果，可能比不处置还严重。

要做到真正的"信赏必罚"固然不容易，可是成功的领导者还是可以把握住分寸。以诸葛亮为例，他以身示教，不但忍心斩了最喜爱的将领，并且自请处分，以示负责。他的态度固然诚恳感人，而他的意念更是公正无私，在这种情况下所做的处分，一定可以对众人有相当的警示作用。

斥责与赞扬、惩罚与奖励，这是促进员工的两件法宝。但是在做出惩罚决定时，其先决条件是弄清事实，这一点很重要。只有这样才会做到掷地有声，又稳又准。

事实往往是一种难以捉摸的东西，它们会被形式所掩盖。你必须分清真实与怀疑之间的界线你必须创造一种让大家看起来是公开、诚实、信任的气氛。事实的真相也是难以捉摸的，它并不是在一张纸上提供一套简单的事实，而是穿着多彩的外衣。我们很少能一眼看出真相，你必须从不同的角度去看，如果从单一的角度去看问题，往往会出现失误。

因此，我们经常弄不清事实的真相而发生误解，根据不完全的信息做出判断，或者因不喜欢或不信任某人而对他所提供的重要消息置之不理。

为了成功地做好事情，我们必须首先弄清事实，不要受人道主义及宗教信仰等方面的影响。如果我们故意误导，带有偏向，不将事实弄清，那你的威信将大大受影响。不但受到你惩罚的人会满腹委屈，其他明白真相的人看在眼里，也会替他鸣不平。

在处理事情时，我们容易假定自己什么都清楚，我们容易戴着有色眼镜看人，不管什么颜色，看起来都只是一种颜色。我们必须认识到自己不可能拥有一幅完整的图画，我们常常根据不完全的信息作出判断。商业时代处处充满风险，尽管我们拥有大量经验，但也不能保证过去发生的某一事情或某一行为方式会在将来的同样条件下重现。

对待事实问题，我们还必须区分事实与观点的不同。很多人往往将这两者混淆。例如，他们喜欢将"某人懒惰"、"某人没有竞争性"等作为事实。某人很少主动帮助别人是一个事实，但这并不意味着他就是一个懒惰者。关键是要抓住核心的事实，能够面对挑战和展开详尽的调查。

弄清了核心的事实，才能更好地做出有效的决定。核心的事实是所存在的一些有形的东西，是一些实际发生的东西。这些有形的东西可以用确切的语言来描述，也可以用数量来衡量。

例如，某人上周迟到了三次，这是一种事实，但某人总不守时，却不一定是事实；某人昨天失去了一批订单是一个事实，但他干不成任何事情则不一定是事实。

弄清事实，也需要建立一种关系与信任。这意味着你能准确地判断谁不大可信，同时也意味着我们不能以个人的信任和观点来掩盖我们面前真切的事实。总之，弄清事实才能让我们下定决心，是该奖还是惩。这样才会有的放矢，才会威服于人。

校正身心，行为有向

原文：贲如皤如，白马翰如。匪寇，婚媾。

释义：装饰得那样素雅：全身洁白如玉，乘坐着一匹雪白的骏马，轻捷地往前奔驰。前方的人并非敌寇，而是自己求聘的婚配佳人。

释例：王嘉廉是一位非常有魅力的人。为此，夏恩的首席执行官胡艾瑞征率夏恩公司主动"投靠"了王嘉廉。在"投靠"前，夏恩是世界第一大的安全软件供应商，该公司在防病毒及数据备份上是全球的领先者。胡艾瑞征说："夏恩与CA在谈合并时，我的最大动机是想能与王嘉廉在一起工作，合并后，我留下来也是因为王嘉廉。"

王嘉廉是一位非常有远见、有修养的人，胡艾瑞征非常佩服他。行动力是王嘉廉的最大特色。但是，胡艾瑞征与王嘉廉之间也经常讨论和争论。他认为，如果不讨论、不争论就不知道彼此之间的立场在哪里，争论也是沟通的一种方式，争论主要在方针、策略、产品、用人上的一些想法，一个人穿衣服时一定要照照镜子，一个人做决定时，也要找其他人照一照，看看是否正确。

那么，王嘉廉一旦退休后，CA还能继续有活力吗？在胡艾瑞征看来："一家企业总要有一个企业文化，王嘉廉就像一个种子，企业文化像是一棵树根，慢慢会开花结果。王嘉廉即使退休，但把企业文化还留了下来，我们看事情的方式、我们做事情的态度，企业文化在无形中帮助了思维和执行。王嘉廉在公司培养了一大批会思考的人。"

崇贤臣，远小人

原文：硕果不食，君子得舆，小人剥庐。

释义：丰硕的果实独存而尚未被摘食，要是君子摘取到了，将能驾驭车舆而造福百姓；若被小人摘取到了，将会导致万家屋宇横糟剥落颓败的厄运。

释例：每个人都希望别人能看到自己所做出的事情被认可。忽视幕后英雄而浪费大量时间应付那些叫嚷抱怨者的领导者很快就会发现，他们的身边到处都是叫叫嚷嚷者。

寻找幕后英雄，鼓励和奖励他们，我们太容易忽视那些忠实可靠的人了，而他们却是一个企业成功的精英。那些幕后英雄，有以下几个特点：很少旷工，在压力之下仍然工作出色；一直按时完成高质量的工作；愿意在集体需要时再做一次努力；他们默默无闻，为人谦逊，除了出色完成工作外，你根本不知道他在哪儿；当老板不在时照样很好地工作，令人放心；他提供的答案多于提出的问题；他经常改进工作方法，经常帮助别人使之工作得更好，等等。

激励那些幕后英雄的另一种奖励方式，是对他们的工作表现出真诚的兴趣，不仅仅把他们当作雇员，而且视为与你同等的人。听他们讲述自己的希望与担心、喜好与憎恶、欢乐与苦恼，时时准备帮助他们解决问题，在他们产生自我否定心理时，应重新唤起他们的自信心。

警惕那些叫嚷抱怨者，不要纵容他们，不要请求甚至哀求他们。只是改变自己的行为方式，将时间和注意力花在那些高效率者身上，这样员工便明白了你的意思。不要花时间帮助人们解决那些他们故意造成的困境，告诉他们也要承担起责任。如果你认为某人习惯于无理抱怨，就不要去理会他，别把时间花在耍弄花招者身上，他们时时在想办法无事生非。将你的行为焦点集中于期望和鼓励你所要求的行为上。

树人树己，不独享成果

原文：休复，吉。

释义：以真善美作为自己行为的准则和目标，虽然有时会走弯路，但是，只要能够复归正道，就必然获得吉祥。

释例：人们通常总是认为，自己的朋友太谦虚了反而不好。这种观点不合现实。事实上，很多人，待人接物总是那样谦虚、随和，决非常人所想的那样。

IMC公司的总经理每次召开董事会时，总是想方设法把公司的成功归功于副总经理，从不独享成果，尽管取得这些业绩的决定绝大多数都是他作出的。也正是这样，他换来了副总经理更加努力工作和满怀信任的回报。这正是他的处世之道的诀窍。

哈佛认为，这种处世管理的妙方，对于任何人来说，都是可以学到的，并没有那么深奥。任何级别的主管人员都应该充分掌握谦虚待人这一有效的管理手段，这主要是由于：

（1）谦虚待人可以鼓励员工的士气。经常对自己的员工做出的成绩予以充分肯定和恰当的表扬，能鼓舞士气。特别是及时的当众表扬，效果就更好了。在一次重要的橄榄球比赛结束后，获得最佳四分的球员接受记者采访，当记者问到："你今天为何表现得如此出色？"他回答说："这一切都是全队共同努力，出色配合的结果。"这位球星恰当地使用了表扬这一秘密武器。

（2）要注重对自己员工的对外宣传。自己公司的业务拓展和生意的顺利进行，虽然有主管人员的领导，但在对外宣传时，如能突出自己员工的努力，肯定会收到意想不到的效果。

及时转向，复归正道

原文：频复，厉，无咎。

释义：屡次犯错误却又能屡次改正过错、复归正道，这样虽然有危险，但是最终却不会遇到灾祸。

释例：1960年，福特二世认为自己羽毛已丰，于是就先后辞去了布里奇、麦克纳马拉等人。由于"福特二世"所表现出来的心胸狭窄，嫉贤妒能，让很多人才不堪忍受而纷纷离去，致使福特公司再一次走到了崩溃的边缘。

然而所幸的是福特二世对自己经营三十五年的福特公司进行了深刻的反省，他认识到了自己的过失，于是在1980年3月忍痛割爱辞掉福特汽车公司董事会主席的职务，把经营大权让给福特家庭以外的管理专家菲利普·卡德威尔。他的这一举动，开创了美国企业家把家庭企业大权传给非家族人之先河。这是福特家庭对美国企业发展的又一开创性贡献。

1981年，福特汽车公司又一次迎来了它的兴旺时期。

1982年，福特二世正式退休。从此，他和他的亲属除了拥有这家公司40％的股份外，已不再是这家公司的老板，也不是职员了。

异类空间，独具潜力

原文：中行独复。

释义：位居阴爻的正中，独自专一地复归正道。

释例：施振荣认为经营者应以伙伴自居，分工互信效率更高，"产业变动快速，如果大家不能对自己负责，整天看老板脸色才有所行动，将会误导决策，应变也会迟缓。"

我问："您眼中的管理概念是什么？"。"人性，"他说，"我们所面临的挑战，则是如何保有独立思考的空间。因此在组织里面允许非主流开辟一个新的空间，他说不定将来是你的一位贵人，在你碰到困难时，他能够异军突起，这样的组织很重要，IBM就是这样起来的。IBM把PC机部门扔在佛罗里达的小地方，让其自生自灭，PC机当时根本不是IBM的主流文化。

"为什么台湾的家电都杀不出来，是因为他们不允许异类文化的存在。尤其现在的软件与硬件的文化又完全不一样。软件是处处充满创造力的东西，我们要激发这个东西，所以在管理上一定要有合乎人性的设计。"

施振荣说不应把管理视为一种控制手段，而应视作能创造出一种激发人的创造力的环境。他认为：一个人只有当被人尊重、被授权的时候，就会将潜力发挥出来。潜力意味着创造力，"其实很简单，我们要让我们的公司保持一个有创造活力的梯队。"

刚愎自用，违背君道

原文： 迷复，凶，有灾眚；用行师，终有大败，以其国君凶，至于十年不克征。

释义： 犯了错误，仍然执迷不悟，不知悔改复归正道，这样必然凶险，会有天灾人祸不断降临发生。在这种情况下，用兵作战，终将一败涂地；用于治国，国君遭受凶险。这样的状况会一直持续下去，长达十年之久，国家不能振兴。

释例： 亨利·福特，1863年生于美国密执安州迪尔本的一个农场主家庭。1891年，亨利·福特进入爱迪生电灯公司（当前通用电气公司的前身）当工程师。大发明家爱迪生的业绩深深地激励着他不断地奋发向上。

福特历尽磨难，几经沉浮，而他创造的业绩是令人惊奇的。1898年，亨利·福特离开爱迪生电灯公司，在底特律兴办了底特律汽车公司，公司仅成立一年，因与合伙人产生分歧而告失败。后来，福特在朋友的资助下，再一次兴办了福特汽车公司。这一次他终于成功了。为了能降低汽车的生产成本和销售价格，他对福特汽车不断地进行改进。到了1914年，福特汽车的年生产量超过了23万辆，价格从最初的850美元，逐渐下降到350美元。

福特的成功在于他实行了标准化生产，进行流水线作业，工人不需要很高的技术，只要稍加训练便可胜任，因此工人的工资很低，甚至使用童工，从而大大降低了成本，获得更多的利润。

重视人才也是福特成功的一个重要因素，他任用了一个叫詹姆斯·库茨恩的人做总经理。此人很有管理才能。他上任后采取了三项重大战略措施：一是进行市场调查。根据对社会消费水平的调查，制定汽车售价。二是开创了世界上第一条汽车装配流水线。使装配工作简单化，降低了成本，提高了工作效率。三是建立一个完善的销售网。目前全世界有7000家商行从事福特汽车的销售。

福特公司虽然取得巨大的成功，然而福特却变得专横跋扈、独断专行，听不得不同意见了，这样就使得许多人才纷纷离他而去。1915年，连库茨恩对老福特也产生了反感，于是恋恋不舍地离开了由他经营了10年的福特公司，福特公司最后终因福特的刚愎自用而陷入了困境。

不妄动妄求，行事吉祥

原文：无妄往吉。

释义：只要是不妄动妄求的话，那么，前去行事就一定会获得吉祥。

释例：能逮耗子就是好猫，因此我们看重的是逮耗子的成果，至于是用何种方式逮到的，猫儿应有一定的自由选择的权利。另外耗子是满地跑的，猫儿也要活泼无所拘束，如果把猫拿绳子拴起来或圈在笼子里，是注定逮不着耗子的。

在现实生活中，领导者并不总是处在做出困难决定的最恰当的地位。当他们做出决定时，必须充分依赖员工提供的信息和建议。因此更为合理的是应该尊重员工，让员工做出某些决定，让员工承担一些责任。

当然，作为领导者，在尊重员工的同时也应划清界限，因为有些决定是无法做出的。比如只应允许他们作出一些在他们责任范围内的事情具有影响的决定，而不能做出那些影响其他部门的决定。他们可以在公司的经费计划内决定如何最大限度地安排自己的工作，如何进行培训等，但他们无权决定公司的某些制度与办公设备应如何处置等。

尊重员工，也是对员工的一种挑战，他们必须对自己的决定负责。提供建议与做出决定两者是有差别的，有些情况下，你也许只需向员工提供有关的资料和信息，然后由他们做出最终的决定。如果你将自己视为向员工提供帮助，这是十分正确的。当员工碰到困难时，向他们提出建议和解决办法是可以的，它们是否会被接受则完全取决于他们自己。如果你的建议带有强制性，这一决定似乎就是你做出的了，只不过你巧妙地转移了自己的责任。因此不要鼓励员工碰到事情就找你，否则你将背上过重的提出建议、做出决定的重负，而成为一种过时的"万能"领导者。当员工带着问题走到你身边时，不要一开口就做出决定，因为有时只有员工才能做出决定，尤其是那些在他们范围之内的决定。

竞争激励改进

原文： 不耕获，不菑畬，则利有攸往。

释义： 不在刚开始耕作时就期望立刻获得丰收，不在荒地刚开垦一年时就期望它立即变成良田，能够这样，才不是妄动妄求，因而利于前去行事。

释例： 竞争激励改进。然而，任何竞争都应该有规则，遵循道德、法律和伦理。如果是内部竞争，还要遵循公司内部的政策。

优秀经理鼓励竞争，鼓励他的班子在每一回合中都获胜利，成为公司的尖子。他鼓励公开竞争，憎恶背后的"政治"竞争。如果他负责晚班，他会激励他的班头提高产量，超过早班与中班，并鼓励他们提高质量水平。如果他是某地区的销售部经理，他会鼓动自己的班子在销售水平上超过其他地区。

"优秀经理还鼓励大家自我竞争，例如超过上个月的生产记录，或者超过上月的收入数字。

优秀经理也鼓励个人之间的竞争，比方说在服务领域争当本月的"最佳雇员"。即便如此，他将保证公平竞争，保证每一个人有均等的机会参与竞争。

在不同的层次上，优秀经理鼓励部下参与竞争，力求晋升到其他部门，获得业务发展的机会，或取得业务培训课程的最高分。他知道，为了使他的公司能在充满严酷竞争的现实中继续存在，需要在全体员工中鼓励一种竞争精神。

停下你贸然行动的步伐

原文：有厉，利己。

释义：不顾一切地贸然前进就会有危险的情况发生，这时只有暂时停下来不勉强前进才会有利。

释例：创业初期的用人过程中，要着重把握十六字方针，这就是：用当其时、用当其位、用当其长、用当其愿。怎样来理解这十六字方针呢？请看下面的分析：

第一，用当其时。指用人应当抓住时机。每一个人，特别是各类人才，都会有自己一生的辉煌时期。这一辉煌时期是用人者和人才共同造就的，也就是说，人才之所以能发出光彩，与管理者对他的起用是分不开的。所谓用当其时，其实是指怎样捕捉人才的起用时机。一般说来，管理者要起用某一人才时，应注意把握两个基本条件：

（1）起用的时期，就是该人才一生中才华最横溢、精力最充沛的时期，因而也正是能够最充分地使用人才的时期，这样，该人才就可能为本组织系统做出巨大的贡献。

（2）起用的时机，应是最能激励人才成长、进步的时期，只有在人才把自己的成长与组织的前途紧密联系起来的时候，才能使人才的创造性得到最大程度的发挥。在这样的时候，就应该大胆地、及时地把人才提拔到重要的岗位上去。

第二，用当其位。指要想合理使用人才，就必须将人才放在最能充分施展其才华的位置上。有多大的力，挑多重的担。这是古人反复阐述的用人之道。现在，我们有了更为系统的理论指导，管理学、人才学并驾齐驱，使得我们对用当其位有更深刻的理解。在这里，用当其位，是指人才的能级能质与岗位的能级能质相适应。在个人素质与群体素质相吻合、人才的成才轨迹与成才目标相一致的基础上，把好钢用到刀刃上，为各类人才筑起他事业扬帆远行的码头。

第三，用当其长。是指在使用人才

时，要扬长避短。"金无足赤，人无完人"，每一个人才都有其长处和短处。

第四，用当其愿。指在条件许可的情况下，尽可能考虑被使用对象的兴趣、爱好和个人志愿，来合理安排他的工作。这样处理比违背他的意愿，单纯靠运用行政强迫他去从事某项工作，会获得更好的人才效益和社会效益。这要求我们充分尊重每个人的选择权，并且热情鼓励大家勇于"自荐"，在使用过程要授以职权，用人不疑；尽量满足人才在成才和目标选择方面的正当要求，努力为他提供必要的工作条件、物质条件和心理条件，推动他进入最佳心理状况，尽快成才。

度身而造，规避冒进

原文：舆说輹。

释义：车子脱去轮輹自动停下来不再前进。

释例：休莱特认为："知识就是财富"；知识是企业的无形财富，人才是企业无法估量的资本。人才加上知识就等于资本加上了财富。

休莱特敏锐地感觉到，当今的时代是信息时代。电子仪器公司不同于传统工业，是应用科学技术最新最多的工业部门。这样的企业对知识的要求，远远超过其他企业。只有占据人才优势，才能在激烈竞争中处于积极主动的地位；只有通过人才竞争，知识才能得以发挥，才能产生效益。用惠普公司经理的话说就是："本公司发展的主要经验，是寻求最好人选。"

为了获得人才，休莱特相当重视员工的培训，惠普公司每年都要举办上千个各种学习班，经常选派工程师到高等院校去学习、深造，鼓励青年技术人员参加各种半脱产学习，公司为他们支付学费，报销路费，甚至在住宿方面都给予相应的补贴；公司开展全员培训。

惠普公司还十分重视吸收人才。公司的大部分员工都是工程技术人员，然而他们每年都派出一批知人善任、有管理经验的技术管理干部到有名的高等学府，去了解应届优秀毕业生，再由公司拿出费用，请他们到公司来，当面考评，招聘优秀学生。

薄技在身，利于行事

原文：良马逐，利艰贞。曰闲舆

卫，利有攸往。

释义：骏马奔驰如同风驰电掣一般，但是，贸然前进有陷入危险的可能，所以应当警惕前进道路上的各种艰难，同时又应当坚守正道，这样才会安然无恙。只有娴熟地掌握了驾车和防卫的本领，才能利于前去行事。

释例：IBM公司为了提高公司的服务水平，管理人员总是想方设法与顾客靠拢，听取他们的意见，以赢得顾客的信任和好感；凡客户或职工对产品提出的重大意见或建议均由总裁亲自处理；客户对产品哪些使用方面不懂，技术人员或工程师就会及时赶来，甚至因之而专程出国修理。

所以IBM公司的售后服务被公认为是尽善尽美的，不愧有"服务第一"的称号。公司对职工的考核与奖励也视顾客的建议来实施的。推销员每月都会聚集在一起讨论某些客户对产品所持的态度及他们提出的改进措施。

为调动推销人员的积极性，IBM公司开设有游戏场、俱乐部、图书馆等。凡完成公司下达的推销任务的推销员均进入该俱乐部，使他们有一种荣誉感。

作为经营文化，IBM公司制订了职业保障政策，为了给每个职工都提供一个稳定而良好的环境，公司建立了比较完善的福利制度，如免费在职教育、廉价优质的伙食、各种娱乐设施，图书馆全天开放等。

以"尊重个人、服务、完全主义"三信条为代表的IBM经营哲理，充分激励了职工的工作热忱，使他们对自己能为IBM公司服务而感到光荣，给公司带来了很高荣誉，创造了很高的利益，在竞争中立足于不败之地，成为当今世界上名列前茅的企业。

广开言路，引招贤士

原文：何天之衢，亨。

释义：四通八达，多么畅通无阻的天街大道，必然亨通顺利。

新认识的人唯有不断经过磨炼，才可能成熟起来。

释例：我们尽量找年轻的人去做事，而老一辈去做规则，不能不让年轻人做事，你要让他们自由发挥，不能我叫你做什么，你就做什么，给他一个环境，鼓励他去创造。但是你要在后面看着，万一事态严重了，你要及时提醒他们。

让年轻人做事就要容忍他们身上的毛病，犯了错误他们会自动改正。如果不是故意犯错的话，我们不会故意惩罚他，因为他自己心里已经很难过了，你就不要再刺激他。

你跟年轻人讲老一代人的经验，年轻人有时不会相信。他们有时就像小孩子喜欢玩火，你怎么讲，他还想玩，只有被烫着后他才不会再去玩。因此我对待我的经理时，尽量把过去的经验告诉他，可是过去的经验也未必对他绝对有用。因为环境完全改变了，你只给他一个参考而已，不是一定要照我的话去做。

每个人都有他的优点和缺点，你要学人家的优点，不要学人家的缺点，也不要批评人家的缺点，要去发现人家的优点。

想全局，抓大事

原文：舍尔灵龟，观我朵颐，凶。

释义：舍弃你如同神龟般的聪明智慧，痴呆地看着我鼓动腮帮子进食，结果必然导致凶险。

释例：古往今来，许多出色的人都是大权独揽，小权分散。用一句通俗的话说就是："该管的管，不该管的就让别人去管。"

商人在经商的过程中也应如此。若是事无巨细，大包大揽，不仅使自己疲于奔命，而且也不会收到好的效果。诸葛亮为报答刘备的知遇之恩，完成先帝的托孤之重任，"寝不安席，食不甘味"，"政事无巨细，咸决于亮"，终于积劳成疾，过早谢世。可见，领导者，把任何事情都包在自己身上，不仅终日忙碌不堪，还会严重挫伤下属的工作热情："我们既然都是些无用之辈，就由他一个人干好了。"部下在这种思想指导下，就会消极被动地去工作，有些事本来能做好，也可能因没有积极性与主动性而办得很糟。忙忙碌碌地眉毛胡子一把抓，到头来很可能是"拾了芝麻，丢了西瓜"。只有善于使用分权术的领导，才能腾出时间和精力去想全局、抓大事，才能创造出最佳的业绩。当然，如何授权也是很有讲究的。要根据部下的品德和才能授权，不要全给部下一些鸡毛蒜皮的小权；要明确所授权限的范围，不要把授权当做推卸责任的"挡箭牌"；要定事定时授权，不可越级授权等。

这一谋略不仅所有领导者必须掌握

并运用好，也是所有从事商业经营的人必须从中悟出的经验，否则你将会从中失利。

常变常新，行不失类

原文： 颠颐，拂经于丘颐，征凶。

释义： 反过来向下属乞求食物以获取奉养，是违背常理的，向高丘处的乞食，则前进的途中必然遭遇凶险。

释例： 一家公司就好比是一台电子计算机，老板就是这台计算机的中央处理器，公司的员工就好像是各种零部件。老板负责指挥、控制计算机的整体工作，负责分配、调度公司职员。但是，要想让这台计算机能够准确、高效率地正常运转，只靠中央处理器——老板是远远不够的，它需要各个零部件都能按照自己的程序良好地工作，充分发挥其功能。

有的老板常跟人诉苦："现在公司里的职员真让人费心！工作一点儿主动性都没有，你必须要不断地提醒他该做这个，不该做那个！天明到天黑，像穿梭似的，真累死人了！"这个老板的遭遇实在令人同情，可这都怪公司职员吗？主要问题恐怕还是出在老板的工作方法上。

假设在若干年以前，你在职员中开展一场工作竞赛，事先定好：工作成绩突出、生产的产品数量多的前十名员工可以被评为模范人物。那么员工们肯定会加班加点、争先恐后地去工作。根本不用别人的监督，他们的工作会做得精益求精、锦上添花。

但现在使用同样的办法，在员工中恐怕不会有什么热烈的反响了。这是因为人的思想观念退化了吗？

聚敛财富，用之与民

原文： 由颐，厉吉，利涉大川。

释义： 天下百姓都依靠他的养育而得以安居乐业；肩负如此重任，必须谨防危险，有所戒惧才能获得吉祥，这样也才能排除万难，就像顺利涉过大河一样。

释例： 托马斯·麦隆，生于苏格兰的农民家庭，5岁的时候随父亲到阿勒格尼附近的一个贫穷的村庄上居住。本来他应该当农民的，然而，这个时候，他开始非常用功地读书。大学毕业后，开设了一个律师事务所。他立志要当一名法官，以彻底改变自己的命运。年轻的麦隆，对未来充满信心。20岁时，他娶了一个漂亮美丽的妻子，他们婚后生活幸福美满，共养育了8个孩子。托马斯·麦隆投入了很大的精力和财力教育他的儿子，让他们到匹兹堡开设银行，办理对建设者的融资，借以巩固他们最初的基础，他教导儿子们效仿宾夕法尼亚铁路的斯考特。

托马斯·麦隆曾在给他儿子的信中这样说："这场战争结束以后，虽然一块钱还是一块钱，但现在的时机不可错过，能赚多少钱就尽量赚多少钱。"

后来在美国8大财阀排行榜中，他的三个儿子都榜上有名。如果把他们三兄弟的财产集中起来，麦隆财阀是首屈一指的。这个时候的麦隆，在律师事务所内，还亲自办理诉讼，也已经进入了富人的行列。

以麦隆国际信托银行为顶点的麦隆财阀，形成金字塔型的财阀网。它的形成与日本的三井、三菱的形成十分相似。基本结构和基础都极为牢固。

麦隆银行掌握着匹兹堡所有银行存款的52%，受麦隆银行的影响，美国的制铝业、德克萨斯州的石油业，乃至泛美航空业都有长足的发展。

1920年，外界纳入麦隆家族所属企业的股份红利就达680万美元，1928年增加到了2470万美元，麦隆家族的财产总额，高达4.28亿美元，而到了胡佛任总统的时候，他们的财产竟升至95.2亿美元之多。

与麦隆家族的同一时期还有一位美国大财阀，他就是赫赫有名的"钢铁大王"卡内基。这个世界第一钢铁巨人，是从创办一家铁桥建设公司发迹的。他凭借着不懈的追求，终于聚敛了巨额财富。

卡内基建造的第一座桥是斯托本维尔横跨俄亥俄河的铁桥。这项工程是在卡内基努力说服了对方公司的董事长把建设木桥的计划改变为建设铁桥，方才将这份订单拿到手的。

卡内基曾当过电报信差，他目睹过俄亥俄河的泛滥洪水，现在他怀着自豪和兴奋的心情，要在这条宽阔的河上建造一座90米长的铁桥，他对那时的情景一直保存着深刻的记忆，时常向家人讲述着那段经历。

经过辛勤的劳动，一座跨度为90米的铁路桥成功地架在了俄亥俄河上。

面对如此顺利的成功，宾夕法尼亚铁路的董事长汤姆逊以太太的名义入股，成了铁桥公司的大股东。从此铁桥建设公司易名为"拱心石"桥梁公司。

卡内基，也得到了赚大钱的机会。工程订单，应接不暇。卡内基感慨地说："在似梦非梦中赚取钱财的人是最为幸福的。"

事必躬亲，栋桡之凶

原文： 栋桡，凶。

释义： 房屋的栋梁受重压而弯曲，结果必然发生凶险。

释例： 许多主管被提升到他们的职位，是因为他们作为一名普通员工的时候十分精明强干。许多人是他们所在部门中最能干的人。他们经验丰富，十分可靠，十分精明，他们知道如何又快又好地完成工作。

但是这些主管却常常遇到一个问题，即不知道如何把责任下达给部门中的其他人。他们感到其他员工都不如自己能干，他们想把每项任务都安排给最合适的人选。

当然，他们是周围人群中最能干的人，所以结果就是他们事必躬亲，即使在他们把工作交给别人去做的时候也要亲自监督工作的进行。如果他们不喜欢正在做的事情，就会接手过来自己做。他们做所有的决策，因为他们不相信任何人的判断力，他们喜欢大包大揽。

这些主管工作的时间很长。他们手头的任务已超过了他们可以应付的数量。他们很难有一段好的时间来完成工作，因为下属总是要打断他们，请示这事或者那事。

过了一段时间，他们会大失所望，因为除了他们自己没有别人愿意承担责任。他们案头堆积的未处理的文件像山一样高。他们的孩子想知道那个每天深夜拖着沉重的脚步进家、面目不清的熟悉的陌生人是谁？

尽管他们工作得非常卖力，但却未能得到高级管理层的赞赏，因为他们还没有学到一条基本的管理法则：放权。

聪明的主管把任务和责任分派给他人，而且从一开始就完全知道，结果不会像他们亲自去做的那么好。

当然，他们要检查工作结果，这是主管应做的事情，然后他们告诉手下如何做才能更漂亮。

他们培养了能力、树立了信心，同

时作为一种副产品，他们能够花费更多的时间在他们的主要职责上，即管理。

合理规划，逐步突破

原文：枯杨生华，老妇得其士夫，无咎无誉。

释义：已经枯萎的杨树重新又盛开鲜艳的花朵，已经衰老的妇人嫁给了年富力强的男人，这种现象既不会遇到什么祸害，也没有什么值得称道的。

释例："只有偏执狂才能生存"，这是格鲁夫非常有名的一句格言，也是他写的一本书的名字。

他说："只要涉及企业管理，我就相信偏执万岁。企业繁荣之中孕育着毁灭自身的种子，你越是成功，垂涎三尺的人就越多，他们一块块地窃取你的生意，直至最后一无所有。我认为，作为一名管理者，最重要的职责就是常常提防他人的袭击，并把这种出谋划策的意识传播给手下的工作人员。"

虽然出头鸟必有遭枪打的危险，但格鲁夫也绝不想充当追随者，因为他认为追随者没有前途："在雾中驾驶时，跟着前面的车的尾灯灯光行路会容易很多。'尾灯'战略的危险在于，一旦赶上并超过了前面的车，就没有尾灯可以导航，失去了找到新方向的信心与能力。"

中肯批评，维系自尊

原文：履错然，敬之，无咎。

释义：在开始行事时，由于急于求成而出现错乱，后来能恭敬慎重且未轻举妄动，结果没有发生什么灾祸。

释例：当你的下级犯错误时，要慎重考虑。不少领导人对此的反应常常是凶狠地训斥甚至责骂犯错误的下属，使他离开你的办公室时很不高兴，甚至心存报复之意。这样并无助于问题的解决。既然错误已经犯了，就只能在如何减少错误的损害程度和避免重犯上下功夫，使错误成为通向成功之路的铺路石。中国伟人毛泽东同志说："工作中难免要犯错误，但错了能改还是好同志。"

所以，经营者应以满腔热情来挽救失误的人，鼓励他用积极的观点去看待错误。像商业机器公司那位董事长一样，经过谅解下级的过失或错误，维护下属自尊心的做法，激励他们的进取行为，使其不致因失误和错误而暗淡无光，垂头叹气，止步不前，从而将错误转化为一种强烈的动力，最大限度地发挥出自己的聪明才智。

作为经营者，要让部属体会到成功的喜悦，多表扬，少批评。

受到表扬的部下，显得十分高兴，他合格地完成了工作任务，心情十分愉快，并且也增强了信心："这样的工作我也能做了。"

在让部下干一件新的工作或需要以更高的能力进行工作时，常常开头是个关键，假如一开始就能很好地完成任务，以后就有信心去进行工作。假如一开始就遇到挫折，以后就很难把工作进行下去，那么，常常会丧失信心。

给予俸禄还是授之高官

原文：黄裳，元吉。

释义：附着在黄色上，就可以获得大吉大利。

释例：对员工的奖赏包括在松下的用人经验之列。考察了历史上各种奖赏性质与特征，他看到，有时候功劳是和才干相称的，所以提级晋升是应当的；有的则不同，可能发生功劳、才干和职位脱节的毛病。这是在奖赏问题上的两种不同做法，效果当然也就不同。

经营之神松下幸之助汲取了种种经验教训，作出了自己对奖赏的回答。松下本人是松下电器的创始人，功劳自然是巨大的，才干也不凡。但是，在他年事尚不算高的时候，便急流勇退，让给有才干、有精力的年轻人，而不是躺在功劳簿上。他的这种举动，无疑对那些同样对松下电器有功的人员也是一种促动。这样，就可以让那些很有功劳却欠缺才干或精力的人能及早离开岗位，让那些卓有才干、精力充沛的人走上高位。这是企业发展的生命力所在。

松下说：对于有功者在公司的任职，要非常注意不可。一般来说，对有功者应给以"俸禄"，在公司也就是要给予奖金。对有功者以高职回报的做法是错误的，高职应与高能力配合。

如果不是这样，结果是显而易见的。任何一个经营者都不能囿于成见和习惯势力的压迫，而委高职于才能平平的功臣。尽管这样做比较困难，但为了公司的前途，非如此不可。

松下信服的日本政治家西乡隆盛的一句格言，也应该成为任何一个经营者的警言："对国家有功者应给以俸禄，但不能因为有功劳而给予职位。该给予职位者，必定是具有与职位相匹配的能力与见识者。若将职位给予有功劳而无识见者，国家必致衰败。"

开诚布公，合理界定

原文：突如其来如，焚如，死如，弃如。

释义：突然间发出万道光芒，犹如燃烧的烈火，但顷刻之间又烟消云散，不复存在，落得个被抛弃的下场。

释例：在一个大的企业中，需要你的英明领导以及全体员工的共同努力。不要因为你是领导就我行我素，目空一切。你要时刻注意到员工的思想波动，注意倾听他们的牢骚，不要忽视任何一个员工。因为一个小蚂蚁可以蛀倒一棵大树，一个小鬼也可以置阎王于死地。同样，一名员工采取什么样的态度和做法也会影响到全公司的工作全局。他甚至可以让你这个老板睡不了安稳觉，甚至更严重地说——让你下台。真的，一个人的力量尤其是反面力量的作用是无法估算的。

而为了避免这种尴尬的事件发生，你应该怎样做呢？首先：

不要因为下属最近犯了一次错误而抹杀他这几个月来的工作成绩；不要图省事便给下属过高的评价。

给他们一份发展计划，告诉他们下次会谈你将谈哪些方面。调查发现，下属们倾向于过高评价自己的表现，如果上司的评价低于他们的估计，他们就会失望、不满。下属无视上司的信息反馈，坚持高估自己的原因有二：一是反馈信息不够详细具体；二是不愿接受消极的反馈信息。因此，当上司的评价不高时，要及时解释清楚，缓和会谈气氛。这种解释有时也是难以接受的。下属们习惯于把表现不好归咎于客观原因，如工作条件、工具、各种不合理的限制等等。如果双方不能就原因达成一致意见，下属就会拒不接受上司的评价。

研究表明，下属们对评价的反应是他们总以为这次评估和提升、加薪有关系，因而比较拘谨、保守。即使这之间没有什么正式联系，他们也总会这么猜测，对一些消极评价极力辩护，不愿承认错误和缺点，担心它们会影响到自己的发展。上司应当非常明确地声明，这次评价和加薪晋级没有什么关系，以便顺利开展会谈。

另外,文化差异也会影响到会谈的开放性、坦率性。俗话说:见人且说三分话,未可全抛一片心。阿拉伯也有一句俗话:"说话前把你的舌头在嘴里翻转七次。"可见保守性的文化传统是非常广泛地存在着的。在中国,要学习西方的管理经验,模仿他们的坦率与开诚布公,需要克服文化上的差距。

心灵感应与情感的沟通

原文:咸其拇。

释义:感应出现在脚的大拇指。

释例:同人交往感情相投意趣一致会产生心灵感应,其初始阶段就是感情融洽。

日本商人懂得,在企业中人的因素十分重要。所以他们十分重视公司员工的整体形象的塑造,用他们的素质,表现出公司的形象。

为了达到这一目的,日本的很多公司都详细地制定了每一员工必须要做到的行为准则。这些准则,实际上是企业精神最集中、最深刻的体现。在下川浩二的《日本企业发展史》中,他介绍了日本松下电器公司员工的行为准则,现抄录如下:

只有在每个人都能同心协力,互相配合的情况下,我们的公司才能取得进步和发展。所以我们每一个员工在工作的时候要始终牢记我们共同的远大目标。

(1)客观现实:我们的目标是让我们的集体和国家得到很快的发展,在为了这个目标的工作中,所获得的利润才是我们的报酬。

(2)公正合理:如果没有公平合理的原则,任何人都不会得到别人的尊重。智慧是永远也代替不了人与人之间的情感的。只有把智慧和情感统一起来才能够给人以快乐。

(3)团结精神:相互依存是一种美德,个人的力量永远也比不上集体的力量。只有相互信赖,才能存在和发展。

(4)事业成就:自力更生能培育自尊自爱的性格。骄傲自大和满足现状,只能使人停止创造止步不前,渴望成功和为了成功而付出自己的全部所有,才能不断进步。

(5)谦虚谨慎:所有人都应该永远寻找自己的缺点。自高自大者弱,谦虚谨慎者强。真诚的鼓励是通向成功的桥梁。

（6）适应变化：变化是不可避免的。我们要具有强劲的应变能力，如果不具有应变能力，那将是最不幸的。

（7）体贴照顾：一句简单而善意的话语是一种最大的奖赏。体谅别人加深相互间的情感，尊重别人才能得到别人的尊重。独裁永远也代替不了体贴照顾。

日本企业领导者们认为，只有通过全公司上下的团结一致和积极热情的工作，才能使企业兴旺发达，所以他们每个人对自己都严格要求。

中正不偏狭

原文：悔亡。

释义：悔恨自行消除。

释例：中正而没有偏狭，恒久而不急促地处世待人就不会后悔。

管理者的任务在于运用每个人的长处，把每个人的长处作为共同绩效的建筑材料来建成组织的大厦，这几乎是人之常情。试想一下，哪个单位的绩效不是各个成员发挥各自的长处共同做出来的？因此，领导、管理者在用人的时候，要首先把着眼点放在人的长处上，弄清这个人有什么长处，如何用他的长处，然而，许多领导、管理者却首先盯住了人的短处，这个不能让他做，那个不能让他做，甚至思来想去，这个人什么也不能做，成了"废"人。

一个领导、管理者如果不能发掘人的长处并设法使长处发挥作用，那么他就只能受人的短处的影响，被短处的阴影所笼罩。从人之短处来用人，那是误人前程，甚至可以说是"虐待"人。至于短处，那是人人都有的，领导、管理者当然也要看到人的短处，也要设法帮助克服，设法不让短处对集体和他人发生影响，避免损害组织的绩效。但必须是在发挥长处的前提下来克服短处，不得本末倒置。事实证明，人的长处得到发挥了，他也就乐于接受批评，克服短处。

这样，在择人、用人时就要十分重视有特长的人，特长越突出，越能做出贡献。一个人只能在一个领域、至多在两三个领域成为卓越者。所谓多才多艺只是相对而言，实则仍是在少数方面才艺高超。体操比赛中，"全能冠军"，实际不是样样都强，有强项也有弱项。历史伟人和在历史上多少留下"痕迹"的人，无一不是有特长的人。大家很熟悉的大诗人歌德，他对光学和哲学也很有研究。

守住本土，海外拓展

原文：振恒，凶。

释义：摇摆不定，不能坚守长久之道，结果必然凶险。

待人处世要有耐心，不能半途而废。

释例：韩国的三星电子在亚洲金融危机中遭受了沉重的打击，但是最近他们的经营状况已经有了相当的改善。这很大程度上得益于从1996年以来他们在人力资本上的巨大投资。从1996年开始，三星电子不再满足于一个廉价商品供应商的市场形象，他们致力于建立自己的具有国际竞争力的市场品牌。而要建立国际性的品牌，就要了解世界各地的市场。为此三星电子每年选派300人去欧洲、北美和亚洲的主要市场工作和学习，目的就是要融入当地的社会，真正了解当地人的想法、偏好，让自己的产品能够满足世界的需要。亚洲金融危机使得这一计划中断了一年，但现在一旦企业的财务状况有了好转，他们又重新开始了自己雄心勃勃的计划。

目前，他们已经不满足于单纯地派出人员，还从世界各地的分公司选派本地雇员到韩国培训，目的是要深入理解世界市场。同时，他们又花巨资雇用了很多在北美和欧洲取得MBA学位并且有工作经验的韩国人，希望借助他们对东西方文化差异的理解帮助三星电子打开欧美市场。

把财富命运掌握在自己手上

原文：天行健，君子以自强不息。

释义：天道运行周而复始，永无止息，谁也不能阻挡，君子应效法天道，自立自强，不停地奋斗下去。

释例：乾卦不是架空地讲天，而是以人为本，以人为主体，所以卦名不直接称为"天"，而称为"乾"。古代先民已经从日影移动中意识到"天行健"，"大哉乾元，万物资始"。"乾"就是"健"的意思。公司的经营者要充分遵循"自强不息"的精神，积极制定公司战略，以求进取。

静练内功，等待时机

潜龙勿用。

公司在发展初期，不宜盲目拓展市场，要耐心积蓄力量，等待时机。

妄动和急躁，为经营之大忌。"静"是针对"动"而言的。在商战中，双方力量的表现形态无非是"动""静"两种。

静，表现了经营者思想上的一种远见卓识："事虽利而势难行，近少遂而终必失，则不可动。"静，是慎重决策的表现。商场复杂，"识未究底，谋未尽节"，不应当轻率行事。静，是对经营者意志、耐性的检验。当形势需要我"静"时，正是竞争对手盼望或诱使我"动"之际。

近年来，国内易学的书很盛行，多种易学的理论纷纷在社会传播。为何工商社会中，还会流行这种古老的东西呢？主要原因可能是现代人在忙碌生活中，需要以"静"来稳定自己。美国哈佛商学院，曾有文章探讨易学对日本公司经营的影响。日本公司中也设有"参易会"等组织，其目的是希望借《周易》的精神使员工不"妄动躁动"。

不鸣则已，一鸣惊人

见龙在田，利见大人。

公司要以求稳为先，再逐步拓展市场，并积极谋求与大公司合作。

经商和用兵一样，都要谨慎。不仅新手要谨慎，老手也要谨慎；选择市场要谨慎，开发新产品更要谨慎。

营销学教科书上告诉我们：产品的生命周期有诞生期、成长期、成熟期、衰弱期、放弃期。但是，如果产品在诞生期就"夭折"了，产品的生命也就终止了。新产品推出时，不能抱着"试一试"的态度，而要"出必裕计，慎以行师"，才能在营销上奠定"桥头堡"。

新产品推入市场是要冒风险的，据美国一项研究指出，新产品的夭折率竟高达百分之八十。国内公司所推出的新产品，也常在短期就销声匿迹。有些新产品并不是不好，甚至有顾客在新产品已停止生产后，还到处打听哪儿可以买到这种产品。这种好产品失败的原因，主要是营销不当。为了使新产品能销售成功，经营者就得谨慎地选择新产品，并事先做好完善的市场调查工作，由调查结果订正产品设计、制造与行销工作。新开餐厅的人，常吸取民间流行的经验，认为餐厅能否开下去，要看三个月后的效益，因为那时才能知道餐厅可否"长线"经营下去。新产品的发展若能注意到"长线"经营，不以试销时的好与坏作为唯一。

取决标准，那么，这个产品才会稳定地进入市场。

不飞则已，一飞冲天

飞龙在天，利见大人。

经历无数的磨炼，公司经营已渐成熟后，经营者该适当采取进攻型市场战略，全面抢占市场。

可口可乐公司销售的饮料，约占全球所有汽水消费量的74%。该公司根据自己"全球第一饮料"的实力，采取的正是攻势经营的战略形式——不惜一切占领世界市场。

针对各地不同的需求，可口可乐公司对产品有不同的定位。在西班牙，它主要作为一种混合物，甚至可以掺酒饮用。在意大利，它以餐桌上的主要饮料出现，正在取代牛奶、咖啡。在中国，它是一种饮料，为越来越多的青年人青睐。在印度尼西亚，可口可乐公司所做的第一件事，就是让印度尼西亚人习惯碳酸饮料的味觉。杀气腾腾的攻势战略，确保了可口可乐公司全球饮料第一把交椅的位置。

商场上，产品与产品竞争，营销人员与营销人员竞争，争彼此的实力，争消费者的心，争占市场领地，但最重要的还是要自己与自己争——培养公司自身的凝聚力，增强自身的经济实力，使自身不断进步，不断巩固，不断提高。

战略转移，灵活多变

亢龙有悔。

当公司所处市场已饱和或竞争者实力过大时，经营者应及时考虑战略转移，力图开辟新市场。

改变骄傲暴躁的情绪，可以运用转化之法，不但要善于灵活地变更部署，还要注意转化人的心理状态，把困难和危险加于敌人，将容易和顺利归于己方，这就达到了运用转化之法的最高境界——转。转即转变，转化。兵法中的"转"，首先是敌我力量的转化。

商场的"转"，首先是市场占领优劣态势的转化。"转"的原则是：在总体的市场优势中争取局部的优势；通过广告宣传，争取到消费者的了解；根据我的长处、特点与竞争对手的短处、弱点，选择正确的方案，进行科学编组，争取获得以我之一个创新产品，击退十个同类产品的成效。

守住市场，虽然比较简单，但要攻入市场则要费一番心机。推销渠道是整体化的，或许有"新手"会认为："我的产品并不比他差，为何他的市场比我大呢？"这里除了产品品质的缘由外，还有一个推销谋略的妙用、市场转机的把握的关键。

战争是力量的竞赛，商战则是经济实力和经济谋略的竞赛。争取市场上的对抗态势有利于向我方转化，必须善于进行辩证思维。市场上的优与劣、强与弱、多与少，都不是永恒不变的，关键在于经营者善于运用谋略，巧妙转化。

大商道是一种涵养功夫

原文：《象》曰：地势坤，君子以厚德载物。

释义：《象辞》说：坤象征大地，君子应效法大地，胸怀宽广，包容万物。

释例：坤字是土、申组合，申是指物体都已经长成的意思，象征土、石、山川已经形成，也就是大地形成了。坤卦的意思是藏的意思，能载物、藏物，万物归于地，然后又藏于地，万物是宝，地是宝的大仓库，所以"地势坤，君子以厚德载物"。故而对于经商来说，公司经营总体目标是不断进取，但经营战略要能屈能伸，进攻与防守相结合。

1. 留有余地的决策

履霜，坚冰至。

市场风云变幻莫测，作为经营者在制定公司决策时，既要有必胜的信念，也要做好失败的准备。

留有余地，就是在实现自己的计划过程中，要想到许多随机因素和意外的情况。

十全的决策，只能准备收到五成的效果，另外五成，要靠在作战实践中克服情况的不确定因素，修改原来的决策，使之趋于圆满。所以决策要有"半"的思想。

"半"的含义，就是不可轻敌，运用在公司经营上则是要把对手视为强敌，甚至应该"以对手为师"。运动比赛的优胜队伍在训练时，经常都是把"假想敌"当作是劲敌，等到比赛时遇到真正高手，才可"步步拆招"。同样，在进行公司谋略时，若能采用"高标准"的规则，遇到强劲对手时，才能有拼战的"本钱"。成功的因素一份在我，一份在敌，一份则靠运气，能将此三者合于一，则公司在商场竞争中稳操胜券。

2．依顺中寻找机会

直、方、大，不习，无不利。

公司经营要顺应市场规律，采取正当竞争手段。

"顺"是指依顺敌人本来的意图，因势利导，引诱敌人出错。这是一种"顺以致瑕"的兵法计谋。

"顺"字的核心是顺敌心理、顺敌思维制订路线，而不是单纯的顺敌行动。在商场竞争中，"顺"的妙用也是大有益处的。例如竞争对手推出了一种新产品，此时只能冷静观察其销货趋势、消费者反应，再则认真研究此产品的优缺点，顺其产品销售势头悄悄地向市场推出一种扬其长、避其短的同类产品。此种产品必须具备两大特点：一是顺应了对方新产品的优点；二是顺应了消费者对此类产品的新的需求。

3．承担责任，不踢皮球

含章，可贞。或从王事，无成有终。

经营者在平时不可飞扬跋扈，过分张扬往往被别人抓住把柄，招致内部分裂，唯有谨言慎行才是高明的领导艺术。

布朗认为："经营者若想发挥经营效能，个人应当勇于承担责任。"杜鲁门任美国总统之后，在自己的办公室挂了一条醒目的条幅："踢皮球到此为止。"每位经理都应效法杜鲁门总统的格言。

如果你对本单位的工作成绩效率不满意，切勿怪罪职工，若有错误，一定是你自己造成的；如果你对利润不满意，切勿怪罪通货膨胀，请严谨检讨你的经营方式。有能力的经理必定敢于承担个人责任，因为职工只能服从自己敬重的人，尤其是勇于承担个人责任的经理。

布朗还有一句箴言是："切勿试图操纵职工，"他说："身为经理，固然应设法提高职工的积极的工作热情，但采用的方法必须审慎。"

好的方法是以维护职工的自尊来提高生产力，拙劣的方法是促使职工觉得是受操纵，这会产生不利的影响。

不惧怕艰难的开端

原文：《象》曰：求而往，明也。

释义：《象辞》说，坚定不移地去追求，是明智之举。

释例：屯的意思为开始、始生，春雷动而万物始生，百草开始发芽。在公司的创业期，经营者要培养人才，精选优秀人才，凝聚团队力量。

1、使用比自己更能干的人

乘马班如，求婚媾，往吉，无不利。

公司在创业初期，要广泛招纳贤才，增强实力。

现代商业上要善于选择能力强的人才。美国已故钢铁巨头卡耐基非常注意组建一个强的经营管理班子，他死后的墓志铭是："这里躺着的是一个善于使用比自己更能干的人来为他服务的人。"

选择人才必须任人唯贤，以德才为择人的标准，而不能任人唯亲，或者论资排辈。日本石桥轮胎公司的石桥正二郎深刻体会到这一点，所以，他并没有让自己的儿子担负公司重任，而是选择了一位更有才华的外人——柴木季理，执掌了公司的经营实权。

知名公司的人才库都吸纳了成千上万各类人才，且来自世界各国。阿尔卡泰尔公司的人才库掌握着4000人，其中包括公司领导人、潜在的接班人。在当事人同意的情况下，还可掌握其他方面的材料，如履历、在公司中的职位、个人发展计划、业绩总结。

一般人才库的资料不是简单的综合储存，而是要对每个人进行评估分析，对经营人员更要进行虚拟环境下能否承受压力和如何应答各类问题的测试。如法国液化气公司，每隔一年半就要对其"战略职位"进行综合考察，并会排列出6人作为接班人。埃索公司在两万名职工中确定了大约200个关键职位，一一做了安排。实践证明，这种提前准备的做法是很有道理的，因为根据人员流动原则，领导干部每4年到5年就要更换岗位。

公司人才库瞄准的人才，特别是经营人才要比他人更要业务好、能力强、有丰富的经验。通用公司欧洲人力资源部负责人迈克·汉利说："今天，公司的价值取决于它的人才，我们的优势在于很早就明白了这一点。"在全球化经济中，公司领导干部的素质是至关重要的。要想成为各大公司地区性的公司领导人、贸易部门的负责人，仅有专业才能是不够的，还要突出自己丰富的经验和人格魅力。

2. 困境中镇定冷静

屯其膏，小贞吉，大贞凶。

经营陷入困境，经营者先要意志坚定，有冲破困难的必胜信念。

将领靠的是顽强的意志，部队靠的是高昂的士气。人的情绪容易波动因而难以控制，要想使下面情绪稳定全在于将领镇定的素质。能镇定，惊恐可以安定，有叵测之心的人不敢另有所图，这样，敌百万之众都可以消灭。意志坚定并且始终坚持自己的决心，士气奋发而勇气倍增，行动没有不成功的。

"镇"，即镇定——面临危机而心绪不乱。"镇"字揭示了将帅的思想修养与用兵取胜的关系。

"卒然临之而不惊，无故加之而不怒"，方显出英雄本色。

"泰山崩于前而色不变，麋鹿兴于左而目不瞬"，才可称大将风度。

克劳塞维茨认为，军事天才的头脑是各种精神力量的结合。

统帅大军的将领"镇"得住部队，则部队能有作战的威力。同样的，公司经营者若能"镇"得住公司的员工，公司同样也可发挥蓬勃的力量。公司经营者要"镇"住公司的员工，除靠本人的威望外，也应靠合理的制度。军队有严格的军法，公司虽有各种规定，但要使员工做到如士兵般"效死"是很困难的。日本公司虽有"死忠"的精神，但最多只是团队精神坚强而已。公司经营者若光要求部属"你该如何如何"，甚或老是以辱骂方式管人，结果是不见得服人，员工还可能跳槽使公司失去凝聚力。

3、不积小钱，不成大富

即主鹿无虞，惟入于林中，君子几，不如舍，往吝。

——公司初尝成功后，经营者要保持冷静的头脑，切莫因小失大。

公司经营的目的就是获取利润，无论经营什么，如何经营，都要有利可图。这里面也有小利与大利，眼前利益与长远利益的区别。为了获取更大的利益，有时不得不暂时放下眼前的利润。那种"唯利是图""急功近利"总是不可取的。在某些人的眼里，小钱与大款是沾不上边的。正如有人说："大款还在乎区区小钱？"然而，许多华侨大款就珍惜小钱。

1950年，李嘉诚开办了一家小塑料厂。几名工人惨淡经营了几年，既未亏损，也没赚多少钱。到了50年代后期，李嘉诚看好儿童玩具和家庭用品有销路，于是抓住机遇，主要生产玩具和家庭用品，使名不见经传的塑料厂在几十年的拼搏之中，不仅在艰险的商海中得到了锻炼，而且给自己奠定了坚实的经济基础。

很多华侨在选择生意时，一般选择和生活相关的买卖。因此，华侨赢得了"美食大王"美称。

泰国首都曼谷有一个大米店的华人老板，有一次，他大骂店员，"你看地上，竟把这样贵重的东西掉在了地上！"而店员四处寻找，什么也没看到。

这位老板坚持让店员蹲下来仔细找一遍，他这时才看清楚，原来掉在地上的是一粒米。

有"亚洲的洛克菲勒"之称的林绍良，曾经是以经营花生油起家的。正是这无足轻重的小生意，使林绍良积累了丰富的经商经验。

要想成大事，就要从小事做起，同样的，不积小钱，不会成大富。华侨们正是以踏实肯干的精神，从基础做起，一点一滴地积累资金及经商经验，为他们以后的成功铺平了道路。

4、好的建议是种资源

乘马班如，泣血涟如。

公司运作过程中，经营者要注意采纳下属的好建议。

罗丝玛莉·安德林是一家大型公司的办公室监工，她希望公司能购买一批最新型的文字处理机，以更换现在秘书们正在使用的普通打字机。

这种文字处理机具有"迷你电脑"装置，它可以储存输入资料，待稍后再输出；可以自动处理空格，可以利用重打来更正错误；也可以在已经打好的标准信函中插入一段特别文字；原稿一经定稿，打字机就会自动印出所要的张数。

于是，她写了有关这种文字处理机的各种优点及细节，说明更换设备不仅可使打字员和秘书不用再为改错而反复重打，而且还可以大大提高她们的工作效率。当她把这项计划呈给总经理过目时，她失望了。总经理否决了这项计划，原因是没有这笔预算。

然而，罗丝玛莉并没有放弃她的想法。她考虑再三，重新写了一份报告，以另一种方式处理这件事。

她对经理说："请想想昨天下午在会议室里发生的事情：我们的公司必须支付高薪给六位律师，其中三位是我们公司的专职律师，两位代表对方公司，一位代表政府。他们坐在会议桌旁，等待我们公司的打字小姐把复杂的合作草约打好，但那份草约却是一打再打，足足拖了三个小时。特别不幸的是，在这么重要的情况下，草约好几处仍有打错与改过的痕迹。我们所要说的重点就在这里——我们很清楚我们把优先顺序弄颠倒了。我们只考虑投资买了这种处理机后，每打一页纸将增加一分钱成本，却没顾及在使用原有的打字机时，我们必须负担每人每小时300元的律师费。单是昨天这种情况，我们就要花费5400元，这已足够买一台文字处理机了。"

结果，经理同意了罗丝玛莉的建议，整个办公室都用上了这种先进的文字处理机。

5、退却经营，迂回取胜

求而往，明也。

公司经营陷入困境，要选拔人才并适当收缩市场，待机再求发展。

"三十六计，走为上策"。在强大的竞争对手面前，明知自己无望获胜。那么，主动退却，保存实力，也不失为一种上策。

在公司经营活动中，退却经营战略也是一种重要形式。美国钢铁公司在美国钢铁业中坐第一把交椅。1901年，它由三家钢铁公司合并而成，从诞生之日起它就是一家垄断公司，到了20世纪50年代，这家公司占美国钢产量的1/3，跃居世界最大的钢铁公司，60年代后被日本钢铁公司击败，屈居世界第二。

1979年，大卫·罗德里克出任美国钢铁公司董事长。当时，该公司在生产设备老化、经营不善以及外国钢铁产品涌进美国争夺市场的多重打击下，经营上困难重重。

为了摆脱困境，罗德里克决定采取退却经营的战略形式。首先，他缩小公司规模，然后再谋求新的发展。从1980年开始，罗德里克总共关闭了150座工厂，缩减了30%的炼钢生产能力，辞退了54%的职员，裁减了10万工人。

同时，他出售公司的林地、水泥厂、煤矿厂和建筑材料供应厂等资产，又获得了20亿美元的资金。

接着，罗德里克与公司其他高层经营人员一起，研究了美国几家公司，最后决定以50亿美元的价格收购马拉松石油公司。石油与钢铁性质完全两样，罗德里克只是想借此扩大公司的业务范围，以防风云变幻。

果然，当西方钢铁业最不景气的风暴袭击美国时，美国钢铁公司却幸运地逃脱了倒闭命运。不仅如此，公司还在这种困难环境中有所发展，获得高额利润，这真不愧是"走"字计决策高手。

总之，退却经营是现代公司的一种重要战略形式。当你所经营的产品遇到市场疲软、难以销售时；当你的产品质量不好或发现为别人的另一种产品所取代时；当与你的竞争对手实力相差悬殊，难以战胜对手时，不妨采用退却经营的战略形式，以退为进。现代公司经营者如果不懂得退却经营战略，该退不退，势必在盲目前进中碰壁，碰得头破血流，叫苦不迭。

市场第一线是人才的比拼

原文：《象》曰：山下出泉，蒙；君子以果行育德。

释义：《象辞》说：《蒙卦》的卦象是坎（水）下艮（山）上，为山下有泉水之表象，但要想发现甘泉，必须设法准确地找出泉水的位置，即意味着先必须进行启蒙教育。君子必须行动果断，才能培养出良好的品德。

释例：蒙卦有两层含义，第一层是蒙昧，蒙昧的人就要接受教育；第二层是启蒙，启蒙就是重视员工的培训，而培训则从观念的更新、理念的启蒙入手。

1.了解人才的特点

发蒙，利用刑人，用说桎梏，以往吝。

要以诚意感化员工，尊重其个性发挥，因材施"法"。

人的行为风格可分为以下四类：分析型、推动型、表现型及温和型。

（1）分析型是完美主义者。他们事事力求正确，精于建立长期表现卓越的高效流程。但他们的完美倾向会导致大量繁文缛节，做事喜欢固守陈规。

因此，不要指望这些谨小慎微的人会果断决策。这类人总是搜集尽可能多的信息，权衡各种选择、甚至一些不可能的选择。分析型的人喜欢独立行事，不愿意与人合作。尽管他们性情孤傲，但令人惊喜的是，患难之中却最见忠诚。

（2）温和型的人适合团队工作。他们常喜欢与人共事，尤其是人数不多的团队工作或两人合作。这类人淡漠权势，精于鼓励别人拓展思路，善于看到别人的贡献。由于对别人的意见能坦诚以待，他们能从被其他团队成员随手否决的意见中发现价值。

温和型的人常常愿为团队默默耕耘。由于他们的幕后贡献，往往使他们成为团队中的无名英雄。这种无私的奉献固然伟大，但他们可能会走极端，只顾别人却忘了及时完成自己的职责。

温和型的人一般在一个稳定的、公司组织架构清晰的公司中表现出色。一旦他们的角色界定、方向明确，他们会坚定不移地履行自己的职责。

（3）表现型的人好炫耀。他们敢于夸口，好出风头。这类人喜欢惹人注目，是天生的焦点人物。

表现型的人活力十足，偶尔也会显露疲态。这往往是因为失去别人刺激的结果。也许由于他们精力充沛，所以总是喜欢忙个不停。

但表现型的人好冲动，常常在工作场所给自己或别人惹麻烦。他们喜欢随机做事，不爱计划，不善于时间管理。他们能抓大局，放弃细节，喜欢把细节留给别人去做。

（4）推动型的人注重结果，在四类人中最务实，并常常为此引以为自豪。他们喜欢订立高却很实际的目标，然后付诸行动。但他们极其独立，喜欢自己设定目标，不愿别人插手。善于决断是其显著特点。

2. 在打拼中选优

包蒙，吉。纳妇，吉。子克家。

——经营者要身先士卒，注意员工人品与能力双重培养。及早淘汰无才无德的员工。

公司的发展迫切需要人才，人才的数量和质量决定了公司竞争的命运。英才是需要培养和锻炼才能形成的。经济竞争对高级人才的要求是多方面的，而且要求越来越高。高级经商人才需要精通经济领域的知识，掌握经商技巧，长于经营谋略，要有较高的文化素养，出色的才能，坚强的心理素质，及道德的修养。同时，还需经过市场上生意实践的磨炼，具备丰富的经商经验。

德国建有"教学公司"，培养未来的经理们。教学公司模仿公司的业务进行学习，学生们在教学公司的每一个科都干一段时间，以学习生产和经营管理的完整知识，把学生培养成高水平经贸专才。

日本佳能公司被称为照相机王国。该公司特别重视职工业务和技术的培训,并建立了研修制度,设有专门负责职工和管理干部的教育研修中心。研修大致分为四种类型:一是新职工的研修。要求他们通过研修掌握一些基础技术,时间一般为两三个月,前半段主要是理论学习,后半段到工厂实习。二是普通职工研修。主要是学习一些新技术,比如文字处理机和微机电脑等。三是技术人员研修。主要学习一些尖端技术。四是管理干部研修。部长和科长干部通过学习新的公司经营方法和劳动法法规,提高经营公司的水平。佳能公司的职工研修制度保证了公司良好的技术水平和管理水平。

3. 在培训中提高

击蒙,不利为寇,利御寇。

——教育培训要采取循序渐进、潜移默化的方法。

华人企业家对人进行管理与使用的思想十分独特。王永庆认为:在公司景气的时候,反而要多留点心,因为赚钱比较容易,会使员工产生骄傲的心理和满足的惰性;相反不景气倒能使公司上上下下同心协力,工作不敢有丝毫懈怠。

台湾台塑体系企业每年大概保持500名新员工,每一个新员工从第一天起就要接受严格的训练。不管学历高低都从基层做起,首先分配到各下属公司做操作员。6个月的实习,要让学员们接受公司一整套经营观念,培养他们独立思考解决实际问题的能力。任何一个企业家的成长,都要从最基层做起,一定要意志坚强,能吃苦,能受累,任劳任怨。从而使自己当上主管以后,更懂得基层的重要,更懂得基层需要做什么和怎样做,更懂得怎样去管理基层工作。

针对学校的教育与公司人才需求方面,存在脱节的现象,王永庆特意创办了"明志工业专业学校",培养理论与实际相结合的人才。为了加强公司竞争的实力,华人企业家对本公司职员不断进行各种必需的业务培训,以适应市场经济的高速发展。

管理阶层的知识水平在公司经

营中起到决定的作用。林绍良的合伙人都是精通本行业务的专职人员。他聘请一批专业人员进行经营管理。中亚银行总行及国内外分行，国内外许多重要公司中的总经理、副总经理、经理、部门主任都由一批干练的专业人员担任。

从上面的例子，我们可以看出，他们的管理阶层知识水平非常高。尽管如此，林绍良却没有满足于这一点。他看到了日新月异的知识变化，看到了知识在竞争中的决定因素。因此他不断地努力提高职员知识水平和经营素质。

4. 在基层发掘人才

利用御寇，上下顺也。

——员工正确领会了培训的要旨，应用于实际工作中，便会给公司带来效益。

台湾台塑集团的总经理王永庆曾经说过："我对新入公司工作的员工，不要求他具有多少经验。没有经验其实也是好事，就好比一张白纸。对于有经验的人，要想改变他通常就更为困难。"

虽然王永庆不要求新职员有工作经验，但并不等于选拔人才要求的不严格。经过六个月的追踪考查之后，按每个人的专长分配到各单位实习。对于经营人才实行训练，不仅要求他们具有发现问题和解决问题的能力，还要求他们有独立思考、积极追求的素质。在经过一年半到两年的实习之后，就积累了一些工作经验，由实习生成为熟练的工作人员。王永庆独特的用人方法，对于台塑公司的发展起了相当大的作用。

林绍良也是一位用人高手。他认为一个人的能力是有限的，得不到他人的支持，你就是有再大的本领，也很难成功。林家集团聘用了许多大学生、工程师。他任用的管理人员都是从基层选拔上来的。

重视基础培养和基层锻炼，这是林绍良和王永庆培养人才与考察人才的共同点。

时刻操作成功的商机

原文：《象》曰："需于沙"，衍在

中也；虽有小言，以终吉也。

释义：《象辞》说："在沙滩上等待"，表明宽宏大量不急躁；虽然受到一些非难和指责，但终究能获得吉祥。

释例：《说文》："需，须也，遇雨不进，止须也。"就是讲，下雨了你必须等待机会，等雨停了以后再行路，这就是等待。公司新决策的实施要以内、外双重因素允许为前提。

1. 敢于做赔本生意

需于郊，利用恒，无咎。

——公司发展不可急于求成，要等待机遇的到来。

为了理想，可以少赚，但不宜多赔。只要是自己看准了一定能赚钱的生意，那就毫不犹豫地去做，即使开始赔钱也无所畏惧。做生意要高瞻远瞩，目光长远，而不能鼠目寸光，急功近利。

在日本京都有一家中式酒楼，近几年生意非常红火，同行们纷纷投来羡慕的目光，然而没有几个人能知道这家酒楼的发迹史。

这个酒店的老板姓马，他最初开的是中药铺，俗话说隔行如隔山，当他决定改行开酒楼时，遭到很多人的反对，觉得他放弃老本行，打入竞争激烈的酒店业，简直不可思议。

但马老板主意已决，不管别人怎么说，他都不肯改变立场。

马老板的酒楼经营方式与众不同，他以香港式的点心为中心的饮茶方式来经营。这更加引起了亲朋好友的担心，因为当时有两家点心店刚刚倒闭关门。

开张营业后的一年多时间里，酒楼一直在赔钱。这时候，亲戚朋友都开始嘲笑他，连他的太太也不断地抱怨，更有人干脆说他是个"败家子"。

马老板却说："这都是意料之中的事，一开张就赚钱的酒店成不了什么气候，如果做生意只盯着赚钱，时间长了，也就赚不了大钱！""我的方向是以创造优雅的气氛和优质服务来吸引顾客，让他来一次就再也忘不了。现在赔钱也没什么了不起的，过不了多久就会大把赚钱的，你们都等着瞧好了。"

果然如此，一年后，他的生意日渐兴隆。而且顾客认为，有那么优雅的环境，就是多花一点钱也值得。

这个时候，那些反对他的人，面对他蒸蒸日上的业务与源源不断的利润，都改变了过去的看法并十分佩服他的果断明智。

此后，马老板所开创的香港式经营风行日本，因越来越多的日本富人去过香港后，回日本一看，发现居然有与香港风味类似的酒楼，便进去搓一顿。慢慢地，这种经营方式就流行开了。当然，作为先行者，这位马老板赚了相当可观的一笔钱。

马老板当初改行经营酒店，是经过了一番深思熟虑的，而且，把最初要赔多少钱都计算出来了。堪称胸有成竹、有见识、有魄力。如此，岂有不赚钱之理！

2. 善待部属，尊重个性

需于沙，小有言，终吉。

——经营者要有抵制风言风语、把握好公司工作氛围的能力，不被压力所左右。

公司经营需要上下一心、荣辱与共、同心同德的精神。松下幸之助先生在这方面总结了许多经验，说了许多至理名言。他主张"脱掉社长的外衣"，和广大员工打成一片。还说："最失败的领导者，就是员工一看到你，就像鱼群似地没命地逃开。"

西方发达国家的公司研究者，总结正反两面的经验，为了使员工与管理者同心同德，提出了如下一些建议：

（1）善待你的部属，让他们懂得你是为他们着想；

（2）多参与他们的活动，了解他们的苦衷；

（3）给属下创造良好的工作环境，让他们知道你处处体贴他们；

（4）认同属下的表现，要向属下表示赞赏，不仅要口头肯定，还要适当加薪，让他们知道你随时肯定他们的贡献；

（5）容忍每个人的个性和风格，使他作为一个活生生的人存在，不要把他们当成会说话的机器。

3. 义无反顾地去做

需于泥，致寇至。

——一项错误的决策使公司经营亏了本，经营者要及时改变战略，静观待变。

天地间的万事万物，万形万象，没有固定的方位。如果不能明白它的变化，就无法应付它；如果不能顺从它的变化，就无法扭转它；如果不能乘着它的变化，就无法制服它。华侨们坚持"危邦不居"，"乱邦不入"的原则，他们通常都能做到进退自如。他们常说的一句话是："识时务者为俊杰。"他们胜而不骄、败而不馁。既灵活多变，又稳扎稳打。虽不涉身政治漩涡，但密切观察时局动荡，顺应时务而看风使舵。他们大面撒网，集中捕捉。当在准备改变经营行业的时候，他们会提前搜集有关的信息做非常充分的调查研究。一旦下了决心，就义无反顾地去做，并且"不到黄河心不死"。

诚然，任何成功，都不可能是一帆风顺的，但他们能按部就班，循序渐进。

在日本，当酒吧、酒廊因为过分竞争而趋于"同归于尽"时，华侨们立刻改变战略开办新型酒吧。他们经营的酒店有别于普通酒吧，首先他们以便宜的价钱吸引更多的平民阶层的顾客。

然后他们考虑空间问题，把酒店办得视野开阔，使其具有开放性，让生活在狭小空间的日本人从"鸟笼子"里走出来，成为他们的忠实顾客。另外，他们还根据日本很多公共场合不允许女性进入的特点，为女性顾客开辟了空间，使众多女性也能光临酒店。由于有众多女性纷纷光临，自然吸引了更多男性顾客纷纷上门。

正是这些与众不同的特点，华侨的酒店生意兴隆。华侨的灵活善变，为他们经营赢得了时间。等别人效仿时，他们已又有了新点子，又找到了更好的赚钱机会。

4. 不痴迷眼前美景

酒食贞吉，以中正也。

——即使公司生意一度兴旺，经营者也切不可得意忘形，而要居安思危。

有一句歌词这样唱道："好花美丽不常开，好景迷人不常在"，它的意思是说：任何美好的东西都不可能永远存在。

台湾台塑董事长王永庆，深明"好景不常在"的道理，他甚至把居安思危当成经营的座右铭。

他成为台湾的"塑料大王"之后，仍然保持一颗冷静的头脑。面对深不可测沉浮不定的商海，王永庆想得更远、更深。他知道台湾经济发展迅速的一个重要原因，是由于劳动力工资低廉，如果工资提高，那么与美、日、韩等国的公司相比，台湾公司也就没有什么优势了，再说台湾市场本身就很小。

有鉴于此，王永庆把眼光投向了国际市场，想方设法提高产品竞争力。他盯住自行研制开发技术，自行设计、自行制造机械，最大限度地降低成本，以做到高质量、低成本，终于打入中东、东南亚乃至顽固的日本市场。

中国有句古语：人无远虑，必有近忧。

人生和事业也同样有高潮和低潮，明白"好景不常在"这个道理，才能变被动为主动，积极地把各种危险消灭在萌芽状态之中，防患于未然。

5. 不浪费每个人才

入于穴，有不速之客三人来；敬之，终吉。

——经营者平时的礼贤下士，公司有突发事故时，会有"新人"别出心裁提出好办法使公司脱离困境。

善于发现"千里马"是公司领导应具备的起码素质。不浪费每个人才，让每个人才都能人尽其才地为公司出力。

1972年，林绍良在飞往香港的飞机上巧遇银行家莫达·里迪，交谈中得悉莫达·里迪刚辞去"冷印银行"总裁之职，林绍良对莫达·里迪的干练才能非常赏识，当机立断，主动热情地邀请这位银行家主持中亚银行，并任命他为中亚银行总经理。

莫达·里迪对林绍良的果断与重任非常敬佩，毅然入股中亚银行，成为该行重要股东之一。当今世界不是"千里马愈少"，而是"伯乐愈少"。由此可知今日"伯乐"实为可贵。成功的华人正是以"伯乐"的眼光，网络人才，而正是各种"千里马"，使成功的华人"春风得意马蹄疾"，很快达到自己的目的。

胜者不战而屈人之兵

原文：《象》曰："不永所事"，讼不可长也；虽"小有言"，其辩明也。

释义：《象辞》说："不久陷于争端之中"，说明与人争端决不可长久，决不可互不让步，相持不下；虽然"受到一些非难指责"，但通过摆事实讲道理，可以明辨是非。

释例：在经营活动中纠纷一旦发生，公司经营者应本着以最轻的方式处理，淡然地和解对双方都有利。

1、没有向心力就没有竞争力

不永所事；小有言，终吉。

——公司不要长期陷于官司中，只要自己的损失减少了，就应迅速化解矛盾。

和睦，是使一个国家安定团结的重要方面。举国和睦，叛乱就会很少发生；边境和睦，就没有烽火的惊扰。君臣和睦才能对大将非常信任，将相和睦才能建立功业，将士和睦论功行赏才能做到互相推让，处在危难之中能互相救援。因此，和睦是治国治军不易做到但又是极为重要的原则。

古人云："群臣辑睦，甲兵益多。""辑"，指和睦、辑睦、团结合作。

一个集团，一个公司的进取精神，竞争力和向心力的统一，是兴旺发达的条件；相反，集团分裂，公司失去向心力，就会丧失竞争力。

在一个奉商业道德至上的企业家、领导人的观念里，竞争只不过是一种手段，而不是目的。真正的目的则是全社会的物资丰富、市场繁荣、科技进步。所以，公司与公司间、对手间的周边关系，都是至关重要的。应该在竞争中求得和睦友好，求得相互协作。当今社会化大生产，离不开互相协作，即使是竞争双方也是谁也离不开谁。

2. 经营决策的危险信号

不克讼，归而逋；其邑人三百户，无眚。

——公司的官司失败，先安稳立足于原本的市场，暂不要急于开拓新市场。

公司已明显处于劣势时，可采取劣势战略。这种战略的目的，是为了尽快地阻止和扭转衰退的局面。决定采取这种战略时，公司应考虑两个问题：

第一，公司是否还能短期获利？如果能，那么继续短期经营的价值是否大于清理的价值。

第二，有没有引起公司产品于市场发生衰退的原因？是战略本身失策，还是执行战略过程中方法和策略使用不当？如是方法、策略使用不当，则应改进执行，以免公司资源和技术继续受损；如属于战略本身缺陷，则应重新制定新的战略方案，尽力保护执行新战略必备的资源和技术。但值得注意的是，公司不管采取什么类型的劣势战略，在接近破产的情况下，公司还是要充分利用现有的资源，大力支持那些会在长期内产生收益的经营活动。

实施连锁式经营和向海外进军，都是公司拓展业务的重要手段，仅仅据此并不能断定这是破产前兆。但是在这种情况下，如果公司有弱点，像缺乏技术、专业知识、专业人才，不足以应付营运上的各种需要或资金来源有问题等等。只要发生其中三项，那就是经营决策危险信号。

"宝屋"是东京有名的肉类批发商，1982年1月因支票商跳票，而宣布破产，负债总额16亿日元。该公司自开业以来，由于经营得法，公司进展十分顺利，后来因业务上需要，一家接一家地设立了好几十家连锁店，业绩也一天天上升。1981年的年营业总额高达31亿日元。但由于在1981年6月至12月底之间，在三家大客户那里滞留了3000万日元。同年9月，与猪肉供应商（进口商）磋商没有结果，供应商采取果断措施，停止肉类供应，而使公司营业全面陷入停顿状态。由于连锁店太多，主力供应商又突然停止送货，一下就变成了僧多粥少的情况，最后公司不得不结束营业。

3.巧用"障眼法"

食旧德，贞厉，终吉。或从王事，无成。

——小公司应立足于在一个很小的市场占据很大的份额，这样风险较低。

公司主管必须具备相应的专业商品知识，熟悉商品的原料、零部件、加工程序、功能特点、使用方式、外型设计、包装形式以及科技艺术化的观念等。同时，还要了解市场状态、市场价格、消费需求、竞争对手等各种情况。实施专业经营战略，容易赢得买主的信任，做成更多的生意。

日本厂商在进攻某个市场之前，通常都有一套周密的部署。在"摊牌"前，又总是不显山不露水。日本厂商在进入美国市场的初期，往往只提供低档产品，而美国产品一般是高档的。

因而他们感觉不到日本厂商的威胁。日本厂商多采用侧翼进攻的策略，使美国公司忽视其威胁，如美国汽车厂商将注意力集中在大型豪华型轿车的生产上，而日本则先进攻其忽视的侧翼——小型、节能型轿车市场。日本厂商以多种不同特色的轿车满足多个细分市场需要，尽管单个细分市场份额并不大，但加起来，总份额就不小了，而这容易给美国厂商造成一种错觉。日本厂商初期利用美国著名中间商、制造商的品牌及其销售网络来销售，一成气候，立即打出自己的品牌，这也是一种"障眼法"。

4.是竞争而不是斗争

不克讼；复即命，渝。安贞，吉。

——公司打官司失败后，经营者应认真总结，放弃好打官司的习惯，以利于公司今后的发展。

生意是以经营为始末以竞争对手为对象的，而不是以打官司为目的的。为了使其更臻完美，经营也必须不断更新。赫瑞·杜鲁门这位离任的美国总统，曾在他椭圆形办公室设置一标语："与人无争。"

这是经理人必知的一句箴言。各位，请在检讨各种纷争的同时，先检讨你自己的所作所为，请在抱怨你的付出与所得不成比例时，记住自己也是铸造此结果的一分子。

我们只有尽量排除纠纷，放弃好打官司的习惯，专心于经营，使公司起死回生，才能培养自己成为深谋远虑的经理人，来承担事业兴衰的勇气。

内省式经理人，在面对逆境时，有另一番方法。从事经营管理，必须先使自己成为有强烈独立自主意识、具备很高责任感的人，有能力领导别人，而别人也敬畏服从你的领导。这是获得信任与尊敬的关键。相反，在经历失败和挫折时，有这样的认识："好，由于我的错误，我失败了，但这宝贵的教训告诉我勿再蹈覆辙，今日的失败是明天成功的跳板。"

5.营造和谐的合作气氛

以讼受服，亦不足敬也。

——无论公司内部还是合作伙伴都应和睦相处。

孟子说："天时不如地利，地利不如人和。"一个成功的公司，许多经验颇值得借鉴，良好和谐的公司内部人际关系，就是成功的关键。

和谐的公司内部人际关系是一种无形的财富，它不但能使员工齐心协力，而且还可能营造出一种宽松、愉快、默契的团队气氛。人在这样一种气氛下生活与工作，有利于身心健康，有助于激发灵感和创造性思维，有利于维持最佳工作状态。

和谐是一种公司内部人际关系的润滑剂，它有助于减少由人际摩擦造成的"内耗"，保证全体员工精力集中，最大限度地投入工作，使公司这部机器能高效率运转。他们正是认识到这一点，他们才把培养职工的合作精神当作一项重要的内容。

华人企业家们创造各种环境与条件，使员工养成合作的精神，保持和谐友好的气氛。

台湾"女强人"吴舜文，要求她的公司定期开游园会，组织各种兴趣小组，大家在一起共同娱乐。在愉快的气氛中，职员们彼此围绕共同的爱好、兴趣问题进行愉快的交谈。这样的活动，促进了职员们的私人感情，使他们在工作中能够更加协调彼此的合作关系。

爆发才智是大师的强项

原文：《象》曰："师出以律"，失律凶也。

释义：《象辞》说："出师征战必须要有严明的纪律"，要号令整齐，行动一致，赏罚分明。如果军纪不良，指挥不灵，必然要发生凶险。

释例：公司在市场经济下生存的根本一点是要采取正当的竞争手段，不可非法牟取暴利。

1. 发号施令，详尽细致

师出以律，否臧，凶。

——在开始创业期，经营者的各项号令，都要使公司保持严格的组织纪律性，以形成良好的团队。

我们经常听到有人主张：下命令要简洁。若因此而产生错误，不啻是白忙了一场，故应该改为下命令要详尽，不给听令者留下退路。

详细地说明命令的内容不会有任何坏处。虽然有人认为："一旦委托下属，就不要横加干涉。"但若拘泥于此，可能会失败。

你必须在适当的时机，对下属不厌其烦地叮咛、确认、监督、激励，有时甚至需要伸出援手。或许下属会觉得厌烦，你也无须太在意。

当然，换一个角度看问题，如果上司太热心地叮嘱，太过于督导下属，也会产生问题，并非一切事务皆可盲目地往前冲。

在完美主义的上司底下工作会比较辛苦，而且有时压力会重得使你承受不了，不过，也许你会觉得这是一个新趋势。

你是要锲而不舍地追求，抑或就此紧急刹车？是坚持己见，或是与对方妥协？若选择与对方妥协，妥协的极限又在哪里？诸如以上情况的判断，都是牵一发而动全身的。

判断也会因内容的不同而有所变化。虽然我们无法提出一个总体的结论，但在此建议一个在所有情况下，你都必须考虑的基本原则。

这个原则就是，各项号令都以员工幸福的观点来考虑一切事物，不要只顾追求眼前的利益。由于业务的扩展而造成了刑事责任的追究，并且失去了员工的信赖，类似这种公司的消息报道每天都会出现在报纸上。你必须牢记，员工若不幸福，公司就不可能兴隆。

2. 企业家的大将风度

在师中吉，无咎；王三锡命。

——经营者既要刚毅中正，又要有勇有谋。

将领可分为儒将、勇将、敢将、巧将、艺将等类型。儒将足智多谋，勇将能征善战，敢将胆略过人，巧将长于变化，艺将身兼数技。一个将领如能同时具备以上将领的素质，就会用兵如神，战无不胜。

"将"，即将帅、将领，通称高级指挥员。

"兵经"把良将分为儒将、勇将、敢将、巧将与艺将，这五种将领的特征为：

儒将——有智慧、谋略、饱读诗书；

勇将——英勇善战，冲锋陷阵；

敢将——胆识过人，敢于深入虎穴；

巧将——善于使用巧妙的计谋制服敌人；

艺将——善于运用各种战争的艺术。

宋朝将领岳飞堪称集五将之长的良将，实在不可多得。

公司的高级决策者、经营者，如果能具备良将的五种特性，必将是一位杰出的企业家。

新加坡前总理李光耀曾说："明天的新加坡卖的是脑力，而非劳力。"这一方向，也是世界性的公司发展方向。所以，在当今科技腾飞的商战中，更加要求公司经营者同时具有知识、勇气、决断、谋略及经营管理艺术。真正优秀的企业家，乃是公司的灵魂、主心骨。

3. 不打无把握之仗

师左次，无咎。

——经营者要坚持周密和慎重原则，不要做无把握的决策。

治军用兵讲究周密，每战的计划、准备要求做得无懈可击，无隙可乘。在战争中，因一个岗哨安排不周，被对方摸了营；行军路线选择失误，中了敌人的埋伏；宿营地点条件不利，惨遭敌人袭击；一个生活小事考虑不周，而贻误了军机大事……

作为一个公司的决策和经营者来说，不但要集中精力考虑大计方针、经营谋略，而且有必要关心每一个生产、经营环节，关心每一个职工的生活、学习、休息等日常细节。能周到地考虑公司大大小小的事，也能周到地对付竞争对手中"大敌""小敌"，如此公司才有强劲的竞争力量。

4. 不让思考缺席

田有禽，利执言，无咎。长子帅师，弟子舆尸，贞凶。

——公司经营遇到险阻，经营者要主动改变策略，避免损失的扩大。

翻开信息产业发展史，很难不提到IBM，不只是因为它规模庞大，也不只是因为它率先发明了个人计算机（PC）和半导体铜制线技术，而是在每次科技产业重要的转折点上，IBM从来不缺席，连"摔跤"，都是特大号的跟头。

IBM真正令人注目之处，是它由硬件的巨人，变成了服务的巨人；由厚重主机事业，变成轻薄软件事业。它的一举一动，都瞄准着知识经济的核心而来，过去它的产品动辄和我们的房间一样大，但现在它的产品几乎不占空间。

公司的转型历来是一个难题，对IBM这个庞然大物来说更难，它是如何成功转型的？

2000年，IBM的营收总额达到884亿美元，拿到联合国的经济实力（GDP）排行榜上比较，它足可排在世界第39名，胜过委内瑞拉，小输新加坡；而委内瑞拉有2320万人口、新加坡350万，IBM可只有31万员工。

一般人说它富可敌国，一点也不虚拟。但是你一碰到老IBM人，"大"这个字，却曾经是他们的梦魇，因为他们曾三年亏损掉160亿美金——再怎么寒酸的国家，GDP也只会负增长，不可能赔钱。

1990年，PC崛起、策略性委外加工崛起、企业科技投资的衰退这三大暗流给这个巨人造成了沉重的打击。每一道都让IBM的"财神"——大型主机生意节节败退。在日本和台湾股市崩盘的当时，IBM的光芒开始被英特尔与微软超越。华尔街最大共同基金操盘人彼得指出："IBM的股票，曾是所有基金经理人的最爱，没想到成了最痛！"

1993年，IBM兼容PC（它出品的第一台电脑）席卷世界，IBM却被当作PC行业的负面象征，在所有科技股中逆市大跌，创下了单年亏损81亿美元的纪录。

事业的成功多半源于大胆的思考，IBM很早就知道服务的重要，但"服务"这件事在过去从来没被当做主角。

这是IBM投入服务业的历史，1992年，IBM便以地区为主的方式，尝试"服务"的可行性，替客户小规模建置信息系统，累积服务，直到1997年，才打破地区的限制，成立全球服务事业部，建立起统一而有系统的作业流程。

5. 不让人才流失

大君有命，开国承家，小人勿用。

——经营者要做到唯才是举，留住有用之才，莫留无用之人。

传统的经营理论认为，人员频繁流动是公司活力的源泉，是公司生存的基本前提，因而他们对日本的"终身雇用制"嗤之以鼻。不过，这种思想目前遇到了挑战。

《Z理论》的作者威廉·大内指出："美国公司经营一向是以'异质性'、'流动性''个人主义'为特点的，在这种经营环境下，人员流动频繁。美国公司人员的补缺率约为日本的四至八倍。大量的人员流动带来培训成本升高；促使人们追求迅速提升，而忘掉公司目标；人际沟通困难，缺乏合作；公司与职工关系淡漠，彼此缺乏信任感；管理机构严重官僚化，没有人情味；管理当局控制有余，指导和激励不足，等等。"在这种模式下，公司内彼此都是"陌生人"，即使每个人都很出色，但要让大家深刻领会公司宗旨，分担风险，为公司献身，事实上是不可能的。为此他提出应学习日本，使雇员稳定化。雇员稳定会不会成为公司的累赘？大内说，这是传统经营思想狭隘之处，担心是多余的。其一，因为公司在衰退时期不解雇工人造成的损失，是可以通过赢得职工的忠诚得到超额弥补的。其二，稳定雇员等于公司保持了长期以来积累的技术和经营经验，这是竞争的条件。其三，由于衰退时期员工的报酬、工作日等都可以压缩，使他们分担公司亏损，所以公司仍然有利可得。因此，在技术革新步伐加速时代，临时雇佣思想，确立稳定雇员思想是形势的要求。

休利特－帕卡德公司在20世纪40年代就已经下决心"不做一个雇了人又解雇人的公司"，这是一个十分大胆的决定。到了1970年国民经济衰退时期，公司的生意大减，但公司解决这个问题的办法不是辞退雇员，而是实行减薪减工时的方法来压缩开支。全公司从最高领导到每一名工人一律减薪10%，同时每人的工作时间也缩短10%。就这样，公司没有解雇一个人，却成功地度过了困难时期。到后来，这家公司的经营人员和工人都干得十分出色，公司很快进入经营最佳的美国公司行列。

诚信是品质也是品牌

原文：《象》曰："显比"之吉，位正中也，舍逆取顺，失前禽也；邑人不诚，上使中也。

释义：《象辞》说："光明无私，亲

密团结，互相辅助"，可获得吉祥，因为此时居于正中位置。抛弃逆天行事的举动而顺其自然，就好像围猎时网开一面，让该被擒的禽兽落网，不该被获的从前面逃掉；君王的部下听其自然，不加戒备；这是君王的贤德感化了部下的缘故。

释例："比"为并列行进之象。与"北"字作比较，"北"的字形与"比"相反。比是向一个方向，而北是背道而驰。比字有比比皆是、比翼双飞、比肩而立、比肩接踵……全面地对员工进行管理，多召开员工会议，听取群众意见。

1. 威信是权力的延伸

外比之，贞吉。

——如何塑造自己的威信至关重要，因为威信是权力的延伸。高级管理者喜欢用威信控制别人，而厌恶成为权力的魔鬼。

改变下属最好的办法是信任，即"我相信你一定可以做得更好"，只有这种方式，才能让下属从心底里接受，并主动改变自己。

如何才能跟下属建立起充分的信任关系呢？

如果你想获得驾驭别人的无限能力，如果你想唤起别人对你的信任，你就要按照下面的五项指导原则去做：

原则一：做事要永远诚实可靠；

原则二：说话要一诺千金；

原则三：在你的所有书面声明中，措辞都要准确、真实；

原则四：支持你认为正确的事情；

原则五：当你做错了事的时候，你应该理所当然地接受批评。

信任你的忠实的下属吧，只有这样他才肯听从你的话改变自己！高级管理者只有这样做，才能建立自己的威信，成为一名好领导。

在工作当中经理如果想要让部属团结一心，共同努力，相互促进，形成一个友爱互助的团队，那他就要善于揭示出团队的共同利益，从而让下属达成共识，为着共同的目标而奋斗。

经理应该多运用积极的刺激，而不能用消极的刺激。甚至使人类生理上动物本能的部分（大脑皮层的外侧），也能均衡地运作，以使部下不感到意志的自由受到限制的不愉快的感觉。

结果是员工的干劲都被激发出来，这种激发出来的力量，不只是原来力量的两倍、三倍而已，而是以二次方、三次方的方式在增加。这样一来，整个公司就可以发挥出爆炸性的威力！

2. 不带个人偏见

显比。王用三驱，失前禽，邑人不诫，吉。

——不要对任何人都亲切沟通，对行为不正派的员工应及早解聘。

不论怎样，经理都不应该将自己与员工的关系延伸到一些亲密的关系之中。而且，你也不大可能成为他们最亲密的朋友，除非你具有一个充当顾问的职业技能，否则，你就冒着一种很大的风险。每个人的周围都有一种无形的界限不可逾越，这是一种私人生活的界线，一种内部思想和感情的界线，他们不愿向外面的人透露。你应尽量使自己与员工具有某些相同的兴趣，但你更应该限制自己的兴趣范围和程度。

在日常工作中，你往往容易受那些你喜欢的人的吸引。同样地，那些喜欢你的人也容易受到你的吸引。我们在工作中与那些喜欢的人在一起花的时间要更多，相互之间了解得也更多，这种了解也将我们之间的距离拉得更近。所以，你要经常提醒自己，防止陷入一种感情的困扰之中。你要学会认识这种危险的信号，收住自己的脚步。

警告自己不要自欺欺人地以为自己花更多时间与某些员工在一起完全是出于工作的需要，绝不带有个人的偏向。当你靠近个人情感的界线时，应仔细考虑一下其后果。一旦逾越，事情就可能变得无法控制。

与员工在工作中靠得太近，还会有其他的危险。你个人的威信大打折扣。一旦你越过这一界线，会给员工造成这样一种印象，就是当你做出一个决定时，他们以为你会站在他们一边，如果你的决定与他们期望的相反，他们会以为你背叛朋友。你不应该与你自己的员工以及上司保持一种过于亲密的个人关系，这种友谊会给工作带来不便。

3. 拔掉销售渠道上的钉子

比之无首，凶。

——经营者要和产品的经销商、社会各界、政府人士建立广泛的关系网，以利于公司的发展壮大。

一个有影响力的核心人士将是你的下一个支持者。他可能是公司的员工，也可能是公司外人士，但他一直能对公司决策者施加很大的影响。这通常是一个内幕知情者、官员或经理人，他们对你特别有价值。

怎样才能拜访你不认识的公司决策者或有影响力的核心人士？你可以让有相近职位的客户帮你推荐，也可自我推荐。

在许多公司，通常是公司负责人而不是行政总裁接待你，听取你的销售介绍，并指点你去找什么人。如果你的介绍打动了他们，他们就成为你的销售渠道。

一个销售员正向一家运动设备制造商推销他的服务，但他没有得到推荐。按照习惯，他决定去拜访愿意接待他的最高负责人，希望其给予推荐。果然，在听了介绍后，这位负责人详细地告诉他该怎么做，并同意作他的推荐人。

该销售员成功地拜见了公司的决策人，是一位副总裁兼总经理。他成功了吗？远着呢！几次拜访之后，这位副总裁就把他介绍给其他总裁或属下的经理人，每次都要单独面谈。这位销售员意识到他迈上了一条没有成功保证、困难重重的道路。

幸运的是，他可以不时和那位副总裁碰碰头，了解其对这种销售态度的变化，保证得到他的不断支持。那位副总裁还让他讲出对可能碰钉子的担心，并把拖延技巧或可能遭受的反对转告给他。这位销售员因此就能更好地准备说词。随着障碍一个个被攻克，眼看胜利终于在望，可是在拜见人事副总裁时，却碰了个大钉子。

拜访一开始就很失败。这位人事副总裁,对他的推销不感兴趣。他于是立即向联系人汇报了他的担心,并请求帮助。结果他如愿以偿。片刻之后,大家已经达成一致,公司终于拿下了订单。

该销售员成功的原因有很多,但最终能成功的原因有三:第一,他确保把那位副总裁推销出去;第二,他的行动始终遵照事先建立好的决策框架;第三,对每次可能出问题的会面,他都一一汇报。

由于他建立了沟通生命线,那位副总裁才得以在其公司内达成共识。一个友好的内部知情人可以帮助你避免出错,带领你走出销售的迷宫。

给财富的火车设个停靠站

原文:《象》曰:"有孚挛如",不独富也。

释义:《象辞》说:"具有诚信的德行与别人紧密联系并互相帮助",表明要与人共同富裕,不独自享受富贵。

释例:畜的本义是指田中作物茂聚,引申为蓄积、畜养、家畜等义。小畜指小田劳作之事,大畜指大田劳作之事。东西没有积聚到一起时是分散的,还在活动之中;一旦积聚在一起,就像稻谷积聚在仓库里,也就停止运动了。所以公司在经营过程中肯定会有暂时效益不好的阶段,经营者要建立信心,阻力总有冲破之时。

1. 计划和能力的虚与实

复自道,何其咎?吉。

——公司经营遭遇挫折,先暂时进行战略收缩,待时机出现再扩张。

在心里筹划的方案叫做计,有力量将计付诸实施的叫能。还在心里谋划的为虚,见诸行动的为实。有能就能将计划变为现实,即便是计划不成熟也能使其完善。没有能就无从计议,即使是好的计划都会落空,运筹的计划不能实现就没有实际意义。制定计划必须考虑自己是否具备相应的能力,不仅进攻要有能力,战与和要有能力,即使是败走、投降、战死也要有必要的能力。因此善于用兵的，要查明本国的力量、军事战备以及经济情况，在与敌人进行比较后再来制定相应的对策。英雄和多谋善断的人也有束手无策的时候，也有才华难以施展的情况，这是由于力量不足为形势所迫，他的能力也随之不存在了。窘迫的人，他潜在的力量不能施展时，就只有处处受制。无计可施时所能想出的办法，就只有躲避这一招；没有智慧所想出的计谋，就只能是笨拙的方法；没有能力所能做到的，就只有屈服于人。像有的动物那样，有角并且很锋利，有爪并能对敌击刺，这时就不要再窘迫了。

没有永远的赢家，也没有永远的输家，公司经营遇上不顺时，经营者要审度时势，来个避、逃、屈，尽量避免"强出头"。

当经营者面临危机时，可能片刻之间会觉得世界好像不一样，赞美的声音消失了，取而代之的是要常见到一些债权人等"难看的脸"，这时如果能稳住自己，设法解决问题，不要先想"三十六计走为上"，或可扭转一些不利的情势。

2. 注意通融内外关系

舆说辐，夫妻反目。

——公司做业务不可操之过急，应从理顺内外关系入手。

某公司一位经纪人和他的委托人已经建立了非常好的个人关系，这时候，公司派另一个人来代替他，继续为这位客户提供服务。让我们假设你就是这位经纪人，那位超级明星在他所有的个人事物方面都需要你亲自为之处理。然后，再让我们假设你在处理那位超级明星的事务中所显露的娴熟技巧，已经使你的上级领导机关为之叹服，并且决定提拔你到更重要的岗位上去。这样一来，你能够为那位明星服务的时间就会越来越少。很显然，你需要另一个人来取代你原来的位置，由他来为那个明星提供服务。根据经验来说，很多人在委派新人来为老客户服务方面的做法是十分不得体的。是的，他们是仔细考虑过应该委派谁来接替这份工作，但是，由于急着去做其他更重要的事情，他们一般喜欢尽快把这件事情搞定。

他们没有足够的时间去为调整与委托人的业务关系做准备，也没有用足够的时间去引导委托人自己主动提出换人的要求。这种做法过于强调自身的利益，而忽视了客户的利益，是不妥当的。

如果一个决定的做出会影响委托人的心情，你应该主动抽出时间去说明一下。越是重要的委托人，你就越是有必要这样做。

3. 抓住微妙，争取对手

有孚，血去，惕出，无咎。

——选择合作伙伴要慎重，否则很容易反目成仇。

争取对手的亲信为我们通消息，争取对手的部队为我们做内应。对友好的国家进行团结，使它能为我们作声援；对四周的邻国进行团结，使它能帮助我们打击对手。想要在世界上称雄，必须广泛地利用世界上各种可以利用的因素，没有听说单靠自己的力量而成功的。可是这些争取利用的各种力量也不是绝对可靠的，使用时一定要防备中途变化。要给对方以好处，同时还须有力量足以控制它们，才可以运用争取团结的策略。

在现代条件下，通讯、交通手段高度发达，各国间的贸易往来日益频繁，从而使世界各国的政治、经济联系愈来愈紧密。有人说，自从通讯卫星和载人飞船出现之后，地球显得小了。在今天，不论地球上哪个角落发生一场局部战争，都肯定会牵涉到其他国家的政治经济利益，都不能孤立地仅仅看作是交战国双方的事情。

国家之间没有永远的对手，也没有永远的朋友，公司之间的关系亦常常处在"是对手也是同志"的状况。

在市场上彼此竞争时，公司之间的立场是敌对的，谁有较高的市场占有率，谁的业绩就可能提高，但如面临一致的利益时，相关公司则又要联盟一致对外。同行之间的关系实在很微妙，如何彼此处理得好，就要靠公司经营的手腕了。

循循善诱，智驭部下

有孚挛如，富以其邻。

——经营者平时为人宽容大度，一旦公司陷入困境，自会有员工协助。

对有才能的人以循循诱导来发挥他们的长处，以威慑的力量来抑制他们的短处。如果作战一定要找到全才任用，天下能有几个？战争不是慈善事业，对作战有用之才，往往也是有害之才。例如，勇敢的人一定凶狠，武艺高超的人必定嗜杀，聪明的人势必狡诈，善谋的人肯定会忍耐，隐藏企图。作战不能不用上述勇、武、智、谋之人，也就不能不用狠、杀、诈、忍之人；相反，不用狠、杀、诈、忍之人，也就没有勇、武、智、谋之人。因此，善于统驭的人，要能利用他们的长处而不让有害的一面发挥作用，能从他们身上得到好处又要杜绝他们的危害，（如能做到这样）那么天下就没有不可用之才。为此，在一定条件下，对来投奔的仇人要能容纳，贼寇可以招抚，盗贼可以举用，甚至对见义勇为触犯了王法的，以及少数民族、边远地方的人，都可以任用。

"驭"即驾驭，统驭，指主将对部下的使用和制约。与"任"字条相似之处，都讲关于用人的问题，但强调的侧面不同。"任"字主要讲因人施用；"驭"字则讲的是控制部下，用其长而抑其短。既能让部下独立决断，充分发挥主动性，又防止他们违抗将令背叛自己。

公司的主管，若善于驾驭部属，则部属将竭尽心力，为公司发展而努力。"兵经"中说："勇者必狠，武者必杀，智者必诈，谋者必忍"，公司用才也是如此。有智谋、肯冲锋的人，也可能是狠诈又不顾一切的人，用其长处对公司有帮助，若为其另一面所损，则公司也将受到伤害。

善"驭"部下，又善被上司"驭"的人，必定是一个成功的职业工作者了。

称霸天下的动力之源

原文：《象》曰："素履之往"，独

行愿也。

释义：《象辞》说："心地纯朴，品行端正，处处小心行事"，表明要专心致志，遵循礼仪实现自己的意愿。

释例：履是指实践、实行、经历，也就是履行。人的实践和行为，是外在的；内在的是礼与理。礼与理是实践与行为的准则，无论你经营什么，为商之道必须言行一致，表里如一。

公司在事业开拓阶段，应小心谨慎，脚踏实地，避免冒大风险。

1. 以人事定进退

素履往，无咎。

——公司只要运用正当手段参与竞争，就不会有过失。

兵家不可没有根据地强调忌讳，否则遇到有利的情况就不能加以利用；不可没有根据地强调凭借，否则军队的士气就没有激励。因此，所谓的"玄女力士"之阵，不要去探求；"活曜遁甲"的学说，不要作为行动的指导；"孤虚风角"和"卜卦算命"的学问，不要去研究。如能这样，遇到疾风暴雨，迅雷闪电，旗断马惊，就不会感到疑惑。根据人事来决定部队的进退，以当时的实际情况来决定军事机宜。天怎能胜过对人事的正确决定，气候的突然变化怎能动摇全军众志成城的决心呢？指挥员要充分发挥主观能动性，去把握战争的机运，争取达到胜利的彼岸，首先要在战争观上反对天命论，进而在用兵方面排除奇门遁甲之类的邪说。

"辟"指的是要"辟"开天意或禁忌之说，以人事定进退，以时务决军机，老是受禁忌、天意的影响，则会失去进军的良机。

揭子认为"人定有不胜天"，俗语也说"谋事在人，成事在天"。但是如果什么都靠天，还受一些迷信、鬼怪、灵异的影响，那就会失去良好的战机了。

《封神榜》小说中，谈了许多鬼怪对作战的影响，那只不过是幻想小说罢了。

买房子不能买"丁字路口"的房子，但医院等，则宜选丁字路口，这似乎是人们一般在选择房地产时熟知的"禁忌"。

商战亦如用兵一样，不能被民间的诸多禁忌约束经营。商战中真正的禁忌，则是自身中不利于竞争的毛病和弱点，如沉溺于酒色、不讲信用、患得患失、盲目乐观、意志消沉等，都是最大的"禁忌"。

2. 步步慎重，稳中求胜

履道坦坦，幽人贞吉。

——在公司经营过程中，顺应市场规律，不要急于求成，而要稳中求胜。

在已经取得的巨大成绩面前，比尔·盖茨并没有变得不可一世，而是依旧步步慎重，头脑清醒。

如今的微软公司全面转型向新媒体发展，在不到一年的时间内，已由一个单纯的电脑公司，成长为一个新型的大传媒帝国。

比尔·盖茨先生已经被人们视作了传媒大亨。人们都承认比尔·盖茨先生是新一代的传媒之王。从软件大王到传媒第一大亨，比尔·盖茨只花了不足一年时间。

不久的将来，在基于电脑科技的大媒体世界当中，其核心是互动通讯和数字化技术，所有的信息——无论娱乐或新闻，甚至学术知识，从文字、图形、数据、声音到视讯等，都可作数字化处理，通过电脑及网络储存传输。

随着世界各国"信息高速公路"的不断发展，这场全球性的革命已经开始了。而微软凭借自己的电脑软件优势已经占据了绝对控制权。即使在这样的情形下，比尔·盖茨仍能够保持清醒的头脑，以稳健的作风，谋而后动。

微软公司一方面迅速在互联网络领域建立事业，积极与媒体公司多层次地开展合作，大力扩充线上服务，并且与电影圈人士合组制作公司，更花费巨资与NBS合作创办网络电视新闻服务。

另一方面，微软公司还采取多头并进方式，构筑传媒帝国的基本框架，此时的比尔·盖茨表现出十分谨慎的态度，他只是公开表示以电脑软件业务为主，只希望做一切有助于个人电脑普及的事，而并不表示要控制娱乐界，或者建立媒体王国。

比尔·盖茨先生看到，电脑软件业未来仍有很大的发展空间，微软公司的事业还有很多机会，那么又何必在这时寻求公司转型？所以比尔·盖茨有一贯的稳健作风，除非真正看到跨进娱乐事业比发展软件业务更有利可图，否则微软公司不会急于做新媒体之王的。

3. 靠勇、智、德取胜

眇能视，跛能履，履虎尾，咥人，凶。武人为于大君。

——及早舍弃那些有勇无谋的人，而重用有勇有谋者。

凡是获得作战胜利的，有的是靠勇敢，有的是靠智谋，有的是靠德行，有的是屡战屡胜，有的毕其功于一役。战胜勇敢一定要用智谋，战胜智谋一定要用德行，胜过德行一定要修行比敌更高尚的德行。善于打胜仗的，不只把眼光盯在几次局部的胜利上，而是竭尽全力确保决战有胜利的把握。如果只图眼前的丁点利益，徒劳去挑动激怒敌人，促使敌人的团结，使我军产生骄傲轻敌之心而轻兵冒进，瓦解我军的战斗意志而动摇根本，这是不能取胜的。

"胜"字主要从战略全局上讲夺取胜利的一般原则。取胜的主要因素归之为"三字"：勇、智、德。勇：指将士的勇敢精神。智：指将帅的谋略水平。德：指国家的政治因素。三者相比，最重要的是德，其次智，其次勇。而今，"威慑战略"已引起普遍重视，实现利益的非军事手段大大增多，天空战场的优势与主动，影响和制约着陆战场和海战场上的军事行动，这就要求军事家更要注意放开眼界，来认识和寻求"务全胜"的战法。

在社会上成功的公司或个人，不但本身"得意"，社会也会给予尊重与喝彩。作战要靠勇、智、德取胜，胜还不是小胜而要全胜，商场争胜也要以全胜为目标。如果获得一些小胜就沾沾自喜，走路的样子也变了，骄气之下就会"轻进"，反而会遭更大的失败。因此，有志经商者，若经一番奋斗获得小胜之后，就要沉住气再追求更大的胜利。

4. 重视倾听员工意见

夬履，贞厉。

——经营者要广泛接触员工，不可独断专行。

重视倾听每一位员工的意见。当公司规模较小时，经理和公司内所有的员工都能保持密切的工作关系，因为经常倾听别人的意见并不是一件很困难的事。但是，如果公司拥有几万几十万名员工的话，若以同样方式去倾听员工的意见，实际上已经不可能了，时间和精力不允许。但尽管如此，每个人还是和从前一样重要，必须有人去倾听他们的想法。

可行的解决方法就是使经营人员铭记在心，通过不断的训练，记住倾听是件重要的事。

美国一家大公司实行一种颇有特色的方法：召开推销会议时，设立一个"你说我听"讨论小组。这个小组由一群公司主管们组成，包括行政部门、营业部门、制造部门、行销部门和研究发展部门的副总裁。在开讨论会期间，他们仔细聆听每一个指导员提出的问题。

借着倾听下属的意见，我们能够开发出顾客真正需要的产品。因此，只要管理阶层真心想做，市场是一定可以开辟出来的。

有一位销售经理，每星期至少召见一次手下的35位销售代表。所以尽管他未亲自接到顾客的电话，但经常和他的推销人员沟通，使他能够赶得上他那一行的步调。另一位手下有40位销售代表的经理，则是每周不限定对象地打25次电话给他的部属。"情况如何？"他以很友善的方式询问他们："我能为你做什么呢？如果你有任何问题，尽管提出来。"他表达得很清楚，尽管再忙，他总是会抽空听取他们的意见。如果他实在没空，在就寝之前，也会抽空去打个电话给他的推销人员。

明亮的眼睛看前途

原文：《象》曰：天地交，泰；后以财成天地之道，辅相天地之宜，以左右民。

释义：《象辞》说：《泰卦》的卦象为天下地上，地气上升，乾气下降，为地气居于乾气

之上之表象，阴阳二气一升一降，互相交合，顺畅通达；这时要掌握时机，善于调理，以成就天地交合之道，促成天地化生万物之机宜，护佑天下百姓，使他们安居乐业。

释例：公司经营正蒸蒸日上之时，经营者要注意不断创新，以求进取。

1. 高层战略建立在基层行动上

无平不陂，无往不复，艰贞无咎。

勿恤其孚，于食有福。

——公司经营业绩的提高，是经营者与各层员工共同努力的结果。

伊士曼化工原料国际有限公司完全依靠非财务标准实施战略。这是一家拥有50亿美元资产的化工生产商。使该公司脱颖而出的是，公司经理人在高层推行他们几年来在基层发展的经营哲学：全面质量管理，由此慢慢形成了一种自己的方式。

伊士曼公司的事实表明，质量管理的原则，如数据收集、不断反馈和持续学习，类似于卡普兰、诺顿以及其他持相同见解的业绩顾问所提倡的业绩测量原则。公司的公司发展与战略副总裁J·塔克特指出，伊士曼的经理人团体与公司其他人员一样遵循着持续改进周期。

伊士曼采用业绩标准实现战略目标时，采用于许多与其他公司同样的方式。不过，其质量流程显示出伊士曼公司的独到之处。在发展高标准的同时，伊士曼公司努力"把这些标准与我们的战略意图以及顾客、员工、投资者、供应商和公众等五大公司利益关系人联系在一起"。

伊士曼于是在公司内逐级实施这些标准。"相互维系"的团体建立相互维系的标准；高层团队是由11位成员组成的经理人团队，为整个公司制定高标准。经理人团队的每位成员又分头带领一个团队，制定出自己的标准。这些标准都是依据相关高层标准制定的，如此这般逐级落实到第一线。

每个访问过伊士曼的人几乎处处都会感受到这种观念。在工厂的控制室里，告示牌上是手画的控制图。到经理人的团队会议室里，又会看到滑动墙板上展示着许多手工填写的最新信息图表。其中两个图表追踪的是安全性，六个图表显示高层经理拜访顾客的追踪记录。还有一些图表则反映影响投资回报的所有标准项，如顾客满意度、销售收入、人工开支等。

这种对业绩测量的追求给伊士曼的经理人带来价值无限的益处。他们可以用一种可靠的数据库方式来监控战略，并在需要时中途予以修正。还有一项主要的好处是，使大家有动力，众志成城地一心支持各项决策。

以前，伊士曼在不同部门为不同员工制定不同的标准，并根据这些标准确定浮动薪酬。1994年初，伊士曼决定对所有员工采用一种浮动薪酬标准，那就是投资回报。他们相信，这样会使公司上下心系一处。在公司制定重大决策，如关闭一间公司时，员工就能更体贴公司，会意识到良好的资金运作有利于他们的切身利益。即使公司小有举措，员工也会这样想，会更在意钱花得明智与否。

财务总监弗吉尔说道："这就是员工的主人翁精神。"之所以有这种主人翁意识，是因为公司有一种经营体制，把高层战略和基层行动结合在一起。也许，这就是为什么伊士曼1995年能够获得3.46亿美元的经济收益，比投资成本高出13.2个百分点。对于一家公司而言，挣大钱的捷径就是紧抓影响公司底线收益的一系列测量标准，而不是着眼于底线收益，这种公司的收益的确不错。

2. 预则立，不预则废

翩翩不富以其邻，不戒以孚。

——公司在效益好的时期，经营者要居安思危，保持忧患意识。

无论干什么事，预先没有思想准备，困难突然来临，就会心慌意乱，仓促应付却不能周密计划，这是失败的征兆。

凡事预则立，不预则废，这是中国古代先哲们的格言。在用兵法则上，"不打无准备之仗"。

在商战中，预，就是市场调查、产品测试、可行性分析、综合研究等，事先不了解市场，不知道消费者需求，也不清楚竞争对手的状况，就凭公司经营者个人的一时冲动，贸然投资立项，盲目推出产品，如此没有充分的"预"，将难以在市场上站稳脚跟。

当今科学技术日新月异，随着未来科学的发展，各种预测方法科学化、定量化，人们不仅可以预测到气候、地质、天体的变化，运转的大致趋势，而且对纷繁复杂的商场变幻，也能做出较为准确的预测。

例如：美元贬值，石油价格增长，银行存款减少，利率愈来愈高，这些现象的出现，会使人们感到受不了。如果事先能预测到事态发生的可能性，就不至于在事发后感到苦恼和艰难了，也许还会趁机而大发横财。

据说未来20年间能源价格会降低，这是由于核子融合成功的结果；科学发展到某种程度上，金钱将不成为人们的第一要求；汽车的发展目标将是全塑料型的；奶油、蔗粮、煤炭和木材、石油等，将会被人造合成物所代替……

3. 关心的力量

帝乙归妹，以祉元吉。

——无论是公司合作伙伴还是公司员工，经营者都要以诚相待。

差不多所有精明的老板，都认为关心员工是公司的一件大事。

在神户的一家华人开的夜总会里有一个员工，在来这里工作之前，他曾经在好几家外国人经营的公司服务过。但他运气太差，无论他怎样努力工作，这几家公司的老板都认为他不听话。他们总是不说明理由，便随便开除员工。

他工作的最后一家公司，老板以遗失东西为由，把他和所有有嫌疑的人都炒了鱿鱼。此后，他才来到这位华侨开的夜总会谋生。就是这名员工，在他上班的时候，看见办公室的桌子上摆放着一个大蛋糕。

他并没在意,一会就把这件事忘记了。

突然有人通知他说:"你太太马上就要到公司来,是董事长请来的,听说是为了一件非常重要的事。"

这位员工心中猛然一惊,忐忑不安起来:"又出了什么事?"

就在这时,公司广播通知所有员工到办公室去。董事长步入办公室兴高采烈地宣布:"生日宴会现在开始。"

而公司里只有他一个人是今天过生日。于是他机械地坐在被指定的中央位置上,而妻子被安排在他的旁边椅子上坐下了。

桌子上面放着他上班时看到的蛋糕,上面用巧克力写着他的名字。他的眼睛湿润了,自己的生日都记不得了,董事长却在百忙之中亲自来主持宴会,他有点受宠若惊。

董事长又接着宣布公司特许他休息一天,带太太出去玩一玩。

从此以后,他更加努力地工作。

4. 智不备于一人

城复于隍。勿用师。自邑告命,贞吝。

——对员工始终要有包容心,选贤举能,培养新人。

用兵不能没有谋,无谋则不能作战,同样,商场亦需要谋,每个成功的企业家背后都有一群杰出的谋士。

"兵经"主张"深事深谋,浅事浅谋",公司在制订谋略时,也要有轻重缓急之分,还得以本公司的状况制定相应的谋略,决不能全盘移植其他成功公司的经营策略。因为各个公司间存在"事"与"机"的差别。别人的"谋"只能作为参考,真正的"谋"还得靠自己去运筹。

"智不备于一人",谋必参诸群士。作战时要有"参谋科""参谋部",商场需要"智囊团"。某名人、某企业家发表著名的演说,演说稿正是"谋士"们的大作。谋士是无名英雄,是公司成功的幕后指挥。大公司的经营,要将公司领导得有条有理,必须建立并运用"分权"的制度。

1985年美国《幸福》杂志一篇文章题为"建立分权单位是公司成功的重要因素"，主张公司建立一些小组和一些分权单位，这是公司取得卓越成绩的一个至为重要的因素，美国一些公司主张的这些分权的小单位人数从200人到500人不等，这样能产生神奇的经济效果。日本许多公司有一些非常庞大的生产设施，但它们的特点是有组一级的编制，公司把重点放在有10名至40名职工的"科组工段"一级上，这些小单位有相当大的自主权，采用小组方式完成的工作量大大提高了。

赢局是一场信心较量

原文：《象》曰：天地不交，"否"；君子以俭德辟难，不可荣以禄。

释义：《象辞》说：《否卦》的卦象为地下天上，为天在地上之表象。天在极高之处，地在极低之处，天地阴阳之间因而不能互相交合，所以时世闭塞不通，这时候君子必须坚持勤俭节约的美德，以避开危险与灾难，不能谋取高官及丰厚的俸禄，去追求荣华富贵。

释例：否，一是否定的意思，一是不善的意思。不善、不通，阻挡、阻塞，与泰正好相反，泰是通，否是不通，这就是泰极否来。为什么会否来？这是大自然季节的转换，自然现象；另外，在市场竞争中也有这种现象，泰极否来，否极泰来，这是事物发展的规律，也是事物矛盾在不断的转化。泰了就转否，否了就转泰，它就是这么一种周而复始。经济不景气情况下的公司经营之道——负债经营，或能赢得商机。

1. 仅有技术是不够的

拔茅茹，以其汇，贞吉，亨。

——公司老总尽管身处公司高层，但要意识到高层内部的斗争也是存在的，唯有内部一致，公司才会有所发展。

当一项实业壮大时，就要做无数重要的决定。这便意味着高层人物一手包办的方式必须有所改变，而朝集思广益的路上走，发展为财团法人的公司策略，而又不违背原有的利益目标。

而且，如果公司想发展企管技术，那么，它应该鼓励各级主管以管理自己事业的心情，去管理他们所负责的特定利益的范围。然而，这种独当一面的做法，又需要主管对本行有专业的知识：既晓得如何管理、发展他们所掌握的营利范围；又懂得训练能干的部下，激发其工作斗志。

事实上，一家发展中的公司，其经营训练与管理的工作，是永无止境的，而成功的经营训练，其先决条件就是管理者勇于负责。他要是没有这种体会而奢谈经营，则必会招致失败。不过，所谓首脑勇于负责，并不止于会议室里的纸上作业，他们须同时采取各种实际行动，投下大量时间与金钱，才能有所回收。而且，他们所拟定的计划应该包括创造性、迂回性的思维训练，使之能落实在实际的生意事务上，从而促成企管技术的发展。如果这类发展能行之于基层单位，则主管们既能改善上下级的关系，又能开发生意机会。

但是，一个机构所创造的经营系统除非能提供并善用机会，不然，发展企管技术乃是徒劳无功的。在这里，我们看出各级主管的重要性。如果他们拥有独当一面的机会，那么他们就更可能去争取业绩，这也等于替公司赚进更多钞票。由此看来，一个机构必须创造更佳的经营条件，使主管们能尽量发挥其企管技术。

2. 让好消息走进会议室

包承，小人吉；大人否，亨。

——经营者应加强自身修养，并提高能力。

安然的董事会当初是怎么想的？在这间公司里发生的所有臭名昭著的罪恶当中，最让人不可理喻的事件是：董事会为什么会为了留住首席财务官安德鲁·法思托而置公司的道德、声誉于不顾。而且，"既然明明知道这一授权将涉及如此巨大的风险，董事会就有义务仔细调查和留意随后的所有交易，但是他们没有这么做。"董事会的特别调查委员会在一份报告中这样写道。

尽管近十年的尸位素餐让人咋舌，但是安然的董事会并非什么特别的变态者。一个遗憾的事实是：大多数公司的董事会都无助地生活在管理层的阴影之下。"除非所有的事情都已经被修饰得尽善尽美，否则我是出席不了董事会的。"施乐的一位前高级执行官说。"你只能带着好消息走进会议室。只要开会，肯定是形势一片大好。"宝洁公司前CEO约翰·斯梅尔也曾经说过："除了管理层告诉他们的那些东西之外，董事们对公司真地知之甚少。"

要想改变这种状况，唯有董事会主动去要求了解更多的真相。"要知道，作为CEO，他肯定希望董事会会议都是谈笑风生的茶话会。"梅诺说，"而你必须这样对他说：'听着，我是一个大忙人，我没工夫来听你讲那些莺歌燕舞的消息。我要你告诉我的就是坏消息。'就像罗伯特·杜瓦尔在《教父》里面说的那样：'我必须赶去机场了。教父这个人喜欢马上听到坏消息。'

这一条真应该写在每一家公司的经营守则上。"

3. 让自己远离误区

包羞。

——矛盾面前，应避免卷入是非，跌倒了，只能待机再起。

并非做任何事，做任何决定，我们都能保证没有一点失误，而绝对正确。每个人都一样，常常在情况不明之中做出错误的决策。容易被误导的情形主要有以下几种：

（1）情况不明。有位经理从不认为与之打过交道的人都要记住自己的名字。每当第二次见面时，如发现对方已记不起自己时，总是主动上前自我介绍，以避免重提过去的事使人感到难堪。

类似情况时常在商务谈判中出现，有人因为初次见面的拘谨而不好意思将自己不清楚的地方提出来，就参加谈判，甚至不认真思考就匆忙决策，而没有仔细反省一下，这样妥当吗？

（2）真理并非在多数人手中。靠团体的意见来决策并不能保证完全正确。在讨论中，坐在会议室的人都讲同样的话并不是件好事。这里面必然有其他因素作怪。当老板讲完或同仁发言时，迫于老板的威严，不愿与同仁争执而伤和气，不少人总是予以附和，讲出雷同或不痛不痒的意见。这往往会使会议主持者和决策人难以了解真实情况，靠此作决定自然会脱离实际。

这种随大流的思想，不过是犯了"多数人的想法不会错"这种认识上的错误。正确的做法是，认真听取大家的意见后，经过论证和思考，等人都走后，自己再作决定。

（3）别为美妙的饰言迷惑。有两个投资合作项目，一个成功的机会是80%，另一个有20%失败的可能，你选哪一个呢？实际上这两个项目成功与失败的机遇对等，只不过前者只提成功，后者强调了失败。但常理中，多数人总会选中前者，原因很简单，成功的字眼顺耳，使人兴奋。精明的销售员会用自己的口才去向顾客描述产品的优质、齐备的功能，以讲"好"来推销。但聪明的顾客将不会为这表面现象和技巧所诱惑，他会根据多方面的观察做出自己买与不买的决定。

（4）不过分迷信经验。许多商人总爱用老办法来处理新问题。实际过去的辉煌已变为历史，不一定就适合当前已经变化了的世界。如果你仍用以前的框框来指导目前的生意，期望从中找到共同之处，那只会使你失去更多认识新事物、把握其特殊性的机会。因此，正确的原则是：过去的经验是成功的总结，但并不一定就是包治百病的灵丹妙药。

（5）不忽略基础数字。当主管的人都有这样的体会，与基层员工交朋友，会使你得到更多在高级职员中听不到的信息。真正准确的报表应该是来自各个车间工段。有不少的经理，却往往忽视了报表的作用，对来自各方的信息和数字，只要与自己的主张对路，就认为业务上没问题了，而不愿多下些功夫去挖掘更深一层的情报资料。例如，总经理问销售经理："这个月汽车销售情况如何？"他回答："行情不错，已有50辆车被客户预订了。"如果掌握的信息更多，就会汇报说：这个月的销售量与上个月或与去年同期相比情况怎样，与竞争对手比较又是如何；从50辆车的选型看，哪种品牌、哪种价格的车行情看好，我们应采取哪种促销手段就能卖出更多数量的车，等等。这些情况，对于每一个承担推销任务的人来说，都应该经常掌握。

4. 冒险需要预先估计

有命无咎，畴离祉。

——要脱离公司困境，不但要努力积累自身的实力，经营者还要充分寻找和把握机遇。

对于成功的总经理来说，掌握冒险机会和愿意冒险同样重要。在采取冒险行动之前，大部分总经理都深入市场和深刻了解竞争者的反应，彻底掌握外部环境的影响，以便预先估计可能出现的不利形势。更重要的是，这些总经理头脑能保持清醒，有应急的计划来处理失败的可能性，并争取使不利形势变为有利形势。

帕尔公司是一个好例子。在帕尔公司成立初期，总裁兼总经理克拉斯纳夫至少三次不得不卖掉已兼并的和新成立的公司，而且每次他都不亏本。他化整为零地卖掉了一个不赚钱的热交换器厂，卖掉了玻璃纤维厂，因为该厂达不到经营目标；还卖掉了刚兼并的抽水机制造厂，因为它的资金周转不灵。

成功的总经理之所以乐意冒险，部分原因是因为他们觉得会交好运。调查中，21%的总经理认为他们比竞争对手幸运一些，60%的总经理认为，碰到好运气在他们的成功里起了一定作用，甚至是非常重要的作用。

就像是帕尔公司的创业者之一的帕尔博士一样，碰到克拉斯纳夫是他的运气，也是他的机会。如果他没有克拉斯纳夫那样的经营管理人才帮助他创业，单凭他的过硬的科学理论和技术所做出的贡献也成不了什么大的气候。

所有公司都是同样过来的，上

帝不会亏待每一个人。区别在于，当这种机遇来临的时候，他们是否具有马上识出它的灵感和利用它的坚韧不拔的精神。某些领导者的成功，是因为他们有抓住良机的能力，并且有抓住机会死死不放的魄力。所以幸运之神总是对他们特别优待。

5. 对前景充满信心

休否，大人吉。其亡其亡，系于苞桑。

——当公司经营情况马上要发生质变时，经营者更要时刻具有忧患意识，否则功败垂成。

一系列研究显示，人们在经历长时间的成功后，较难做出明智的决定。正如有的学者所指出的，成功者不容易放弃自己的想法。在科技股热潮时备受追捧的思科公司，尽管后来其股价狂泻，需求下降，同类相继受挫等迹象日益明显，但总裁钱伯斯觉得，既然思科以往能连续40季度保持增长，不信将来保不住这个势头，因此过分强调"对前景充满信心"，在2000年12月仍预测有50%的年增长。

2001年的春天，一个似乎与失败绝缘的季节，思科猛然遭受了惊人的重挫，之所以说惊人，不仅仅是因为其速度之快、数字之大（它的股票一年之内跌了88%），而且因为它不是一般的公司，它是一向被人们认为前途无量的思科。而人们之所以有这种预期是基于一个能量被过分夸大了的信息技术系统：在互联网狂潮的喧嚣鼓噪中，人们觉得这个系统完全能够让思科的经理们"实时"地掌握供给与需求，保证他们能够做出精准的预测。结果呢？技术的确是伟大高明的技术，无论从哪个角度来讲都是。可预测却失灵了。为什么？因为思科的经理们从来就没有考虑过万一这个预测模型当中一个关键的假设不成立的时候方程的结果会怎样。这个假设就是：增长。也难怪啊，一家已经连续40个季度保持增长的公司，你有什么理由怀疑它的明天会更好呢？

不但如此，直到已经有迹象表明大事不好的时候，思科的管理者们还沉醉在这个玫瑰色的假想之中。公司的客户开始倒闭，供应商们也在发出警告：需求可能会萎缩，竞争对手纷纷落马，甚至连华尔街都在怀疑网络设备市场是否已经急转直下。而此时思科在想什么？"对于整个行业以及思科的未来，我从来没有什么时候比现在更加乐观。"这是2000年12月约翰·钱伯斯的原话，当时他还在预测第二年公司的业绩又会有50%的增长。

钱伯斯到底怎么想的？在波士顿学院社会学家黛安娜·瓦汉的《挑战者号发射决策》一书中曾经提到，人们是不会轻易让自己的思维模式投降服输的。"就算他们觉察到有一些不对劲的迹象，"她写道，"人们也常常会把它置之脑后。直到最后他们最终碰上了一桩强烈到无法忽略，清晰到无可辩驳，痛苦到无可置疑的事实，而且这一事实残酷地验证了先前的那些征兆时，才会迫使他们打破自己长年累月、小心翼翼建立起来的心目中的世界。"

对于豪情万丈的钱伯斯来说，不到2001年4月份，铁的事实就来了：一落千丈的销售业绩迫使公司吞下250亿美元的闲置库存，并且裁员8500人。

共同制造一块大蛋糕

原文：《象》曰：出门同人，又谁咎也！

释义：《象辞》说：一出门便能与人和睦相处，又有谁会来危害你呢？

释例：与别人的公司多实行战略联盟，以求双方效益共同提高。

1、审时度势，远交近攻

同人于门，无咎。

——合作的对象应在亲戚朋友的基础上加以扩充，致力于战略联盟。

当今世界摩托车销售中，每4辆就有一辆是"本田"产品，从这个数字里可以看出"本田"销售网之大。但如此庞大的销售网却是从日本的自行车零售商店开始起步的。

1945年，第二次世界大战结束，本田宗一郎搞到了500日本军队用来带动野外电台的小引擎,他把这些小巧的引擎安到自行车上,这种改装的自行车非常畅销,500辆很快就售完了。

本田从这件事上看到了摩托车的潜在市场,成立了"本田技研工业株式会社",决定开创摩托车事业。

一批批可以装在自行车上的"克伯"牌引擎生产出来了,光靠当地的市场是容纳不了的。本田宗一郎面临着如何将产品推销出去的问题。

本田找到了新的合伙人,他叫藤泽武夫,过去是一位对销售业务自有一套的小承包商。

当本田与藤泽商量如何建立全国性的销售网时,藤泽建议说:"全日本现在约有200家摩托车经销店,他们都是我们这样的小制造商拼命巴结的对象,一向心高气傲。如果我们要插入其中,就得损失大部分的利益。但同时,你不要忘记,全国还有5万家自行车零售商店。对他们来说,既扩大了业务范围,增加了获利渠道,同时又能刺激自行车的销售。加上我们适当让利,这块肥肉他们不吃吗?"本田一听,觉得是条妙计,请藤泽立即去办。

于是一封封信函雪片般地飞向遍布全日本的自行车零售商店。信中除了详细介绍"克伯"引擎的性能和功效外,还告诉零售商每只引擎零售价25英镑,回折7英镑给他们。

两星期后,13000家商店做出了积极反应,藤泽就这样巧妙地为"本田技研"建立了独特的销售网。本田产品从此开始进军全日本。

摩托车经销商店离本田虽然"近",对销售摩托车业务熟,并有广泛的业务网络,但是近而不"亲"。

自行车零售商距本田虽然"远",对本田产品销售业务不够熟,大多是自行车客户,但是远而有"意"。在"本田技研"的起步之初,"远交近攻"发挥了显著的威力,显然是条上策。

2. 寻找盟友,强强联合

同人于宗,吝。

——公司间的合作要在双方自愿的基础上,强迫是不利于双方合作的。

强强联合必须做好五个方面的工作:

(1)制定战略。这项工作通常包括分析环境以明确来自于竞争对手的威胁和本公司所具有的市场机会,核查本公司的资源和生产能力,评估本公司在现有环境下的优势与劣势,然后在共同考虑本公司的长期与短期目标的基础上确定本公司的战略。在战略制定过程中,其关键,一是要明确本公司所具有的使命,这样,公司的长期目标才能随之而定;二是要从长计议,特别注重于相对竞争优势的取得,而不拘泥于一时一地的得失。

(2)评选方案。这项工作几乎同步于战略的形成。事实上,为最后确定战略,公司须对各种方案进行评选,比如是实行兼并战略还是收购方案?公司是依然独来独往还是参加战略联盟?等等。公司在评选这些备选方案时,除了应深刻而全面地领会这些战略方案之外,还须知道实施这些方案将需要的资源以及这些方案将对本公司文化所产生的影响。

(3)寻找盟友。如果以上所制定的战略要求建立一个联盟,那么接着就得寻找一个合适的合作伙伴。理想的合作者应能对联盟起到补缺的作用,比如各方能在工艺技术、市场、资源或操作技能等诸方面互补时,合作的机会就会增大。这就要求严格考察每个潜在的盟友,切忌匆忙择友。同时,应寻找那些与你具有共同经营思想的伙伴,至于合作者的财务状况与组织机构也应是稳定的。

(4)设计类型。建立何类型的战略联盟应贯彻因人制宜的原则,即对每个可能的伙伴,都应相应考虑联盟类型与构成方式。筹划联盟过程中,应由中上层经营人员的参与,这样可取得公司当局对联盟的支持和对联盟活动的协助。此外,应挑选善于在群体环境中开展工作的人担当联盟的管理人员，曾与合作对方打过交道者不失为有利的人选。

（5）谈判签约。联盟类型一旦确定，即将加盟的各方就要坐下来谈判，合作各方就目标、期望和义务等各抒己见，然后在取得一致意见的基础上制订出联盟的细则并签约实施。

3. 运用之妙，存乎一心

同人，先号咷而后笑，大师克相遇。

——经营者应懂得以礼为先。

世界上最伟大的莫过于人，人身中最伟大的莫过于心。心，可以创造一切，可以毁灭一切；可以使我们上天堂，可以使我们下地狱。人心一善，一切的善也会随之而生；人心一恶，一切的恶也会随之而来。善恶的来源，始发于心灵。心灵圣洁，就使人生成为圣洁的人生；心灵恶毒，就使人生成为恶毒的人生。心灵高明，就使人生成为高明的人生；心灵鄙陋，就使人生成为鄙陋的人生。

日本人有习惯用"心"彼此交往的交际方式。这种非语言形式的交往，对有相同文化背景的外国人具有一定的难度。在商业交往中，日本商人"碰碰心"的游戏，是一种防卫武器，外国的商人难以掌握这种游戏规则。因此，日本商人交往中，乐于玩弄这种游戏。

在商业交往中，日本人彼此间使个眼色便完成了一次交流，对外国人来说，就是"莫名其妙"了。和日本商人交往，千万不可小觑"碰碰心"的利害。日本商人虽然经常使用"碰碰心"的战术，但这专利不是日本商人的，而是日本文化特有产物。

《日本百事》一书中有这样的记述："日本人认为腹中语言的交流是人际交流的最高方式。一个求助者是不能或不愿直接向朋友提出请求的，只暗示一下即可达到目的。所需要的帮助越大，暗示就愈为隐蔽。朋友当然没有必要硬要他直接讲出来，而是靠心去感觉。因为他们有共同经历、语言和文化，又在同样的社会环境里,所以他们之间不必用太多的语言进行交流。"

日本人对外界有一种本能的防卫心理,尤其是商人。因此对他们来说,用心心相碰来交流比"语言形式"更重要,"非语言交流"是以心的感觉为基础的,是用两千多年的文化经验堆积起来的。正因为如此,所以对谙熟"碰碰心"游戏规则的外国人更加敬佩。在商业交往中如果你能玩好这个游戏,并能确切掌握这个游戏规则,你就首先从心理上或者精神上战胜了对方。如果一个外国人只能说一口流利的日语,但对"碰碰心"的含义弄不明白,那么,隐藏在一番赞誉背后的,很可能是未表达出来的轻蔑。

4. 最大的胜算是双赢

同人于郊,无悔。

——遇到十分合适的合作伙伴,一定要力图合作成功,这会给公司带来很大的效益。

以奥普康营销集团为例,它1998年把加拿大卡伯利饮料公司和加拿大20世纪福克斯电影公司联合起来作奖券推销,通过一部动画片的发布把"加拿大饮料"和"福克斯"这两个品牌联系了起来。该项目的主要参与者获得了突破传统的销售渠道:福克斯公司在杂货店中得以亮相,卡伯利在影带零售店和批发商中赢得注意。

在许多情况下,通过合作,一个品牌有机会借用另一品牌的形象来改变消费者对它的看法,这一点也同样很重要。高德布格称这肯定也是奶拓公司这家奶制品生产商决定与索尼美洲电脑娱乐公司在由詹雷帝营销代理公司设计的促销计划中联手合作时考虑到的因素之一。在该计划中,年轻人购买一支奶拓公司的产品,就有机会赢得一套索尼电脑娱乐系统。该计划实行后立竿见影。对奶拓公司来说这意味着奶制品的品牌上有了增加索尼烙印的机会,使得他们更接近目标。作为回报,索尼在其目标听众面前则增加了亮相的机会。

米勒杰因公司和哈雷戴维森公司两年的品牌合作就是一个成功

的典范。他们的这场联姻始于米勒杰因赞助了哈雷戴维森公司在威斯康星州举行的95周年庆野餐会。此后就引发了在美国、加拿大等20多个国家展开的促销活动。品牌合作对重振米勒杰因品牌做出了重要贡献。

运筹管理决定效率

原文：《象》曰：火在天上，"大有"；君子以遏恶扬善，顺天休命。

释义： 火焰高悬于天上，象征太阳照耀万物，世界一片光明，农业大丰收，"大有收获"。在这个时候要阻止邪恶，颂扬一切善行，顺应天命，替天行道，以保护万物性命。

释例：《诗经》里说："自今以始，岁其有。"岁其有，是指丰年的意思。公司在经营业绩辉煌时，经营者一定要鼓励进取精神，杜绝日渐滋长的歪风邪气，以求不断完善。

1. 竞争优势的核心能力

无交害，匪咎，艰则无咎。

大车以载，有攸往，无咎。

——经营者要对员工进行培训，使其成为勤学好问的人。

杰克·韦尔奇刚从通用电器公司董事长职位退下来，就做起了咨询和培训顾问。在他看来，一个组织的学习能力，是其竞争优势的核心，恰当的技术与影响巨大、以社交为基础的学习相结合，正成为公司成长的基本战略。事实上，营造一种使员工沉浸其中的气氛，使公司成为一个以创新为指向的"学校"，使工作成为"被支付报酬的学习"，就是被称为"韦尔奇主义"的GE文化的核心。

经营学上所说的"学习"是指一个有特定业务组织的学习，与"在校学习"有一定的差异。学习首先是一种对既有状况不满足的心理状态，一种对组织既成的基本商业假设、被认为理所当然的经营理念、组织成员逐渐养成的思维方法的反省和调校的能力，其次才是技能的学习。

韦尔奇认为，学习"就是持续不断地提高公司的基本智力"，它是使公司取胜的东西。而且，要启发人们去学习，因为他们从学习中获得的兴奋和能量是巨大的——这是你怎样去使一个组织变得精力充沛的办法。让学习变得令人好奇，让新老员工童心不泯，让他们说"喔塞"，总是能听到"喔塞"的组织，就是一个永远充满活力和惊喜的组织，一个对"大公司病"有免疫力的组织。

如果一个组织的成员都是沉浸在学习的环境中，那么这个组织就少去很多"办公室政治"。学习欲望淡漠，学习能力低下的人常常爱无事生非。"思想是会跑掉的。但一个组织对学习和分享这种学习的渴望是可以保持的。"最重要的是，不要让学习"躺在那儿"，要让学习成为一种驱动力。单纯的学习容易产生惰性和偏执，所以要让行动的欲望始终引导和规范学习的欲望。"毫无疑问，要走到人前面去，给他们一个让他们去实现的目标。实现一次，再实现一次……让人总是去实现他无法相信的东西，这无疑是一个组织中能发生的最激发能量的事情。"如果在一个组织内部，人们不是经常感到有许多目标可以实现，这个组织的精神就会涣散，组织的结构就开始僵死又松散。这样的话，这个组织离崩溃就不远了。

2. 最大挑战是留住人才

公用亨于天子，小人弗克。

——经营之要只在知人善任。

谁是公司青睐的"有用的人"？怎样开发员工能力素质？让雇主们、总裁们夜不能眠的事情有哪些呢？国际知名咨询有限公司德勤公司近几年对全球200家成长最快的公司进行跟踪调查时，设计了这样一个调查题目，得到一些颇有新意的答案。

这项大型调查已经揭晓。让雇主和总裁们夜不能眠的事情，排在最前面的三项依次是：

（1）如何吸引高素质的人才？

（2）如何留住主要雇员？

（3）如何开发现有员工的技能？

可以看出，吸引和保留雇员是人力资源经营者面临的头等挑战。据调查，各公司花在人员流动上的成本是支付给雇员年薪的1.5至3倍，56%的经理人员和64%的普通员工每年有12次考虑离职，38%的经理人员和47%的普通员工不满意他们的工作。曾经召开的中国人力资源能力高层峰会上，德勤咨询（中国）有限公司人力资源业务总监黎化民通报了这一人力资源调查状况。

"调查反映了很多新的理念变化，比如通过调查'什么样的人是公司的人才'发现，公司开始经历由用'好人'向能实现公司战略目标的'有用的人'转变。"

"传统'好人'的观念是：忠诚、苦干、投入、具备专长；新的'有用的人'的观念是：具备较强的口头表达能力、人际关系处理能力、团队精神、职业精神、分析能力、计算机运用能力。调整人才观的目的，是使公司人才具备公司需要的技能。"

黎化民认为，关注人力资源（HR），要跳出HR看HR，HR管理是可以变现的，是公司变革管理系统中的有机组成部分，能够为公司创造高附加值，不要把人力资源仅仅看成是一个时髦的名词或摆设。

据黎化民等一批人力资源专家分析，2002年全球人力资源管理呈现十大趋势：认识人力资源管理的重要性，更加关注业绩，组织架构扁平化、增强灵活性，注重培训、学习和发展，劳动合同出现新意，塑造人力资源管理品牌，行政工作采用新思路、新技术，全球合理化而非标准化，工作安排弹性化，日趋关注个人福利。

3. 一个集团，一个家庭

厥孚交如，威如，吉。

——公司经营顺利时要记住有福同享，群策群力。

人与人之间需要以诚相待，老板和部下要心心相印。

在日本，许多商业巨头都是集企业家和哲学家于一身的。他们的思想、品格对公司产生着巨大的影响。他们公司的品质带着他们个人强烈的个性特征。

最具代表性的是出光石油公司的缔造者出光佐三，他公开宣称，他的集团就是一个家庭，既有专制的独裁又有体恤雇员的人道，并以此作为动力推动着公司向前发展。

1962年，年届77岁的出光佐三发表了一篇声明，对日本的家长式经营管理原则作了最好的阐释。在声明中，他做出了这样的结论："今天的世界正进入令人不安的政治混乱和经济混乱的状态中。今后我们应该从唯物主义转到超越物质的人道主义上来，转到团队上来，转到其他事务上来。无论资本主义还是共产主义，个人主义还是集体主义，在这一点上是一致的。日本人民有能力最先解决这一问题，并对世界产生巨大影响。"

出光佐三认为，所谓多数人统治的原则并不是真正的民主原则，这种原则更谈不上人道主义。在他眼里，民主、自由、个人价值、公民解放，只有建立在无私的基础上才会有意义。他把无私看作人类的和平及人类幸福的关键。舍此，都是一堆废话。

日本所有最成功的大公司都是这种典型的家长式公司，但这些"家长"的基本哲学绝对不是"一言堂"，以及家长意义上的独裁主义。出光佐三在谈到这一点时，是这样讲的：

"母亲们把他们刚读完小学的孩子送到我的公司来。我决心代替他们的母亲来培育这些孩子。从那时起，无论在什么场合，我都以一种适当的方式，将我对他们母亲般的爱转化为行动。我从来不解雇员工，因为我们是一个大家庭。我们不计时间、没有时钟、更不设立工会。我的雇员都有房子住，并且都能领取到家庭生活津贴。我真地把自己当做了他们的母亲，并以母亲一样的态度关心爱护他们。简而言之，抚慰、仁慈能造就高尚的人。我的这种母爱思想，将在我的公司长久地保持下去。"

4.审势、度势、据势

自天佑之，吉无不利。

——经营者按市场情况制定公司的经营决策，必会获得成功。

审势、度势、据势，是争胜之要素。

公司经营固然要以强势覆盖市场，但"小兵立大功"的经营成功商例也不少。所以说："以少邀众""破一营而众营皆解"，用在商场上，可解释为势不在大小，而在势是否真地尖锐，才可造成有实力的势。

这里不妨让我们以崇敬的心情来拜读一段陈玉书先生的话。陈玉书先生是香港"亿万富豪"，举世闻名的"景泰蓝大王"。他在他的大作《商旅生涯不是梦》一书中写道：

"我们把这类计谋，用在商业上，往往能挽救危局。商业上的营造声势，是要有条件的，那就是敢于花钱，又花得恰到好处，使外人不知其虚实，以为你真是具有不可估量的实力。"

"我从苏杭街，扩展到荷里活道195号地下，租用了1500尺铺面，接着在出咸街44号地下（连阁楼共两层），开了一家工艺品店，不久，又在加连威老道临街阁楼搞了一个店面，最后又在宝勒竖起了繁荣公司机构的招牌，铺子一个连着一个地开，同时还大卖广告，单是广告费每月就约六万余元。这种手法，实际上就是营造声势，使行家、顾客都注意着繁荣公司这支生力军在香港的出现。"

做大自己先是做好自己

原文：《象》曰："谦谦君子"，卑以自牧也。

释义：《象辞》说："谦虚而又谦虚的君子"，即使处于卑微的地位，也能以谦虚的态度自我约束；而不因为位卑，就在品德方面放松修养。

释例：经营者要注重谦虚美德。

1. 振兴企业的法宝

谦谦君子，用涉大川。

——经营者要保持谦虚的作风，虚心接受下级员工的建议。

对于公司来说，最重要和最宝

贵的财富就是人才，有了人才，就等于有了新技术、新产品。有了公司的创造力和革新精神，有了公司的生存竞争能力和经济效益，谁拥有最多最好的人才，谁就会在竞争的道路上跑得最快。"人才是公司最重要的资本"，是现代公司经营者的价值观念。

美国麦肯塞公司驻东京办事处前主任鲍罗恩曾经这样说："日本人用了最简单的方法经营着最复杂的机构。日本公司的成功在于：第一，他们把人看作是组织的成员而不是雇员；第二，他们采用分工价值，而不使用严格的程序和控制来指导工作；第三，他们把'远大思想'观点置于公司策略之中；第四，他们乐于听取所有人意见。"

如果将鲍罗恩以上四点再作进一步概括，就是：日本公司在经营和生产中贯彻以人为本的精神，使公司中的每个员工都把自己当成公司的主人。

热爱自己的雇员是经营者最根本的问题。一个优秀的企业家，只有做到让职工们具有充分的自信，"重视人才的开发与合理的使用"，他的事业才能稳步发展。这就是土光敏夫振兴东芝的"法宝"。土光敏夫就是这么做的。

在古稀之年，土光敏夫经常亲临工作现场去视察，他跑遍了公司在全日本的工厂，即使在节假日他也要到所有工厂去转一转，他平易近人，能与所有的员工倾心交谈，打成一片，因此他和公司里的员工建立了深厚的感情。一次，在前往姬路工厂的途中遇上了倾盆大雨，但他坚持赶到工厂，并在雨中和员工亲切交谈，并反复阐述"人是最宝贵的财富"。员工们认真倾听他的每一句话，激动的泪水和着雨水从他们的脸上流淌。此情此景，深撼人心。当他将要乘车离去时，工人们将他的车团团围住，敲着他的车窗高声喊道："社长，您放心吧，我们一定努力工作！"面对这些工人，土光敏夫热泪盈眶。他被这些为自己的公司而拼搏的员工所深深打动，从而更加爱护员工、关心员工。

2. 培植力量，注重沟通

鸣谦，贞吉。

——功成名就后，经营者还要保持谦虚中正的品质，礼贤下士，善于激励。

现代公司都非常注重沟通，既重视外部的沟通，更重视与内部员工的沟通。沟通才有凝聚力。以下是一些值得借鉴的好做法：

讲故事。波音公司在1994年以前遇到一些困难，总裁康迪上任后，经常邀请高级经理们到自己的家中共进晚餐，然后在屋外围着个大火坑讲述有关波音的故事。康迪请这些经理们把不好的故事写下来扔到火里烧掉，以此埋葬波音历史上的"阴暗"面。只保留那些振奋人心的故事，以此鼓舞士气。

聊天。奥田是丰田公司第一位非丰田家族成员的总裁，在长期的职业生涯中，奥田赢得了公司内部许多人士的深深爱戴。他有三分之一的时间在丰田城里度过，常常和公司里的1万多名工程师聊天，聊最近的工作，聊生活上的困难。另有三分之一的时间用来走访5000名经销商，和他们聊业务，听取他们的意见。

解除后顾之忧。西南航空公司总裁凯勒尔了解到员工最大的担心是失业，因为很多航空公司都是旺季时大量招人，在淡季时则辞退员工。凯勒尔上任后宣布，永不裁员，他认为不解除员工后顾之忧，员工就没有安全感和忠诚心。从此，该公司以淡季为标准配备人员，当旺季到来时，所有员工都会毫无怨言地加班加点。

帮员工制定发展计划。爱立信是一个"百年老店"，每年公司的员工都会有一次与人力资源经理或主管经理的个人面谈时间，在上级的帮助下制定个人发展计划，以跟上公司业务发展，甚至超越公司发展步伐。该公司认为，一个公司要保持领先的地位，最重要的一点是员工的整体素质能够保持领先。

鼓励越级报告。在惠普公司，总裁的办公室从来没有门，员工受到顶头上司的不公正待遇或看到公司发生问题时，可以直接提出，还可越级反映。这种公司文化使得人与人之间相处时，彼此之间都能做到互相尊重，消除了对抗和内讧。

动员员工参与决策。福特公司每年都要制订一个全年的"员工参与计划"，动员员工参与公司管理。此举引发了员工对公司的"知遇之恩"，员工投入感、合作性不断提高，合理化建议越来越多，生产成本大大降低。

返聘被辞退的员工。日本三洋公司，曾经购买美国弗里斯特市电视机厂，日本经营人员到达弗里斯特市后，不去社会上公开招聘年轻力壮的青年工人，而是聘用那些以前曾在本厂工作过，而眼下仍失业的工人。只要工作态度好，技术上没问题，厂方都欢迎他们回来应聘。被返聘的员工深受感动。

培养自豪感。美国西思公司创业时，工资并不高，但员工都很自豪。该公司经常购进一些小物品如帽子，给参与某些项目的员工每人发一顶，使他们觉得工作有附加值。当外人问该公司的员工："你在西思公司的工作怎么样？"员工都会自豪地说："工资很低，但经常会发些东西。"

口头表扬。表扬被认为是当今公司中最有效的激励办法。日本松下集团，很注意表扬人，创始人松下幸之助如果当面碰上进步快或表现好的员工，他会立即给予口头表扬，如果不在现场，松下还会亲自打电话表扬下属。

3. 经理 = 实力 + 威信

劳谦，君子有终，吉。

——经营者的谦虚美德，是涵养领袖气质的前提。

威信是高级管理者刻意追求的东西。没有威信的领导者，比一个普通老百姓还要糟糕。因为，普通老百姓只要干好自己的事就行了，不用借助威信去带领别的什么人去做什么。而领导者不然，领导者不立威，难道让他一个人去干所有的事情？

有人用"经理 = 实力 + 威信"来概括现代公司经理的特征，突出了实力与威信是构成经理能力的要素。其实,我们总是强调,经理的能力比什么都重要,其实未必尽然。要成为一个优秀的经理,除了拥有超群的实力,还需拥有非凡的经理气质。这种气质,我们通常称之为威信。

威信,可以说是经理头上的光环。失去了它,再有能力的经理在下属眼中也显得一无所有!

因此,要成为一个优秀的经理,或要想获得高超的驾驭下属的能力,都必须拥有魔鬼般的威信。

作为一个经理,你可曾静下来仔细想过以下的经历,并从中找到真正的答案:

(1)为什么有许多人在没有加班费的情况之下,仍然愿意辛勤加班?

(2)为什么总有一批人为你所设定的目标全力冲刺?

(3)为什么总有一批人为你毫不保留地奉献他所有的才智?

(4)为什么有人心甘情愿、不顾性命,赴汤蹈火?

优秀的经理才能,特别是个人的威信或影响力,这比提供优越的薪资、福利来得重要许多。它才是真正促使人们发挥最大潜力,实现计划、目标的魔杖。

4. 构想与超越

不富,以其邻,利用侵伐,无不利。

——经营者应充分征集管理层其他人士及下属员工的意见,再做决策。

日本思丹雷电气公司是半个多世纪以来一直同日本经济共命运的老公司,是一家生产汽车灯具、仪表和电子产品的综合性工业公司。现有职工3000多人,资产91.56亿日元,拥有6家制作所的工厂、4家国外工厂以及3个研究所、4个销售分公司和遍布全国的17个营业所,它是日本最大的汽车灯具公司。

思丹雷电气公司从1920年由北野隆春创办以来,经过孜孜不倦的倡导和培养,已形成了公司自己的经营哲学和文化,并充分体现出日本式经营的本质特征。

在刚迈第一步的时候,公司创

业人就怀着"成为日本第一"的雄心壮志。思丹雷公司没有像日本公司通常那样以公司创业人的姓为公司命名。"思丹雷"是发现非洲大陆并给非洲带来文明的探险家亨利·思丹雷的名字。其意图就是：思丹雷公司要发扬探险家亨利·思丹雷勇于探索的精神，以自己的灯具为人类带来文明之光。

为此，公司提出"用户第一，供户第一，员工第一，股东第一"的总方针，积极而正确地处理好公司内外部的各种经济关系和社会关系。公司还十分重视公共关系，利用每年举行规模盛大的招待会、新年会、迎春会等来增进感情和协调关系。

同时，公司把宏伟目标进一步明确化，即"我们要集中智慧和力量，树立勇气，使我们公司成为可信赖的公司、充满活力的公司、燃烧着热情的公司和对世界有贡献的公司。"为此，公司又提出了叫做"V：10将来构想"的奋斗目标，即10年后，思丹雷公司要成为"世界优秀公司"，并实现4个10%的目标，即总资本利润率、销售利润率、销售营业利润率、销售额税前利润率各自都在10%以上。

尽管这些指标在日元升值的环境下是不易达到的，但公司总是不断地提出新的指标，以号召公司全体员工为之奋斗。

5. 并购发动机

鸣谦，利用行师，征邑国。

——当公司经营日渐辉煌，可以兼并收购不景气的公司，实现纵横向的延伸。

思科成立于1984年，目前已经成为引领当今世界Intranet和Internet网络互联产品的巨头，互联网上80%以上的骨干路电器均来自思科。在美国《财富》杂志推出2001年全美"最受推崇的公司"排行榜中，思科系统公司以其稳健的财务状况和经营管理方面的卓越表现排至第2位，此外还拥有信息产业"最吸引员工的公司"，"20世纪90年代最有效公司"以及"全球最有价值的公司"等响亮的称号。

作为一家新兴高科技公司，思科并没有像其他传统公司一样耗费巨资建立自己的研发队伍，而是把整个硅谷当作自己的实验室，采取的策略就是收购面向未来的新技术和开发人员，以填补自己未来产品框架的空白，从而迅速建立起自己的研究与开发体系、制造体系和销售体系，乃至塑造出自己的品牌，使自身的核心竞争力不断得到增强和拓展。

并购失败的公司中有85%的CEO承认，经营风格和公司文化的差异是失败的主要原因。思科公司历史上最大的失败收购是在1996年收购StrataCom公司之后的几个月内，大约有三分之一的原StrataCom公司的销售人员辞职，导致了公司销售的长期瘫痪。之后思科公司吸取教训，迅速改变了并购战略，始终将人员的整合放在并购战略的首位。在正式并购开始之前公司就专门组织一个SWAT小组来研究同化工作的每一个细节，尤其针对人员整合做大量准备工作。以思科公司1998年收购Cerent公司为例，在公司接管后的两个月内，每个Cerent公司的员工都有工作，有头衔，都知道奖励办法和保健待遇，并能直接与思科公司内部的网站链接。这次并购最终获得巨大的成功，Cerent公司的400名员工中只有4人离开了公司。思科公司利用最少量的投资获得了光纤技术潜在的巨大收益和大量的专业人才，同时这项并购使得思科公司成为光通信网络设备市场中的新贵，依靠Cerent公司的产品线和其广泛的客户基础、销售与服务组织，思科成功推出了7亿美元的产品线。

跟随市场的战略头脑

原文：《象》曰：初六，"鸣豫"，志穷凶也。

释义：《象辞》说：《豫卦》的第一位（初六），"自鸣得意，高兴过了头"，说明他没有雄心壮志，志向容易满足。一满足，就得意忘形，结果必遭凶险。

释例：公司应实施全方位，立体式

的经营策略,以扩大市场份额。

1. 裁汰冗员,兵精将强

鸣豫,凶。

——把冗员裁汰掉,公司才能更好前进。

中国自1978年改革以来,在相当长的一段时间内,社会各阶层都从中获得了很大收益。但是从20世纪90年代中期开始,改革的蜜月期结束了,其中突出的标志是国有公司的经济效益不但从相对量上有了下降,而且从绝对量上也在不断下降。1980年亏损公司的比例是19.2%,1995年的这个比例是33.5%。经济效益下滑的直接后果是公司吸纳劳动力的能力下降,1992年国有公司的职工人数是45,200,000,1997年这个数字下降到了38,900,000,这意味着有几百万职工失去了工作,不得不接受下岗的命运。

国有公司的劳动边际产出从1990年到1994年一直在平稳地上升,1990年的数字是3,890元,1994年是4,400元。然而与此同时,国有公司工人的总报酬上升得更快,1990年是3,931元,1994年变成了4,667元。另外,被调查国有公司的冗员率均值在1990、1991年是负的,在1992年变成了正的。所有这些结果表明:在被调查国有公司中,1992年以前劳动的边际产出高于劳动力工资,这时国企雇佣的劳动力低于利润最大化的水平;而在1992年以后,伴随着劳动产出低于劳动力工资,国企的冗员出现了。值得注意的是,与冗员上升相伴随的是单位生产性资本所带来的利润不断地下降。而且,物质资本投入的边际产品从1990年到1994年一直大于1,表明国有公司没有使物质资本的边际产出等于边际成本。

实践研究还表明:国有公司的物质投入比与公司的资产负债比和银行的贷款债务比负相关,而与上期单位生产性固定资产所带来的利润正相关。上述结果支持我们的假说:公司的利息负担、归还银行贷款的压力以及利润的下降使得它在生产资料的投入上不足。另一方面，冗员率和生产资料劳动比和资本劳动比负相关。同时生产资料和劳动的互补性大于资本和劳动的互补性，生产资料的投入不足显然是国有公司冗员上升的重要原因，而工资对冗员率的上升也有着显著的影响。最后，产品市场上竞争的加剧也是造成冗员的原因之一，在国有公司市场占有率比较高的地区公司冗员率也比较低。

2. 毅力造就强者

介于石，不终日，贞吉。

——公司经营业绩不错时，经营者要提醒自己不要沉溺于一时的快乐，要保持坚毅的作风和献身精神。

成功公司的主管都具有献身精神。不管怎样，公司及它的声誉是他们生活中最重要的东西。通过对美国公司联合会成员及其他正在取得成效的公司成员的调查，更进一步证实了主管们具有坚持不懈的毅力和献身精神。鲍勃·埃利奥特就是一个典型的例子。当调查他时，他已在大约20个州内拥有近百个零售货栈，而鲍勃充分了解每个货栈的存货、财务、工资，甚至布局和推销情况。这需要多大的精力和时间，大家可以想象。

安全清洗剂公司的唐·克林克曼花很多时间用来维持和客户的密切关系，了解销售动向和地方、区域及个体商店的经营管理情况。他对公司业务深入的工作作风不仅表明他对公司的关切，而且是他高级经营水平的必须具备的品质。他对公司命脉的密切注意大大鼓舞了服务人员、推销人员和市场开发人员——他们为安全清洗剂公司的连续成功做出了巨大贡献。

全面了解公司的情况，对于一个中型公司来说已经是很不寻常的了，对于一个大型公司来说是简直不可能的。但是许多人却做到了，像米里坡公司的总经理迪·戴尔勃洛夫，他就对公司的市场、产品和战略情况等都详细了解掌握。

这种深入细致的工作作风在对美国企业联合会公司的总经理的调

查结果中清楚反映出来。做这种工作花费的时间是很长的，花费的精力也是巨大的。美国企业联合会公司的行政主管平均每周工作时间是64小时，这比一般职员要多得多。

这些人的献身精神和坚持不懈的毅力是不断地锻炼出来的。在调查中约三分之二的被调查者在他们16岁或更小的时候，课后每周至少做10小时有报酬的工作。而他们当中四分之三的人整个大学期间一直半工半读。三分之一的人说，他们一生显示有抱负和敢于竞争的精神是驱使总经理成为巨大成就者的主要基石和力量。

3. 保密就是保实力

盱豫，悔。迟，有悔。

——经营者要时刻警惕自己，不可与趋炎附势、别有用心的人混在一起。

英国从16世纪工业革命后，编织工业在世界一直处于领先地位，他们对编织技术和工艺采取了严格的保密措施。

日本人很想学到这种技术，经过精心策划后，派了几个人在英国一家技术先进的编织厂附近开了一家餐馆。编织厂的员工经常到那就餐，越混越熟。不久，这些日本人面露愁容，向他们倾诉他们经营亏损，无脸回乡，使员工们倍感同情。该厂原先规定不雇用外国员工的，但经不起众多员工的请求，破格录用了日本人，但也留了一手，只准他们做粗活。但这些日本人铁定了心，表现得非常吃苦耐劳，忠心耿耿，对公司感激不尽，慢慢公司的防线在无形中被瓦解了，就鬼使神差地分配其中的一些人做了技术工。

几年后，这些日本人纷纷离开公司，原来他们是日本派来的一流的纺织专家。回国后，他们设计出了一套比当时英国更先进的纺织设备。从此，英国的纺织业多了一个强有力的竞争对手。

哈罗德·沃登是一个颇有头脑的工程师。他曾在柯达公司工作了28年，兢兢业业、克勤克俭，无可挑剔。

为柯达公司卖命的同时，他也打起了自己的"小九九"。哈罗德曾帮助柯达公司设计了一台代号为401机器的绝密装置。该装置耗资达数百万美元，可以合成一种叫醋酸脂的化合物。醋酸脂是照相胶片的基础材料，如果公司能够开发出表面更平滑、品质更好和价格更便宜的醋酸脂，无疑可在市场竞争中处于优势，并获得丰厚的回报。

在巨额的金钱诱惑下，哈罗德最终动了心。1992年，时年已51岁的哈罗德离开了柯达公司，投资创办了一家咨询公司。但这只是一个幌子，他收买了多个柯达公司的雇员向他提供401机器的信息和其他敏感的商业情报。然后，哈罗德就转手将这些情报倒卖给柯达公司的竞争对手，从中获取了巨额收益。

4. 诚信是公司生存之本

由豫，大有得。勿疑，朋盍簪。

——功绩煊赫、身居高位的管理者要做诚信之人，这样才能在员工中树立威望。

诚信的缺失，是当前社会的通病，经济领域亦然，表现在公司营销方面是不守信用，相互欺骗，对消费者采取种种欺诈手段，如有食品行业的掺假制假、有医药行业的价格暴利、有房地产行业的欺骗消费者的内幕。这些欺诈行为严重危害了消费者的利益，损害了公司或行业的信誉。2001年央视揭露南京冠生园食品公司用陈馅生产月饼的黑幕后不但使该厂的月饼无法销售，而且使国内整个月饼市场陷入危机。在营销中不讲诚信的结果是害人又害己，南京冠生园食品公司不久因无法经营而申请破产。

诚信是公司生存之本，更是公司营销之道。再好的营销策略失去了诚信，就不是成功的营销策略。有的公司为了和竞争对手打价格战，在报纸、电视上大做广告，用很低的价格诱导消费者，等消费者蜂拥而至，却没有广告中所说的低价货销售。这种纯属欺骗的营销策略，只能骗得了部分消费者一时。

其实，诚信本身就是最好的营销策略。广东科龙集团靠的就是诚信经营致胜。诚信是科龙一贯的经营理念，他们不仅仅是停留在口号上，更重要的是贯穿和体现在公司经营的方方面面。唯有如此，营销才能成功。

时下，诚信经营正成为众多公司关注的热点和努力的方向。行胜于言，诚信营销重要的是要踏踏实实去实践、长此以往去履行。

与规律保持最亲密的关系

原文：《象》曰："官有渝"，从正吉也；"出门交，有功"，不失也。

释义：《象辞》说："思想随时代而变化"，但无论怎么变，都必然始终遵从正道，这样就可以获得吉祥。"出门交朋友，一定能成功"，这是因为其唯正是从，见善则从，没有过失的缘故。

释例：在选择商业合作伙伴前，一定要将对方资信情况系统调查后再与之合作。

1."识变""复变"

系小子，失丈夫。

——经营者要随时更新观念，以适应市场规律的变化发展。

万事万物都是变幻无常的，但也有一定的规律可循。作战方法依照常规变化，又根据变化了态势改变作战方法，这样变化是没有穷尽的。一次兵法行之有效就可以再次运用，再次运用下去就又不是好办法了，这是因为理当变的而没有变。一种兵法行不通就要改变，改变了再实践运用，因为认识了规律后就运用规律去进行变化。万朵云彩都是水蒸气凝聚而成，千顷波涛都是一种水浪推涌而生，这既是云又不是云，既是浪又不是浪。

在变幻万端的战场上，不管战况定与不定，常行与常变，指挥的将领都要"识变""复变"。

在瞬息万变的商场上，有利的商机可能变为不利，不利也可能变为有利。例如在经济景气，百业兴隆之际，投入商场，固然可乘兴获利。但若没有长远经营的规划，一旦经济萧条，则可能陷入危机；反之，在经济萧条时若能坚忍度关，待经济复苏时，就可率先大展宏图。

经营者若能"识变"，了解商场变化，也能"复变"，随着商场情势"翻云覆雨"的变,则可迎接一波逐一波的严峻挑战。

总经理是公司技术创新的决策者和组织者。公司技术创新的成功与否,总经理起着关键作用。成功的总经理要有强烈的历史责任感、高度的洞察力和创新意识。因此,要搞好技术创新,总经理首先必须有强烈的技术创新意识,才能积极有效地组织公司的技术创新活动,并推动技术创新活动的健康发展。

技术创新是一个复杂的系统过程,是一项融合着多种关系在内的综合性创新活动。其中,创新意识是公司技术创新最重要的价值观之一,从大的方面,它可分为战略创新意识和过程创新意识。

2. 打造品牌,改良产品

系丈夫,失小子。随有求得,利居贞。

——不可盲目地追随时尚,而应提供公司的特色产品。

任何商品都要经过产生、成长、成熟、衰退四个阶段,日本商人对此认识十分深刻,在成长和成熟期,商品的销售和利润都能达到最高水平,但是这种最高水平不是一下子就能达到的,也不可能一下子就能消失。要想有好的收益,必须尽可能在最短的时期内使新开发的商品上升到最高水准,在它进入成熟期以后,要迅速地结束它的生命。因此,他们要通过市场观测新商品的动向,并以曲线示意图把这种动向清晰地描绘出来。如果一个公司仓库里积压过多的已呈衰退状的商品,而且还在生产这种商品,那么它在市场上已丧失竞争力。因此,他们在考虑商品的开发同时,始终为提高产生期、成熟期的商品比重而努力,也正因为这样,市场的竞争才如此悲壮惨烈。

日本公司的产品周期大致可概括为投资、市场占有、获得收益三个阶段。在这三个阶段,最初是投入,以后是产出,就一般规律而言,二者是不可分割的。但是,精明的商人非常清楚,所谓的"新产品",可以是目前市场上完全没有的新产品，也可以是在新产品的基础上加工改良的产品，而这种"改良"，投入少，产出多，更有收益，因此他们经常称之为"改良产品"。在这一方面我们可以举出很多例子。

3. 淘汰旧产品，保持控制权

随有获，贞凶。有孚在道，以明，何咎？

——从本公司自身的条件出发，追随市场的变化，才有利于公司经营。

为了始终把握对市场的主导控制权，微软公司的产品更新换代的速度惊人。

"版本更新、速度更快，并且通常旧版本的文件也能在更新后的新版本中使用"是微软一大策略。

在功能上，微软公司不断扩充产品，提供各种各样的新式功能。

微软公司大胆采用快速的产品更新策略，认清市场，适时地引进新产品淘汰旧产品，始终保持着对市场的主导控制权，这是微软公司成功的关键。

在定期淘汰产品方面，微软公司的态度是非常坚决的。

工程技术人员出身的盖茨先生清楚地知道，产品的品质，的确是影响消费者购买商品的重要因素，但并非决定性因素。

作为成功公司的领导者，不但知道公司应该做什么，还要知道公司不应做什么，这样才能更有效地避免资源分流，能集中力量，获得最大的市场利益。

4. 明确责任，分配合理

孚于嘉，吉。

——领导者要正确区分自己的追随者，合理分配任务。

分配任务看起来好像属于主管最简单的职责之一。如果真是这样的话，为什么有那么多工作没有正确完成？在经营中出现那么多令人不满的意外？为什么有的员工在接受任务时很勉强，而有的则跃跃欲试？答案就在于主管如何分配任务。分派工作是一种需要学习才能掌握的技能，在安排任务的时候，应该：

（1）简明地表达你想要什么。如果要求提得模糊不清，结果也会不确定。

（2）花时间问问题。主管在吩咐完之后就匆匆离开，而不知道下属是否理解清楚，他很可能得不到什么好的结果。

（3）有礼貌。是的，你是头儿。但这并不构成你对每位员工不礼貌的理由。说一句"请"或者"谢谢你"，它们对于鼓舞士气非常有效。它们会帮助员工们形成对工作的积极态度。

（4）用问句来陈述命令。

（5）不要假设员工已经理解需要做什么。通过提问和请员工复述工作要求来加以检验。

（6）把任务分配给那些最有能力完成它们的人。这是确保工作被正确完成的最安全的方法。

但是偶尔你愿意把工作分配给某个员工，他完成此项任务会有一定的困难。这是一种促进成长的方法。

（7）愿意听取员工关于应该如何完成此项任务的建议。你并不是组织中唯一一个拥有好主意的人。

（8）在工作圆满完成后提出表扬。这是确保人们热情十足地执行下一次任务的最好办法。

5.愿意帮助，真诚合作

拘系之，乃从维之。王用亨于西山。

——对于才华显著却心高气傲的员工，作为管理者应以诚意慢慢驯化他。

除了一起工作和相互合作，难道还有其他途径？

一起工作之外的唯一选择是互相拆台。当某人与你作对时，并不总是明显的。这类事情是逐渐发生的，而你还不知道这究竟是为什么。人们会忘掉要做的事。在更多情况下，不合作表现为漠不关心、无动于衷和不感兴趣，即其人不愿为你出力。

人们不予合作是因为他们与你意见不合，但更多的原因是因为他们觉得你与他们意见不合。

"我为什么要为他操心？他从不想着我，除非有求于我。"

优秀经理寻求合作并得到别人

的合作。他得到合作是因为他与部下意见一致，不仅在需要完成的工作任务上，而且在维护他们的利益、支持他们和为他们尽心尽力上与他们心心相印。

优秀经理与他的部下合作，帮助他们解决问题，作为回报，他们也与他合作。合作是双向的，每一方须为对方尽力。如果你不与别人合作，你也就不必指望别人与你合作。

因此，优秀经理总是以身作则，在合作中采取主动。他不会等到有了事再去寻找合作。如果某人要他帮助颁发奖品，他一定帮忙；如果某人要他给银行写一份介绍信，他一定合作；如果他的上司要他陪同一个外国代表团参观，他也一定给予配合。对于合作，优秀经理总是很愿意的，他不会找个理由，借口困难太大。他会尽一切力量与他人合作，对他们所需之处给予帮助。

跌倒了不等于被淘汰

原文：《象》曰："干父用誉"，承以德也。

释义：《象辞》说："挽救父辈所败坏的基业，一定会受到人们的赞誉"，因为以美德继承父辈的遗业，总是会受到欢迎的。

释例： 蛊的意思是指有事（如出现弊端）的意思。公司出现经营危机时，要立即针对弊病实行改革。

1. 击碎惯例，激活公司

干父之蛊，有子，考无咎，厉，终吉。

——经营者对于公司不适应市场发展变化的弊病要进行改革，刚开始时可能会遭受挫折，但只要持之以恒，改革的成效便会显露出来。

松下电器公司一举买下美国音乐家俱乐部，表明该公司正在改变自己的面貌。两年后，以硬件为中心的就要迎接创立75周年的松下公司突然正式宣布开拓软件事业，而且将世界上最大的一家电影公司收到帐下，这一举动让有关人士感到震惊。其实该公司击碎历史和传统的改革随处可见。比如松下公司开展MTM运动，旨在把用户所要商品的必要量在必要时间里生产和销售的结构浸透到全公司。

日立公司的总经理三田胜茂废除施行多年的利润中心制度，把财会部门归入事业部，委以与事业相关的责任。在让位交班之前，他撤销了执行了十年的惯例，理由是不符合时代发展。

由此可见，重新认识过去的传统，改变观念，击碎惯例的，很多都是公司最高领导。二十年前，富士通公司的年销售额仅为1640亿日元，十年前上升到6710亿日元，现在已高达2万亿日元。该公司职员队伍近十年来扩大两倍，达5万人之多，组织变得庞大而复杂起来。该公司关泽义经理决定打破等级制度，实行网络型经营，实现底层问题明朗化。为了防止由于组织层次束缚而难以听到现场中的中肯意见，公司利用个人计算机通信设置了独自的信息途径。

为了从没有直接关系的经营人员和年轻职员中广泛听取意见，富士通在公司内部公开招募人员召开研讨会。这种网络型管理成功实现了超越组织层次、广泛吸收意见，从而调动基层积极性的目的。

日本电气公司是一家年销售额3.7万亿日元、职员16万人的大财团。该公司的关本忠弘经理指出："拘泥于组织层次就无法让公司从大公司病中摆脱出来。"为了迎接21世纪，该公司开展了一场管理革新运动。在公司内从40岁以下的职员中招募100人成立了一个委员会，修改公司一级的制度和章程，意在激活公司。

几年前，松下电器公司在公司内从年龄为30多岁左右的年轻职员中招募200人组成委员会，就面向21世纪的构想进行广泛讨论。不过，这种管理手法也有不足之处，运用时要注意避免各组织负责人的渎职现象和职员只听最高领导指示的倾向。

2. 冲出"死亡飞行"

干母之蛊，不可贞。

——公司应强调创新意识。

在过去的20年里，始终没有一

个对手能够取代波音公司在商用喷气式客机市场上一枝独秀的地位。不少企业家都羡慕波音公司的成功。其创始人威廉·波音却不会忘记，他的"波音"是如何陷入，又如何冲出"死亡飞行"的。

波音公司建于20世纪初，以制造金属家具发展起来的，以后转向专门生产军用品。一战期间，波音公司生产的C型水上飞机博得美国海军的青睐，波音也在美国飞机制造业中担当起一个重要的角色。

然而，好景不长，战争结束后，美国海军取消了尚未交货的全部订单，整个美国飞机制造业陷于瘫痪状态。波音也不例外，陷入了"死亡飞行"中。

威廉·波音并没有因此垂头丧气，而是进行了深刻的反思。造成"死亡飞行"的原因虽然有形势大变的因素，但也是由于自己过分依赖军方的结果。亡羊补牢，为时未晚，他果断地调整经营方向并采取了相应的措施。

波音一方面继续保持和军方的联系，随时了解军用飞机发展的趋势、军方的要求，以便加以满足。这样军方不会介意，一旦有机会，其他飞机制造商难以乘虚而入。一方面考虑到军方暂不会有新的订货，完全可以抽出主要的人力财力，开发民用商业飞机。

为了保证这一策略的顺利实施，还必须吸收、培养人才。

从此后，波音公司注意吸引和培养人才，并授予他们充分的权力，把主要的力量投入民用飞机的研制，从单一生产军用飞机的旧壳里脱颖而出。

战后经济的复苏刺激了对民用飞机的需要，波音公司推出的40型商用运输机以及波音707、727客机正好满足了市场的需要，从而冲出了"死亡飞行"。以后又陆续推出了波音737、747、757、767，同时替陆军、海军、海军陆战队设计制造了各式教练机、驱逐机、侦察机、鱼雷机、巡逻轰炸机和远程重型轰炸机等，波音公司日益发展壮大起来。

波音公司如果不"金蝉脱壳",摆脱单一的军用飞机经营,就无法冲出"死亡飞行",那只有飞向死亡。

公司在面临竞争的压力且攸关生存的考验时,一定要想办法求新求变,而可不墨守成规,故步自封,否则就无法避免被淘汰的命运。

3. 快的吃慢的

裕父之蛊,往见吝。

——改革需要雷厉风行。

约翰·钱伯斯,好像是突然间从地底下冒出来的IT巨头,一个可以与比尔·盖茨、葛罗夫比肩的业界大亨。2000年3月27日,中国新华社及各大媒体赫然推出"美思科公司股票市值达5554.4亿,市场价值超过微软"的消息。一下子"谁也没听说过的最重要公司"就令同行高山仰止,啧啧称奇。

其实思科系统公司是全球领先的互联网设备与解决方案供应商,被人们称誉为"网络时代的管道工和泥瓦匠"。今天,全球的互联网上有80%以上的数据都是经由思科系统公司的骨干设备传送。通过使用互联网和公司内部网,思科公司每年至少能节约经营费用5亿美元。目前,思科公司每天通过互联网实现的销售额超过3000万美元,70%以上的客户支持服务是通过互联网来实现的。在思科公司,有81%的求职简历是通过互联网收到的,66%的员工是通过互联网雇佣的。

思科公司的神奇魅力还不仅仅在于此。"快的吃慢的",这是思科系统公司总裁兼首席执行官约翰·钱伯斯提出的一个新经济规则。从1993年以来思科进行了大大小小共48次收购。每次都是客户告诉思科,他们需要什么技术,然后思科再买下来。购并让思科迅速地得到了新技术,跨入新事业并吸纳了更多人才。钱伯斯强调:"这个原则不会变,而且收购的步伐还要加快,要达到一年10到14家公司。"

1998年5月,美国加利福尼亚州,在一次大型技术会议上,钱伯斯与Cerent公司首席执行官卡尔·罗素相遇了,Cerent公司是电信设备领域的后起之秀。第一次见面只寒暄几句，钱伯斯就单刀直入，直奔主题："我需要拿出多少钱才能买下你的公司？"

正准备公司秋季上市的罗素也不简单，针锋相对，"我们需要花多少钱才能让你放弃这一计划？"

最终，还是钱伯斯胜了。钱伯斯正是这样一位优秀买手。他预言，将来一个"新世纪"网络将把传统的语音、数据和视频传输网络合而为一。电子商务将成为主流的商业模式，报纸、广播、电视和互联网四类媒体将走向融合，成为真正的"多媒体"。

4. 有为经营，无为管理

不事王侯，高尚其事。

——英明的经营者要果断更新经营观念。

世上没有永远对任何行业都通行的经营模式，在不同的时期，不同的公司都应有与之相适应的形式。在经营世界中，没有权威，只有创新。

美国的管理专家毕可斯描绘了这样一幅画面：由于信息技术的日益进步，未来公司的办公室内，看不到一个员工，有人选择在家或工作室工作，有人在外面拜访客户，所有的工作部可以通过网络进行。虚拟的办公室工作状态，已逐渐成为发展趋势。这种情况的出现，打破了传统的权威管理和严格管理，意味着组织的分权，把权力从领导者手中分散到组织成员手中，员工获得了独立处理问题的机会。领导者则支持、指导、协调员工的工作，激发员工的智慧，并为员工服务。这时公司的领导不再是聪明的总裁，而是集体智慧的网络。大家通过网络分享信息，在公司内部形成一种"无为管理"的管理理念。所谓"无为管理"并不是取消管理，而是管理进入更高层次和更高的境界，人人都是管理者，都是重大决策的参与者，也是决策的执行者。管理达到如此境界，才能使领导者摆脱日常事务，面对未来，纵观世界，审时度势，筹谋公司发展的根本大计。

上下同欲是不败的真理

原文：《象》曰："大君之宜"，行中之谓也。

释义：《象辞》说："以聪明才智来实行督导，这是伟大君主最适宜的统治之道"，说的就是行中庸之道。

释例： 临的主要意思，是从上面低头向下看，公司领导在抓经营管理时对员工要以德服人，不能居高临下，摆架子。

1. 牢牢把握自己的经营之船

咸临，贞吉。

——经营者要脚踏实地，避免夸夸其谈，并且要经常自省。

在信息传播迅速发展的社会里，先进技术产品层出不穷。一个有头脑的经营者，不但要眼睛向内，牢牢把握自己的经营之船；更要眼光向外，密切注意他人之长，并取而用之，使自己的技术和产品质量成跳跃式地提高，这样才能使公司永葆青春。

在日本，一般不准外资独资经营。为了发展电子计算机工业，日本破例给 IBM 公司开绿灯，让它在日本独资经营，甚至把国内市场让给它。

几年之后，日本人学到了技术，加上自己的创新，现在日产电子计算机已在若干方面登上了技术顶峰。

日本现处在经济实力、贸易和科技三项强国的地位，它并没有放弃其致富之道，仍然坚持大量引进国际先进技术，尤其在高技术领域里，引进势头有增无减。

近 20 多年间，共引进 2 万多项先进技术和经营经验，花费的资金只相当于研制国家为此花费的三十分之一。1986 年，日本签订引进国外技术合同共 2361 项。引进这些技术，正是取人所长，补己之短，从而推进自身技术的进步。

再比如，巴西拥有丰富的资源，但缺乏开采加工技术。为此，巴西专门成立技术引进机构，制订保护引进政策，每年引进上万件专科技术，从而推动了技术的发展。1964 年，巴西人均国民总产值为 692 美元，到 1970 年代末期已达到 1600

美元。

2. 评估的头一项

咸临，吉，无不利。

——经营者要对自己的实力有一个正确的估价，既要避免风险太大，又不能太保守。

投资人的自我评估是投资前的必要准备，是否有投资实力？投资的各项条件是否具备？有利因素是哪些？不利因素是哪些？自己对投资的兴趣、相关知识和技巧的掌握如何？等等，都必须先自摸一下心窝，有了八九分底气时方能做出决策，否则还是忍着点。

评估的头一项是问问自己对投资的观念是否改变？是否跳得出传统观念的窠臼？在当今物流涌动的经济大潮中，每一个人与投资的关系愈来愈密不可分了。过去，人们认为投资是那些有钱闲着的人们玩的游戏，而普通劳工阶层、工薪阶层、小本生意人等，哪里还有闲钱去投资呢？其实，投资并不一定非得很有钱才行，对于资金有限而又有兴趣、有眼光的人，也可以选择小额投资的方式，这种小额投资，不仅可以"积沙成塔"，一点一点地积累利润，更重要的是用小额投资开了大门，争取到了一张进入投资市场的"入场券"。一旦入了门，便能在这个激烈的竞争市场上见世面、长知识、学本事、练功夫，一旦时机成熟，也能玩上一两把，过过发大财的瘾。

当你有了以上认知后，就有了兴趣和信心，然后再来摆摆"硬件"：

首先，确认自己能够承担风险的能力有多大？自己属于何种投资性格？一般而言，投资性格比较积极的人，会倾向于大额的投资，也就是较具冒险家的精神。此种投资方式属于高额利润、高风险，全凭投资人的一颗强有力的心脏和冷静思维的头脑。至于投资性格较为保守的人，大都会选择风险性小的投资，尽管利润较薄，但却安全可靠，少了些后顾之忧。

所以说，投资人的投资性格的积极与保守，相对地也关系着获利的大小。在选择投资方式之前，先评估一下自己的投资性格，然后根据性格来决定投资方向。

其次，选择好投资管道，适当调配好投资的组合。当然，这得靠投资人自身运用智慧，相关知识及经验积累。若投资人能够完善分配投资组合，不但可以分散风险，还能增加投资机会与投资报酬率。

3. 为什么要我这么做

甘临，无攸利。既忧之，无咎。

——平易近人、虚怀若谷，与员工关系融洽，公司自会兴旺。

一位老板生气地说："兰迪，今天早上你来我这儿之前先到史东尼·布鲁克的办公室去了，为什么不打电话告诉我？你难道不明白我需要知道你在什么地方吗？万一这儿出点事怎么办？"

"等一等，老板。我在这儿工作了五年，在好几个经理手下干过，哪一次不是随叫随到！我每隔几天到史东尼·布鲁克那儿，是去看看有没有新的索赔案，同理赔员谈谈心。对于别的任何一个经理，我从来都没有必要汇报自己的一举一动，搞不懂你为什么要我这么做？"

这位老板的做法欠妥——对下属过严，这样会产生很多问题：

（1）这将会限制他们自主决策的能力。部门里的工作，你不可能做到事必躬亲，这就是为什么需要下属的原因。但为了能够使员工高效地工作，必须充分利用资源——尽可能地让员工做他们力所能及的事，不要多加干预，这样才能事半功倍。

（2）这表明你并不信任他们。如果你要求下属早请求，晚汇报，一举一动都得征得你的许可，不允许员工有任何不同意见，员工们就会知道他们得不到你的信任。于是，你的担心就真地成为现实：你不信任别人，别人就会做出不能为你所信任的事情。盯着表看员工们什么时候吃好午饭来上班，员工们就会开始同你玩游戏，看看自己到底可以放纵到什么地步。事无巨细都要你来督查，员工们就不必再为自己的工作细节负任何责任——因为他们知道，出什么差错，你自然会发现的。

（3）这将使员工失去工作动力。有一个真实的故事：一位经理每天早上都要把部下召到办公室里，让他们汇报一天的工作计划。一天结束后，又要他们写一份当天工作进度的报告。你可以想象得到，不用多久，这个部门就已经人心涣散，员工们各奔东西。留下来的人则越来越不卖力——直到有一天，他们什么也不做，整天只是写工作进度报告。

4. 商战的制胜之本

至临，无咎。

——英明的经营者任用有才华的助手，公司经营将会稳步上升。

美国能长期富甲天下，除了它的优越的自然条件外，主要是因它的科学技术在世界居领先地位，而这正有赖于拥有大批一流人才。美国除了自己培养人才外，还善于容纳、引进和罗织天下人才为己用。其吸引人才之法有二：一是给予高薪，二是为之提供良好的研究条件。

在美国著名的"硅谷"工作的科技人员有33%以上是外国人。在美国从事高级科研工作的工程学博士后研究生中，外国人占66%。美国33%的名牌大学的系主任是华裔学者。在美国星球大战计划中扮演重要角色的也是外国科技人员。

据统计，自1952年至1975年，由于美国大量引进人才，为美国节省培养人才经费至少有150亿美元至200亿美元。更重要的是他们对美国经济发展起了重要的作用。在20世纪30年代，仅欧洲各国到美国定居的科学家做出的贡献，相当于为美国增产300亿美元。

正因为美国能集中天下人才为之从事科学研究，美国的科技才能走在世界的最前列。第二次世界大战后，美国引进科技人才最多，因而取得的科技成果也最多，占世界科技成果总数的60%至80%，获得了颁发的诺贝尔奖总数的一半。科技的高度发展促进了经济的繁荣，美国才成为世界上最富裕的国家。

高明的企业家，既要千方百计

地"偷""换"对方阵营里的"梁""柱"，又要防止自己的"梁""柱"被别人"偷""换"。

真情是成功之梦的依托

原文：《象》曰："观我生，进退"，未失道也。

释义：《象辞》说："对照高尚的道德标准省察自己的言行，审时度势，小心谨慎地决定进退"，这样做是不失原则的。

释例：观卦主要讲的是一个虔诚的心。为什么这个虔诚的心与观相联系呢？这正好与"观自在"有相通之处，它是观心。只有深知自己和同一市场其他竞争对手的情况，才能做出正确决策。

1. 信仰、努力和眼光

童观，小人无咎，君子吝。

——经营者不能将眼光停留在表面上，要高瞻远瞩，做出长远的安排。

世界旅店大王希尔顿生命里有三条原则：信仰、努力和眼光。不论做哪一行，若想做得比别人更出色，他认为首先必须具备高瞻远瞩的目光，唯有如此，才可做出正确的决策。把握不了市场的变化，看不出行情的发展趋势，决策便很可能失误。

希尔顿一生中最重要的成就——在旅馆业方面，买到了华尔道夫旅馆。如果没有希尔顿高瞻远瞩的眼光和正确的决策，华尔道夫的辉煌也许便只是一小段鲜为人知的历史。

华尔道夫旅馆的那些优雅的大房间里曾经住过许多皇族，当别人打电话过来找"国王"，华尔道夫的电话接线生一定要问"请问找哪一位国王"。但是这家旅馆却破产了，1942年，华尔道夫的股票暴跌。

希尔顿决定要买下华尔道夫。当他把这个决定向希尔顿董事会宣布的时候，有人惊叫起来："你是不是病了！花钱去买这个赔大钱的累赘？"然而希尔顿向来相信自己的商业直觉和眼光，他说："如果你仅仅只看到它现在的艰难处境而不能看得更远一点就去拒绝它,那只能说明你是一个商业上的短视者。"但是无论他怎样反复阐述自己的意见,希尔顿理事会的理事们都不能分享他的狂热:他们不相信华尔道夫这个落泊到如此境地的旅馆还会东山再起。身为希尔顿旅馆公司的董事长,没有理事们的同意,他也不能以公司的名义买下华尔道夫。

希尔顿没有因此而退却,因为他相信拥有这样一家旅馆,将会给他带来想象不到的价值和地位。他想:"我可以像30年代德克萨斯州西斯柯那样自己买下来,然后把我的看法再推销给那些能够接受我的意见的人。"

于是,他开始行动了。他首先打电话给华尔街上拥有华尔道夫股票的老大。

"我今天就能开个价钱,"希尔顿说,"我什么时候可以过来呢?"

当天下午,他走进那位老大的办公室,要买下249042股——这是控制股的数目,并给了一张10万美元的支票当押金。

华尔道夫的股东们正为拿着一大把廉价的股票抛不出去而大伤脑筋,如今听说希尔顿要以12元一股的高价收购,他们欣喜若狂——终于可以甩掉这个"烂包袱"了……

几天后,华尔道夫旅馆便改名为"希尔顿"。以后的日子华尔道夫究竟给希尔顿带来了多少荣誉和财富,不用去揣测,看看希尔顿头上那顶"世界旅店大王"的桂冠便再清楚不过了。

2. 赚钱的最好时机

观我生,进退。

——经营者不能片面地分析问题,逆境往往是崛起的好时机。

面对逆境,能坦然应之的当推犹太商人。他们能在危险来临时,仍泰然自若地做生意,甚至把逆境看成是赚钱的最好时机。下面有一则关于犹太人面对逆境的笑话:

不知从何时起,犹太人有个不能在安息日工作的规矩,要求人们必须在家休息,并勤做功课。但偏偏有人破坏规矩,在安息日却照常营业。一次布道时,拉比指责这些店主亵渎了安息日。当做完礼拜后，最爱破坏规矩的一个老板，却送给拉比一大笔钱，拉比十分高兴。

待到第二个礼拜时，拉比对安息日营业的老板指责就不是那么严厉了，因为他指望着那个老板给的钱会更多一些。然而他一个子儿都没得到，拉比感到十分奇怪，便询问其中的原因。

那位老板说："事情十分简单。在你严厉谴责我的时候，我的竞争对手都害怕了，所以，安息日只有我一个人开店，生意兴隆。而你这次说话很客气，恐怕这样一来大家都会在安息日营业了。"

虔诚，这是犹太人处世的基本准则，然而在开玩笑时，难免出格，当然从这则笑话中，我们能发现机遇只垂青那些有准备的头脑！

犹太商人的这颗发现机遇的头脑是在特定的环境下磨炼出来的。他们之所以能在非常困难的情况下从事放债和贸易这些获利颇丰厚的行业，他们首先知道自己的生意在哪里，对生意机会有一种超乎寻常的敏感，因为神父讲道时不准商店老板营业，而许多人害怕亵渎神灵，便纷纷歇业。犹太商人没有义务遵守基督教的教义，只要合法，他们只顾大赚特赚属于自己的钱。

正由于没有循规蹈矩的老板独具慧眼，见人之所未见，捕捉寻觅到有魅力的市场空当，并且捷足先登，在别人还没有摸着头脑的时候，就早已把生意牢牢地控制在自己手里，独擅其利，因此，有没有面对逆境的勇气和头脑，往往决定着一个商人的成功与失败，也是判断一个商人经商才能高低的重要标准。在逆境中，犹太商人成功了，成为成功的犹太商人。

3. 最难模仿的能力

观国之光，利用宾于王。

——通过对所处市场的情况进行分析后，再做出公司的决策。

显然，必须从顾客需求的角度定义公司的核心能力。不符合顾客需求、不能为顾客最重视的价值做出关键贡献的能力不是核心能力。

有人认为关键技术能力是最难

的，因而是最核心的能力。的确，这方面中国公司与世界级领先公司存在着巨大差距。我们的许多产品，如PC和家用电器，其中的核心技术、核心器件都是外购的，缺少核心技术使我们许多大公司的市场地位很不稳固。也有人认为，核心能力不仅仅是技术能力，只要它能创造出持久的竞争优势，像分销能力、资本运作能力、制造能力等都可能成为公司的核心能力。这些观点都有道理。但当我们从公司的整体角度来考察核心能力时，我们就会发现，技术能力、产品化能力、分销能力、制造能力……这些能力固然很重要，但公司还需要一种能力将这些功能能力组织在一起，沿着一个明确的方向运动。这种能力是其他诸种关键能力的核心，是它们的灵魂。那么，这种能力是什么呢？我认为，是深入理解和准确把握顾客需求的能力。

加入WTO后，中国企业比外国企业占有明显优势的地方，就是我们更了解中国的消费者。但我们是不是真正认识到了这一点，真正采取了有效措施，不断强化这种最难模仿的核心能力了？

4.当仁不让，舍我其谁

观我生，君子无咎。

——公司要成为出色的团队，领导者应先看好员工是否齐心协力，然后再进行决策。

安捷伦平时非常注意鼓励和帮助员工学习第二技能，以应付改变，因为随着外界的变化，员工的工作性质随时有可能要改变。比如中国区这边，将来随着通信技术的改进，总机的工作内容也会随之改变，所以员工也要学习新的技能，适应新的工作，如电话营销。鼓励并创造条件让员工不断尝试不同的领域，这对年轻人尤为重要，这让他们感觉到自己受尊重，公司对其个人的发展负责。

在全球网络经济低潮来临的时候，不少公司都纷纷裁员，安捷伦没有这样做，而是采取压缩开支、全员降薪的办法来共渡难关。

安捷伦行政总裁NedBamhoit明

确表示,"我们不赞成在公司困难时裁员。如果我们退出某个商业领域或决定将制造业外包,这都属商业决策。公司在兴盛时期不断招人,到萧条期就大肆裁员,不是最佳的解决办法。"

安捷伦采取的是直销,销售对象是中间制造商或研发单位,因此要求销售人员具有非常高的技术含量。这些人员达到独当一面需要相当长的时间,公司花费了很大的培训成本。如果现在让员工离开了,反而得不偿失,将来生意好起来的时候,再去重新招人根本来不及。所以,公司把不裁员看作是对人力资源的一种投资。高级经理们率先减薪,表达出整个团队共渡难关,公司要长期经营下去的信心,这其实也是对员工和用户负责的做法。

安捷伦一直在做的是不断修改保留人才的内容,让员工觉得自己的工作有贡献,个人有价值。在工作的设计上就是让员工的工作过程与结果直接相连,让其看到所做的努力带来直接的结果,而不是要经过很多程序才能看到结果。"我们希望每个人的工作像一滴墨水滴到清水杯中,能迅速看到颜色的扩散。"

在工作中,安捷伦提倡员工不要把工作仅看作一种责任,而应该是一种负责任的动态行为,即每个人都要有"当仁不让,舍我其谁"的心态,主动站出来承担责任,这样才能消除掉工作中间没人触及的灰色地带,进而把惠普的优良传统之一——团队合作变成更主动的行为,在勇担责任和互相合作下,产生更大的综合效能。

打一张人性化管理的妙牌

原文:《象》曰:"利艰贞,吉",未光也。

释义:《象辞》说:"有利于在艰难中坚守正道,其结果是吉利的"法治应该继续发扬光大。

释例:《噬嗑》是指凡是处理一种讼事,像狗打架这种事,一种纷争,一种矛盾,有争吵,有纠纷,发现了问题,所以要去处理,处理这一类的事,就叫噬嗑。员工犯错误公司要按照制度进行适当的惩罚。

1. 训诫的尺度

屦校灭趾，无咎。

——员工犯错误，管理者对其加以适当惩罚即可。

管理者都希望员工遵守规章制度，为公司努力工作。要达到这个目的，通常有两种方法：奖励和惩处。如果员工工作干得好，管理者通常会对员工采取赞赏、加薪、提升等奖励措施，以强化员工的行为，使他们把工作干得更好。如果员工违反了公司的规章制度，管理者通常会对员工进行训诫，以便使他们改变自己的行为。

训诫可以使员工改变自己的不良行为，比如旷工、迟到、随便请假等等，所以训诫是管理工作中一个不可缺少的内容。但是如何训诫员工才能收到预期的效果，而不至于使情况变得更坏，这里面有一定的讲究。

（1）事先要让员工了解公司的行为规范。

（2）训诫要讲求实效性。

（3）训诫要讲求一致性。

（4）训诫必须对事不对人。

（5）训诫时应当提出训诫理由。

（6）以平静、客观、严肃的方式对待员工。

2. 奖惩得当，重视效果

噬肤灭鼻，无咎。

——惩罚要公平无私，该重罚则重罚，但要恰到好处。

公司要坚持赏罚分明的原则，对于那些为公司立功、提高公司荣誉、提高经营效果的人，都予以晋升的机会或应有的奖励。对那些故意给公司造成财产损失、公私不分、搞不正之风的人，则坚决给予处罚。只有这样，才能端正公司的风气。

的确，员工满意度调查能否达到很理想的效果，一方面要求员工有参与意识，这取决于人力资源部以往营造的氛围、在员工心目中的形象，这决定了员工能否真诚地对调查活动予以配合而不是应付。另一方面要求公司有相对的规范性。设想，明知公司经营状况很糟还明知故问，员工会怎么想？

公司应该最大限度地营造员工充分融入的氛围，不怕存在问题、暴露问题。员工有牢骚、有抱怨要让其及时地发泄出来，但更要引导员工积极地提出建议。要相信公司的主流是好的，员工的心态大体是稳定的。如果连这样的自信也没有，的确该好好反思一下了。再有，分析结果一旦出来，公司应有相应的解决措施，让员工看到效果并予以监督。同时激励中层，让高层反思。可以设想，一个连内部员工都不满意的公司会如何让外部客户满意呢？

3. 不可滥罚无辜

噬腊肉，遇毒。小吝，无咎。

——对于犯错误的员工要严加惩罚，但要在全面弄清事实以后，不可滥罚无辜。

当听到某人犯了一个严重的错误，或是他让你失望了，或是他违反了什么规章制度，你的自然反应就是认为这个人确实做了你所听到的事情，从而立即采取措施。这样的反应是错误的，除非你真地把向别人道歉当作是件乐事，或者喜欢那些尽量不和你搭界的员工。

那么你该怎么做呢？请遵循下列步骤：

（1）认识到自己对发生的事情的了解是有限的——尚不足以据此做出任何决定。

（2）去除情绪化的想法。散一散步，完成一份报告，关上办公室的门大叫几声，做你必须做的事情，但在对任何事情进行处理前先要使自己冷静下来。

（3）如果不是有特别的原因要相信听说的事情，先在心里从有利于员工的方面提出质疑。这样做，就能为了解事实打好基础，或许还能帮助你更快地平静下来。

（4）与那位员工见面，告诉他你听说的事情，然后让他陈述自己的理由。仔细倾听，积极思考，并向他提出问题。既不要听过算数，简单地接受他说的话——他的理由可能与事实相差甚远——也不要让他觉得你是在对他逼供。抽出必要的时间，去了解他对形势的看法。

（5）有必要的话，获取更多的

事实。这时，你就能处理面对的情形了。

4. 激励、激发、鼓励

何校灭耳，凶。

——经营者要刚柔相济，以理服人强于惩罚。

激励士气本来就不止一种方法，用荣誉激励就会使刚强勇敢的人振作，用物质引诱就能使坚毅的人奋起，用形势逼迫，使其陷于危险的境地，并辅之以欺骗的手段，那么胆小力弱的人也精神抖擞。将帅治军能恩威并施，策划的计谋每次都能取得预期的胜利，那么三军在作战时的勃勃生气，就会像跃起的虎，蟠着的龙，无论遇到什么敌人都能攻克。如果再能造成有利的态势以增加威力，通过培养高尚的节操来保持常胜之气，受到挫败也不让损伤锐气，处于危险的境地也不使士兵受到震骇，这样，任何人在任何时间都会有高昂的士气。

"励"，即激励、激发、鼓励，这里指振奋和激发部队拼死杀敌的斗志。

古代将帅激励士气的方法很多。曹刿论战，"一鼓作气""彼竭我盈"，正确地选择攻击时间，以己之"作气"击敌之竭；项羽破釜沉舟，断己后路，激励将士战中求生，义无反顾；韩信背水布阵，"迫之以势，陷之以危"，激励士卒奋勇杀敌，死中求生。

在公司经营中，为了调动人们的积极性，也可以适当地运用激将术。因为我们中华民族具有在屈辱面前不甘低头、不认输、不投降的强烈自尊心，利用这样的心理，会更有效地唤发起人们的聪明才智。

5. 毁约的技巧

噬乾肉，得黄金，贞厉，无咎。

——毁约而不影响信用，在立约时就得设下毁约的理由。以履约的形式取得毁约的效果，恰恰是合理化的守约行为。

犹太商人在立遗嘱时就设下了计谋让它无效，在立约时就准备要毁约，因为他当时面临的是"要么让步，要么彻底失去"这样一种无可奈何的选择，所以他只能选择让步，把全部财产让给奴隶，使奴隶不至于带着财产逃走。

这种让步是他心有不甘的，把财产全部给了奴隶，和奴隶带了财产逃走，实际上是一回事。

为了解决这个难题，聪明的犹太商人给遗嘱中装进了一个自爆装置，儿子只要找到这个装置，就可以在履约的形式下取得毁约的效果。果然，在拉比的开导下，儿子真地启动了这个自爆装置，严肃的遗嘱在形式上得到了履行，而对那个奴隶来说，没有任何的意义。

这个寓言真正要表达的意思是，怎样借履行契约的形式来取得毁约的效果。采用什么样的方法在守约的情况下，取得毁弃契约才能取得的效果。

以履约的形式取得毁约的效果，恰恰是最合理化的守约行为。由此我们看到犹太商人在古代的商业行为中同今天资本主义经济运行方式有着惊人的相似之处。

犹太商人这种形式化的守约同他们近乎无条件地守约有着内在联系，并且互为因果。没有近乎无条件地守约的传统要求，也就没有必要在毁约的同时顾及形式上的守约；也就是说，没有高超的技巧，严格的守约只能削弱他们自己的生存能力。犹太商人正是靠着这种技巧，利用原本对他们约束得最为厉害的形式，变成他们用来约束对手最便利的手段。这既是犹太商人的一种生存能力，也是他们对现代资本主义经济秩序的一种投机。

重视文化的积极效应

原文：《象》曰："永贞之吉"，终莫之陵也。

释义：《象辞》说："永远坚守正道，便可获得吉祥"，是说只有永久坚持正道，才能最终不受人凌辱。

释例： 贲，是草香的总称和花卉。花卉和贝都是作装饰用的。贲，不仅仅是指装饰，化妆；如用贬义词说，是粉饰、伪装。当然，对于社会来说，是一种礼节、礼仪、文明。公司成长的不同阶段，经营者要注意采取不同的宣传手段。

1. 没有经验也没有约束

贲如濡如，永贞吉。

——正确处理好人力资源，同心协力促进公司发展。

古人说得好，得人才者能使国家兴盛，失人才者会使国家灭亡。用人的关键之处在于善取天下人才，而不是庸才、奸才。这也就是俗话说的，宜于长子中选长子，而不宜在矮子中选长子。矮子中选长子，等于在庸才中选庸才，还自以为选的是人才。

王永庆曾经说过："我对新加入公司工作的员工，不要求他具有多少经验。没有经验其实也是好事，就好比一张白纸。对于有经验的人，要想改变他通常就更为困难。"

虽然王永庆不要求新职员有工作经验，但并不等于选拔人才要求的不严格。经过六个月的追踪考查之后，按每个人的专长分配到各单位实习。对于管理人才实行训练，不仅要求他们具有发现问题和解决问题的能力，还要求他们有独立思考、积极追求的素质。在经过一年半到两年的实习之后，就积累了一些工作经验，由实习生成为熟练的工作人员。

王永庆独特的用人方法，对于台塑公司的发展起了相当大的作用。

2. 与自己的产品竞争

贲如皤如，白马翰如。匪寇，婚媾。

——公司要注重形象宣传，通过做广告等手段，力图创新。

世界著名企业家斯隆曾说过："在竞争的经济中，没有公司休息的地方。"只有竞争才可能形成一种紧张、激烈的状态，从而有利于激励精神，提高效率。

嘉士伯和塔堡啤酒都是丹麦联合啤酒厂的产品，但在世界啤酒市场上都是以死对头的姿态出现，同时都大做广告，互相抢对方的顾客，竞争到了白热化的程度。众所周知，从前的生意手法是，不同的啤酒拥有不同顾客，如果一个生产两种性质相同的产品，就更应该各自针对既定的顾客，用不同销售方法推销，而不应该自己人抢自己人的生意。而联合啤酒厂却相反，这样经营的结果是使销售量急剧增加。这除了厂家采用电脑化自动生产线及正确的政策外，秘诀就在于"自己产品和自己产品竞争"的策略。

嘉士伯和塔堡究竟用什么方法竞争？仅以加拿大市场为例，嘉士伯在取得该国酿制啤酒的牌照后，塔堡就以丹麦生产的外销产品和当地生产的嘉士伯竞争，甚至不惜用降低售价的手法展开价格大战。这样使得这两种啤酒得到最佳宣传效果。不管是嘉士伯抢走塔堡的生意，还是塔堡抢走嘉士伯的生意，都会使联合啤酒厂的销路上升。

事实上，塔堡的对象基本是以年轻人为主，而嘉士伯则以工薪阶层为主。联合啤酒厂的董事长斯范豪摩则鼓励自己的两种啤酒花数以百万计的资金在广告上宣传，劝饮惯塔堡的转饮嘉士伯，又劝饮惯嘉士伯的尝一尝塔堡的味道，尽管花招变来变去，顾客饮的仍是联合啤酒厂的产品。正是从这一点出发，斯范豪摩最重要的工作，就是监督这两种啤酒在市场上的激烈竞争。

3. 制造新闻，胜似广告

贲于丘园，束帛戋戋，吝，终吉。

——公司的广告宣传是十分重要的，这是公司必须花费的经费之一。

利用新闻媒体自觉地对公司进行宣传报道，是公司策划的高级形式。成功的炒作新闻甚至还可以起到"不是广告，胜似广告"的作用。美国电脑业巨头 IBM 就曾安排一场"人机大战"，把从 20 世纪 80 年代以来走遍天下无敌手的俄罗斯国际象棋大师卡斯帕罗夫请到纽约，与该公司开发的超级计算机"深蓝"对弈，经过 10 天激烈对抗，深蓝以两胜一负三和的战绩把卡斯帕罗夫拉下棋王宝座。卡氏虽然失败了，但他仍是当今无愧的棋王。现在看来，最大赢家不是象棋理论，不是象棋科学，而是国际商用机器公司——电子计算机的主人。该公司说，决赛虽然是作为现代化计算技术的辉煌胜利，然而，整个过程更像是为这家大公司精心创意的广告的胜利。据初步统计，整个比赛IBM花了近500万美元，包括广告费、奖金以及编制电脑超级程序的费用。然而，由于传媒在有关"人机大战"的众多报道中，必须常常提到公司的名字，由此IBM公司可节约大约1亿美元的广告费。这样算起来，IBM公司几乎没花钱就使自己的形象增添了新的光彩。美国一家报纸说，超级计算机"深蓝"做了计算机专家几十年想做的事，做了超乎全世界数百万人包括"微软"公司员工想象力的事。国际商用机器公司发言人谨慎地说，难以断言"深蓝"名声大噪对增加销售额有什么明显的影响。但不管怎样，所进行的广告战和"深蓝"的胜利已带来初步物质的成果：比赛第二天，纽约证券交易所该公司的股票价格就上升了3.6个百分点。

当然，制造新闻不一定非要请国际大师，只要肯动脑筋，生活中有许多值得"做文章"的"素材"。美国有一家商场，当着顾客的面把成桶的牛奶倒入污水沟里。人们看到乳白的牛奶倒掉了，非常惋惜，纷纷探问倒牛奶的原因，商场答复说："牛奶已经过期，为了保障顾客的健康、安全，我们必须这样做。"可就在牛奶被倒入污水沟的过程中，卫生检验部门送来了化验结果：牛奶质量合格，并没有过期，可以继续销售。在场顾客听后，顿时哗然，人们为这家商场的质量信誉而赞不绝口。次日，当地各大报纸均以显著位置对此事大加报道。一时间该商场老板精心策划导演的一场戏家喻户晓。其实老板知道牛奶并没有过期，而是故意这么做，抓住了消费者重视健康的心理，以博得消费者的好感。

优胜劣汰是竞争的必然

原文：《象》曰："剥床以足"，以灭下也。

释义：《象辞》说："剥落床体先由床的最下方床腿部位开始"，是说先损毁床的基础。基础损坏毁灭了，自然就会有凶险的情况发生，而且还会逐渐扩展波及到上面。

释例：剥有剥取、割剥、剥落、剥蚀，同时还有腐败的意思。处世经商，以平常心面对失败。公司经营不景气，可采取战略转向，以图开辟新市场。

1. 灵活的价格模式

剥床以足，蔑贞凶。

——决策应灵活多变。

巴黎证交所附近有家小餐馆，它的菜根据点菜人的多少定价。如果点一道菜的人多，这个菜就贵；点的人少，价格就便宜。顾客可以查看店内的电脑，有人点菜时锁定一个价；也可以冒险到结单时赌个好价钱。不过，顾客和餐馆所承担的风险都不大。每天上下浮动的最大差额不过6法郎，还不到1美元。但顾客可以一试运气，尝尝投机的乐趣。对店家来说，也可以赌一赌能赚多少，因为就算是最低价也包括了成本和一定的利润。

这实在是一个不错的营销策略，也是一堂生动的营销定价课。这家餐馆的老板认识到，并不仅是靠成本加利润算出一个模式就可以定出一个适当的价格。你可以有一个价格模式。但是，如果盲目遵从一个模式，只能对你的业务带来破坏，使你毫无利润可赚，甚至把你赶出市场。

影响你最终定价的因素有很多，如产品、市场、经济气候等。如果你能灵活应变，就可以像巴黎那家餐馆主人一样多赚一点。

在定价时，首先要考虑的是一个最高价，即市场能够接纳的价格。尽管美国轮胎生产商1985年比1981年的成本上涨了4%，然而1985年的价格比1981年却下降了7%。由于来自国外的竞争，它们的价格远远低于它们的成本加上适当的利润。

2. 产品要有新创意

贯鱼，以宫人宠，无不利。

——公司在市场变幻的不同形势下及时做好战略调整。

国内一些老公司在经营上缺乏生机、活力，它们包袱重。要说竞争力，还是设备新、产品新、人员新，又没有包袱的公司强。的确，在国内，百年公司鲜有，即便有一二,经营好的,有活力的也不多。

西门子是一个老品牌,起码有100多年的历史。有经济学家做过统计,50年前的世界500强,70%已经在现在的500强中消失了。因此,一个公司能够做成"百年老店",已经不容易,而这个百年老店还能做到西门子这样长盛不衰就更难得。

公司能够长盛不衰原因很多,其中很重要的一点是要保持生机和活力。生机和活力是什么?就是"与时俱进"。无论公司有多老,但产品必须年轻。

公司做久了容易做出定式,容易墨守成规。很多公司之所以由盛而衰,都是没能从公司过去的成功中走出来,背负了成功的包袱。时代变了,而自己没有跟着变,最终被淘汰。而西门子能够始终站在跨国公司的前沿,保持上升势头,很重要就是及时调整产品定位。

德国的公司和产品过去给人的印象一般比较保守,属于做工精良、款式老旧的类型。但是一次展会上,西门子却提出了"精粹、时尚、生活"的品牌理念,提出"灵感点亮生活"。公司的标识颜色也从比较沉重的墨绿色、灰色,改为鲜艳、年轻的橙色、天蓝色。这样的变化看起来不大,其实有丰富的暗示:西门子将年轻化。

手机是一种时尚产品,西门子公司的市场分析人员认为,其最有力的消费群在20岁到40岁,因此让年轻人接受是关键。如果一个产品无法吸引这个最大的消费群体,即使内在品质再好,也不会有好的市场响应。因此,时尚是西门子产品的重要转型方向。

在那次展会上,西门子推出的概念产品,如项链式吊坠手机、手表型手机等都体现了"灵感""时尚"等特点,其音乐点播、摄像头等功能更是专为年轻时尚一族所设计,这些产品定位,充分体现了西门子年轻化的趋势。

据最近的统计,西门子手机在全球的市场份额排第三位,这样的业绩也证明,百年西门子年轻化战略的成功。

3. 选择战略转向

硕果不食，君子得舆，小子剥庐。

——当公司面临强大的市场竞争时，而自己实力又略逊一筹，应选择战略转向。

20世纪70年代中期，美国西尔斯公司的邮购营业额每年都高达数十亿美元，遥遥领先于美国和世界各国其他同行。现在，西尔斯公司大力推行的邮购商业，在美国和其他发达国家，都规模巨大，美国的邮购总额不下1000亿美元，德国有100亿马克，日本超过了1万亿日元，英国有30多亿英镑，意大利1.3万亿里拉。那么，现在西尔斯的辉煌是从哪里走出来的呢？

20世纪20年代后期，伍德接过洛森沃尔德的班。早年伍德曾在西点军校学习，毕业后在菲律宾服役，之后又到巴拿马参加当地的开发计划。第一次世界大战期间晋升为将军，主持军需物资的供给、采购及运输，荣获过联邦政府勋章。战后，西尔斯公司聘伍德为副董事长。针对当时美国市场的变化，尤其是农村市场的变化，伍德采取了新的经营策略，紧随市场的变化而变化。一方面他继续抓好邮购商业，另一方面，拿出更大力量着重发展门市零售——零售商店，扩大服务对象。同时为城市居民和农村消费者提供服务。从1925年到1929年，西尔斯陆续增开了324家零售店铺。到1931年，西尔斯的零售营业额开始超过邮购销售的营业额。

随着零售商店数量的激增，加强商店经营的新课题也出现了。可是过去顺利的邮购业务，没有也不可能为公司培养出现在需要的商店经营人才。在他任公司经理的开始十多年时间里，伍德亲手抓提拔、挑选、培养人员的工作。这种重视人才培养的作风，成为西尔斯公司的一项常规制度，成为西尔斯公司不断发展，走向成功的重要因素。同时由于邮购业务是高度集中的，不多的邮购走向即可供应全国，而遍布美国大陆上的零售商店，却难以事事均由总公司亲躬。因此，西尔斯必须有更有效、更合理的管理层次。各地区商店的独立经营和公司的统一领导矛盾统一。为了实现中央集中采购，又多店铺分散销售，伍德采用了采购部门的集权经营与销售部门分权经营相结合的新经营方式。1948年，西尔斯公司的最高经营机关由董事长、负责商品的副董事长、负责人事的副董事长，以及负责计划与控制的五人小组与各地域事业部长（副董事长）组成的联合经营机构。

在任职期间，伍德实施了一系列重大改革措施。其中最重要的一项改革就是建立连锁经营体系。连锁店是现代工业化大生产原理在零售商业的灵活运用。所谓连锁商店是一种经营性质相同的店铺的综合体，它们挂同一招牌，使用同一店名，店内陈列和装潢形式也大体相同，经营的商品类别也基本一致。连锁商店可以获得规模效益，因为连锁商店可以统一进货（进价可大大降低）、统一宣传（巨额广告费分摊到每一店铺，费用很小），在激烈的商业竞争中易于占据有利地位。

不断强化自己的市场优势

原文：《象》曰："不远之复"，以修身也。

释义：《象辞》说："刚刚开始行动，就能有知过必改、复归正道的表现"，说明能注意自身修养。

释例： 复卦的复是恢复的意思。公司在进入新市场时，要采取一系列的恢复策略。

1. 递进性开发

不远复，无祇悔，元吉。

——公司在发展过程中，经营者要依照市场行情不断对公司政策进行调整完善。

美国的胖人是有福的，至少在穿衣方面。国内近年来纤瘦风盛行，像那些略显丰满一点的人，一买衣服就发愁。特别是买裤子，往往长短合适的太瘦，肥瘦合适的太长。略肥大一点的衣服，那样式就"惨不忍睹"。而且基本每年流行一种风格，有时细窄，有时宽大，除了流行的,其他风格鲜见踪影。仿佛工厂里出来的成衣就是灰姑娘的水晶鞋,如果想穿得时髦些,就得"削足适履",无论是饿肚子,还是跑大圈,都要把身材锻炼得跟衣服架子一样标准才行。

服装生意做到这个份上,似乎已经没有多少开发余地了。但是近年来,美国出现一个突出问题,就是儿童超重现象日益增多。据统计,美国现有600万肥胖儿童,比20年前翻了一番。有的小女孩不过八九岁,体重却到了60公斤,浑圆一团,童装里装不下去,只能买成人的12号,拿回家再把衣服的下摆、裤腿和袖子裁掉一截。

在肥胖儿童中,男孩还好办些,反正T恤牛仔,穿大人的也一样,照着腰围买就是了,何况成人牛仔现在也推出了袋袋型这类时髦玩意。女孩可就够呛了。她们发育早,爱美如命,又适逢青春期叛逆心理,买不到合适的衣服便成了一大心病。其后果是不少女孩子逐渐自惭形秽,不修边幅,甚至完全丧失自信。所以心理学家们认为,如果肥胖儿童尤其是肥胖女童能有条件打扮得时尚一些,对他们的心理健康会大有裨益。

加大号童装,首先照顾青春期的大小孩,这个年龄段的肥胖儿比例最高。在12岁到19岁的大小孩中,肥胖比例高达14%。女童装的号从14号增加到26号。最大的26号尺寸与成人的大号无异,但设计却完全是针对小孩的。每个号的加大型是在标准型的基础上,整个加宽1英寸,腰围和臀围适当再加大。

2. 不分派,自己干

休复,吉。

——经营者对于公司决策要灵活果断,避免使公司失去机遇。

在分派工作时,你还要冒一种风险,即你的要求可能会被你的下属曲解。本来,你把工作分派出去的本意,就是为了把一切都简单化,但是,一旦你把工作分派出去了,他们很可能会搞得非常复杂,等到这件工作完成时,你会发现,你身边几乎所有的人都被卷进去了。这种结果当然是事与愿违的。

一位总经理讲过一个非常有趣的故事:"几年前,我妻子希望得到一双适合草地球场的网球鞋。我在伦敦有一个长期助手叫萨拉·伍尔德瑞基,我把这件事情委托给了他。"

萨拉问:"什么牌子?"

我说:"彪马。还记得希尔薇娅·哈尼卡在伊斯特伯尔尼举行的那次温布尔登热身赛上穿的那种款式吗?我想,贝蒂西可能比较喜欢这种款式。

"于是,萨拉把我的要求转达给了我们公司的网球业务部:我的妻子想要希尔薇娅·哈尼卡在伊斯特伯尔尼穿的那双草地网球鞋。

"现在,这件事因我而起,我的妻子也被卷了进来。再加上萨拉的不懈努力,一个原本十分简单的要求,被我们的网球业务员按一比十的比例给夸大了。最后,这个要求经过我们公司驻欧洲办事机构的层层转达,终于,我们公司在慕尼黑的一家办事处与希尔薇娅·哈尼卡的经纪人取得了联系,最后又跟她本人取得了联系。四个月以后,我和妻子在洛杉矶逗留时,我们收到了一个包裹,里面装的就是希尔薇娅·哈尼卡穿过的那双草地网球鞋。

"我想,如果我们真地想要哈尼卡的那双网球鞋的话,我们任何一个人只需要直接给哈尼卡拨个电话,一切问题就可以解决了,根本用不着如此大费周折。"

这表明,在分派工作中隐藏着危险。当你的指示在公司里层层传达的时候,一个原本十分简单的要求,很可能被歪曲到面目全非的地步。我们有必要记住这一点,当我们急于把尽可能多的工作分派出去时,其实有些工作,如果由我们亲自来做,其结果可能反而会更好些。

3. 在学习中据为己有

频复,厉,无咎。

——经营者要不断增强自身修养,积极地学习别人的长处。

日本人对于竞争对手的一举一动、一言一行都十分感兴趣,从对手的行为举止中获得信息，找到对手行动中不完善的行为和薄弱的环节，从而为自己制造发展的机会。

日本人一向注重向美国人学习和对美国人的研究。他们常常利用接受美国人协助的过程中，默默地观察、学习在美国做生意的诀窍，从而获得许多有价值的信息。如美国人日常生活中爱注意什么，消费者都有什么样的购物心理、购物习惯等等。

日本人把这种学习转变当成了机会。一旦他们认为对美国市场摸清楚了的时候，他们就迅速地建立自己的销售体系，并开始与帮助过他们的老朋友在美国市场展开无情的竞争。

有例为证：一家日本电器公司得知合作的伙伴成功地设计出自动洗碗机后，便将昔日朋友的洗碗机带进实验室，从产品的功率、零件数目和种类等方面，实施分割技术，进行了"全方位的立体"研究。他们通过这种"全方位的立体研究"，很快就生产出性能更好、价格更低的自动洗碗机。美国的那家公司虽然曾经是他们的朋友，而且还是一定意义上的老师，但却被日本人无情地夺走了还没有来得及"洗"的饭碗。

4. 应变能力与适应能力

中行独复。

——如果经营者一味地僵化头脑，缺乏应变能力，公司经营必会失败。

面对公司内部外部的新形势，主张公司的全体职工都要进行五项修炼。这是美国麻省理工学院教授彼得·圣吉在他的著作《第五项修炼》中提出来的。

在他看来，公司是一个完整的系统，同时是一个有机的系统。公司组织就像一个完整的人，其内部结构、总体思维方式和自身的素质都将影响到公司对外在变化的反应。公司组织对外在变化的适应能力的提高和个人各项技能的提高一样，需要通过学习才能达到。同时公司组织又是一个有机体，必须强调总体的能力——公司自己的智慧和判断，自我学习和适应。

彼得·圣吉教授在研究了大量公司兴衰史和参加了大量的公司经营实践后总结出：要在快速变化的市场中，迈向学习型组织，必须具备两个本领：应变和适应的能力以及有远大理想，创造未来的能力。公司就和人一样，不仅是为了生存而简单地适应世界，而且还要为更崇高的人生理想而奋斗，创造和改造世界。

在自由经济政策下，公司界最伤脑筋的问题是在现代社会中，没有竞争能力和抵抗力的公司，必然会被淘汰，或渐渐地消失。在日本，所有的公司，不问类别，都不允许发生独占的情况，政府时时颁布新的法规，或从国外进口商品抵制垄断。所以，各种行业都有景气好与景气坏的时候。

1940年创立于千叶县的东京合板股份有限公司，主要制造三合板。1980年，11月一个月公司的营业额就高达103亿日元。他的客户包括三菱商事会社、安宅建材会社、汤浅产业、日棉建材等大公司。

然而，由于20世纪80年代房地产市场萎缩，房屋滞销，三合板的需要进入低迷状态，公司的经营开始出现赤字。公司想减轻负担，先后转让出东京、船桥两厂。同时，又想采用新技术，建设一个新的现代化合板工厂。不料，新厂的实际生产量，远远低于原设计的标准产量，加上合板需求还在萎缩，原木来源出现困难，经营再一次搁浅。1984年初，由三菱商事、汤浅产业等主要客户，出资重组公司，一度有所起色。然而，终因沉疴难治，于1984年9月宣布破产倒闭。

这一倒闭案例，说明公司在市场变化的情况下，如果应变能力不足就会破产。

赢得支持是成功的保证

原文：《象》曰："无妄之往"，得志也。

释义：《象辞》说："不妄动妄求地前去行事"，是说这样就可以实现志愿。

释例：在无妄的状态中，不妄求，不苟得，当行则行，当止则止，这就是无妄卦的含义。公司经营者切不可野心膨胀，占据一个小市场的绝大份额是中小公司的发展之路。

1. 持"中庸之道"

无妄往吉。

——经营者对于公司过去取得的成绩要保持平常心，不要过分求既得之利。

日本关西有家海产品批发商，该公司每年的营业额超过20亿日元。老板嫌利润偏低，有意经营其他行业，但又不知从何入手。想来想去最后走上囤积海苔之路。在日本食品界，海苔属于热门时货，价格暴涨暴落，一半靠运气，另一半要看公司眼光与判断力。这家公司就正是因为眼光短浅，库存货品过多而不幸倒闭。

在交通发达、公共通讯方便的今天，各种物资的集中和分流速度十分快。再加上全世界首屈一指的日本商社信息网，哪里有多少数量的什么物资，经商者可以及时清楚地获得资料。甚至，各农作物的收获量、商品的生产量等预测技术也取得很大进展。因此，单靠自己的推测或碰运气来囤积物品就想发大财的时代，已经过去了。

现在的另外一个问题是，中小型批发商已亮起红灯。除了极少数的特殊商品外，大型批发商都用大型电脑来处理各种信息，存库量、售货量，都可以从电脑的屏幕上一览无遗；甚至于其他有关同行的信息及资料，也随时都可以获得。

大阪的富士鹰工业公司是日东牌毛线衣的制造兼批发商。除了日东牌这一主打品牌外，还经营"得利卡"和"马加利特"两个牌子的产品，知名度十分高，每年的营业额约25亿日元。其中长畸屋、忠宝屋、日井等超级百货公司就占该公司50%的营业额，另外50%是与全日本各地区批发商交易往来所得。

由于富士鹰一直采取薄利多销政策，因此公司盈利颇低，公司负责人常受董事会的指责。1982年，在极度保密的情况下，公司决定从国外大量进口廉价的秋冬季毛衣（金额约6亿日元）。不料当该批毛衣运到时，因日元大幅贬值，导致成本增加，造成不利的局面。

2. 不要高兴得太早

不耕获，为菑畲，则利有攸往。

——经商者不要过分看重一项决策的成功与否，长远大利比当前小利重要。

公司在经营中如遇到下述情况，必须慎重处理，否则往往吃闷亏。比如有一段时期曾是公司的大主顾，而且双方交易金额也不算小，却因一点小误会而断绝往来，有一天这顾客又突然前来订货，或是目前还在往来的客户，因双方在条件上谈不拢，而委托别的顾客代为订货。这时一定要仔细分析对方，是不是其他供应商拒绝供货，才回头找你？尤其在订货量很大时，更要注意，否则，常常会由于贪图多做一笔生意而使公司陷入困境。

在经济萧条时期，业绩不理想，公司赤字又在渐渐增加时，一旦有大笔订货单出现，经营者往往会认为天赐良机，不经过慎重考虑，就一口气接了下来。结果，收进来的第一张支票就遭到退票，这时再后悔也来不及了。

公司常常在困苦时遇到这种情况，本来就有财务问题的公司，就可能雪上加霜。

因此，许久没有往来的客户突然回来大批订货时，一定要小心应付，记住不要高兴得太早。特别是以下的情形，尤其应当小心：发现与不同行业之间都有大笔交易的客户；用支票付款，或常发生支票跳票现象的客户。

3. 有步骤地摆脱旧事物

无妄之灾，或系之牛，行人之得，邑人之灾。

——经营者要具有非凡的心理承受能力，在应对成败得失时做到沉稳果断。

20世纪40年代，旅馆业巨子

康拉德·希尔顿已经60多岁了，且拥有无数的财产。他是个"买下广场的人"——"广场"指纽约的"广场旅馆"，是全世界少数最豪华的旅馆之一。就在他60多岁的时候，他又买下了纽约的"华尔道夫旅馆"。如果说"广场"是旅馆中的皇后，那么华尔道夫则是皇帝了。继而他又花了1.1亿美元，把整个史达勒连锁旅馆买了下来。这在当时可称得上是历史上最大的一笔地产交易。致富并不难，可成为亿万富翁却不是一件轻松的事。"你必须忘记昨天的成功或失败，不要让昨天的成败束缚你的手脚。"希尔顿的家人，尤其是他的母亲，对他的成功有很大影响。当他特别成功的时候，回到家里总得意扬扬的。有一次回家，他对母亲说："你面前的这个人，现在拥有价值4100万美元的旅馆。"他的母亲回答说："我觉得你看起来同过去并没有什么两样，除了你的领带上有污渍。"正是这种教诲，使得希尔顿从不去在意他昨天拥有的成就，于是他的生意越做越大，手脚越放越开，终于成了旅馆帝国的皇帝。

一位希望自己和公司都具有效率的总经理，他会处理好所有计划、活动和任务。他经常考虑："这件事还值得继续做吗？"如果认为没有价值，他就会马上停做，以便集中力量做别的事。如果这些任务能完成得很出色，他自己的工作和公司的发展都将别开生面，真正取得成果。

然而，正如每一位经营者都知道的，维持老一套很容易；一旦着手一件新事，困难就来了。除非在从事一件新工作前，就为它准备好解救的办法，否则等于从一开始就宣判它的失败。对新工作来说，一条可取的解救办法，就是要选用真正有能力的人来做，这种人必须毫不留情地甩开原有的老一套，只有如此才能指望他能承担起新的任务。

有计划地摆脱旧事物，是促成新事物发展的唯一途径。一般人都认为，任何公司都不乏"创造性"

见解，但很少有公司能使自己的好见解付诸实施，人人都过分忙于昨天的任务。于是，美国首屈一指的巨型公司——美国电话电报公司解体了，雄霸世界汽车工业的福特公司被人超过了……

4. 以逸待劳，后发制人

无妄之疾，勿药有喜。

——时局发生变化时，经营者做企业决策应实行"静观其变"的原则。

20世纪20年代初，福特面临一次打击，汽车销量急剧下降，出现了不景气的现象。

当时，正值美国汽车工业全面起飞的时期，各大公司纷纷推出色彩明快鲜艳的新型汽车，满足消费者的不同喜爱，因而销路大畅。唯独黑色的福特车保持不变，显得严肃而呆板，销路自然大受影响。

但是，无论对各地要求福特供应花色汽车的代理商，还是对公司内的建议者，福特总是坚决顶回去："福特车只有黑色的。我看不出黑色有什么不好，至少比其他颜色耐旧些。"

生产逐渐艰难了，福特开始裁减人员，部分设备停工，将夜班调成白班以节省电灯费，公司内外人心浮动，连福特夫人也大惑不解，沉不住气了。

福特却笑着说："这是我的袖里乾坤，先不告诉你，等想妥了再说。"他夫人担心公司里牢骚太盛，会不会人心思走。

福特了解夫人的担忧，信心十足地说："我们公司的待遇高于任何公司，他们不会生异心，同时他们知道我是绝不服输的人，相信我不跟别人生产浅色车，一定另有计划。"

有人建议说："至少我们应该有新车在市面上销售，不至于让人家说我们快倒闭了呀！"福特诡谲地一笑："让他们去说吧，谣言越多对我们越有利。"人们感到很奇怪，问公司是不是正在设计新车？是不是跟别人一样，会有各种颜色的新车？

福特回答说:"不是正在设计,是已经定型了!也不是跟别人一样,而是我们自己的,而且我们的新车一定比别人都便宜!"这就是福特一生中最得意的"杰作"之———购买废船拆卸后炼钢,从而大大降低了钢铁的成本,为即将推出的A型汽车奠定了胜利的基础。

1927年5月,福特突然宣布生产T型车的工厂全部停工,这是公司成立24年来第一次停止新车出厂,市面所卖的都是存货。消息一出,举世震惊,猜测蜂起。除了几个主管干部外,谁也摸不清福特打的是什么算盘。让人奇怪的是,工厂停工后工人并没有解雇,每天仍然上下班。这一情况引起新闻界的极大兴趣,报上经常刊登有关福特的新闻,助长了人们的好奇心。

两个月后,福特终于透露,新的A型汽车将于12月上市。这比宣布工厂停工引起的震动更大。

年底,色彩华丽、典雅轻便而价格低廉的福特牌A型车终于在人们的长期翘首等待中源源上市,果然盛况空前。它形成了福特公司第二次起飞的辉煌局面。

福特公司由于T型车的开发,早已确定了它在美国汽车工业中的地位。这次面对各公司以色彩、外形为武器发动的挑战,福特并没有应战,而是养精蓄锐,扬长避短,抓住质量、价格这两个关键做充分准备,一旦成熟,就使对手们由强变弱,由优变劣了。这就是老福特的"锦囊妙计"——以逸待劳。

老福特的"以逸待劳"正是一种后发制人策略。这种策略常常表现为一种紧跟方式,就是说,公司并不抢先研究开发新产品,而是当市场上某种新产品初露头角并显示出较强生命力时,就立即进行仿造和改进,把自己的改进型新产品快速抛入市场,达到"青出于蓝而胜于蓝"的结果。

"以逸待劳"并非"好逸恶劳",而是养精蓄锐,等敌人劳师动众,疲于奔命,彼竭我盈之后待机而动。

因此，决胜的关键除了要有"泰山崩于前而色不变，麋鹿兴于左而目不瞬"的镇定冷静之外，还要有"知己知彼""妙算多者胜"的能耐。

绝不被美丽风景滞留自己

原文：《象》曰："有厉，利已"，不犯灾也。

释义：《象辞》说："不顾一切地贸然前进就会有危险的情况发生，这时只有暂时停下来不勉强前进才会有利"，是说不必冒着灾难风险前进。

释例：以大畜作卦名，除了有蓄积、蓄养之意，还有一种是停止的含义。当公司的原市场已占有一定份额时，可继续研发新产品，开拓新市场。

1. 切勿急功近利

有厉，利已。

——公司开拓新市场前，应摸清该市场上竞争对手的基本情况，切莫急于进攻。

在市场营销中市场和顾客是出发点。但并不能因为作为这种出发点的市场和顾客发生着较大变化而受其影响，而必须正确地掌握现场、现实和现物的实际情况。为此，必须坚决克服那种单凭感觉和经验的自我本位主义、主观主义，要充分运用市场分析、消费者行为分析、竞争分析、顾客满意度调查、各种实验、试销等科学的分析技术，正确地把握市场和顾客的现状和发展趋势。

另外，公司之间，围绕所限定的买卖活动展开激烈的竞争，这不仅要求公司付出极大的努力，而且还必须积极探索合理的竞争机制，采取适当的竞争对应措施。

2. 培训的责任与机会

良马逐，利艰贞。曰闲舆卫，利有攸往。

——在给员工进行培训时，不要急于求成，要有完备的培训体系。

在摩托罗拉，培训既是责任也是个人发展的机会。公司承诺支持员工在技术和能力方面寻求发展，提供了多种类型的培训并鼓励员工积极参加。

每一个新员工都必须接受公司为他安排的为期两天的教育培训。培训课程包括：

摩托罗拉的发展历程、公司文化、员工教育及发展计划、公司和人力资源部的相关政策、公司的规章制度及奖惩条例和公司薪资与福利政策等。此外，由于业务发展变化很快，对员工具体工作的要求经常会发生改变，某些工作将因此而取消，公司将对这些员工进行重新培训以保证员工的就业、生产能力和工作绩效。公司每年为每个员工提供五天的在职培训。员工还可以选择公司准许的某种变通方式完成培训要求并通过学费报销计划来支付培训费用。

在职业培训之外，公司还非常重视为员工提供高级的技术、经营培训及多层次的学历教育。在美国，公司与菲尼克斯大学合作为员工提供在职MBA教育。在中国，公司除与清华大学合作为员工提供MBA外，还资助员工在南开大学在职攻读电子学硕士学位。公司还经常派员工到国外进行短期和长期的技术和经营交流。由于公司在培训方面的持续投入，员工在技术、知识和能力上不断提高，使摩托罗拉在同行竞争中一直保持领先地位。

3. 示人假象，暗中实干

童牛之牿，元吉。

——公司遇到极大困难时，经营者应痛定思痛，从根本上有所改变。

用"明修栈道"来吸引对手的注意力，诱使对手按照正常的商战原则来判断我方行动意图，而"暗渡陈仓"，从对方没有注意之处发起进攻，以奇制胜。

在日本钟表界，精工公司与卡西欧公司是两个著名的公司。精工公司以仿造瑞士表起家，经过改进，甚至超过了瑞士表。在欧洲、美洲等瑞士表的老根据地，把瑞士表给挤了出去。

在日本，精工的石英表更是独

领风骚，出尽风头。忠雄、俊雄、和雄、幸雄四兄弟在1957年成立卡西欧公司后，由于技术落后资金缺乏，结果在制作手表上输给了精工。痛定思痛，卡西欧公司表面上装作无所事事，并扬言准备转产，不再生产手表。而暗地里，卡西欧公司把力量放在更先进的技术研究上。公司拿出了巨额科研经费，投在以石英晶体为振荡子的显示技术新领域。经过反复地摸索、试验，终于开发出了精度更高、造价更低的石英电子表。结果，使卡西欧在逆境中崛起，扭亏为盈，无论是产品质量、先进程度和销售增长率都占同行首位。

精工公司原来以为卡西欧退出竞争，不再对自己构成威胁，便放松了警惕，卡西欧的突然反击，使它防不胜防，丢掉了许多销售市场，损失了许多利益，做了蚀本生意。

4. 捕捉一闪而过的灵感
何天之衢，亨。

——在日常生活中，及时地捕捉一闪而过的灵感，转化为谋取商业成功的门道，也是"顺手牵羊"的诀窍。

美国一对青年夫妇在用奶瓶给婴儿喂奶时，觉得市面上出售的奶瓶太大，八个月以下的婴儿都无法自己抱住奶瓶吃奶。女方的父亲恰好是一家玻璃工厂的烧焊产品的检查员，听到他们的抱怨，顺口说："最好在奶瓶两边焊上瓶柄，婴孩就能双手抓着吃奶了。"一句话启发了这对青年夫妇，他们设法将圆柱形的奶瓶改制成圆圈拉长后中间空心的奶瓶，投放市场销售。结果60天内卖出5万个奶瓶，开业的第一年就收入150万美元。他们顺手牵住的已经不是"羊"，而是财神了。

现代社会商业竞争异常激烈，为求自身的生存和发展，各自无不使尽浑身解数。似乎凡是人所能想到的竞争招数都已出齐，然而，仍有人灵机一动，新招数不断面世，如前面的那一对青年夫妇。

这些具有创造力的人无疑是聪

明的，但并非天才。他们所面对的启示别人也能遇到，只不过他能迸发敏感的火花而别人依旧茫然。皆因他们很敏感，联想丰富，很留心身边的一切事情，是个生活的有心人。

美国有位叫米儿曼的女士。她发现，她穿的长筒丝袜老是往下掉，如果是逛公司或是去公司上班，丝袜掉下来是多么尴尬的事，就算偷偷地拉也是不雅。又想，这种困扰，其他妇女也一定会遇到。于是她灵机一动。她开了一间袜子店，专门售卖不易滑落的袜子用品。袜子店不大，每位顾客平均可在1分半钟之内完成现金交易。米儿曼不仅成功了，目前分布在美、英、法三国的袜子店已多达120多家。米儿曼才三十几岁，已成为百万富婆。

有丝袜往下掉的遭遇的女士小姐何止千千万万，但"顺手牵羊"要开一间袜子店解决这小小的尴尬的人却寥寥无几。由此可见，生活中做个有心人，将会受益无穷。当然，要取得商业成功，除了靠敏锐的头脑，还得有足够的胆量。

蓄积力量谋天下

原文：《象》曰："十年勿用"，道大悖也。

释义：《象辞》说："在十年的漫长岁月里被遗弃而得不到养育"，是因为它与颐养的正道大相径庭，从根本上违背了养育他人和保养自己的原则和方法。

释例：公司经营的成功不是一朝一夕，切莫求急，唯有顺应市场规律，才能做出正确决策。

1. 还是从实际出发好

舍尔灵龟，观我朵颐，凶。

——不要对公司的前途有过高奢望，也不能盲目效仿其他公司的成功之路，要从实际出发。

曾经名噪一时的德国货运飞艇股份公司后来宣布失去支付能力。按照德国法律，失去支付能力的公司还可以有一段时间去寻找新资金。然而对货运飞艇公司来说，找到新投资者的可能性极为渺茫，因此公司离破产只有一步之遥了。

成立于1996年的货运飞艇公司是德国大名鼎鼎的明星公司。尽管该公司至今还未生产出一件原来计划的产品，可公司的知名度、媒体及大众对公司的关注度、德国各级政府对其给予的支持，却在德国所有的新公司中无一能比。

货运飞艇公司的主要产品是超级货运飞艇。1996年，该公司的创始人从19世纪末德国人发明的齐柏林飞艇上得到启发，想生产一种巨型飞艇。这种飞艇可将重达160吨的超大型设备从空中长距离跨洲运送到目的地，解决陆路与海路无法运输超大型设备的难题。为此，他募集了一笔资金，在德国维斯巴顿市成立了货运飞艇公司。1998年，该公司在德国东部的勃兰登堡州购买了一个废弃了的前苏联军用机场，开始建设厂房。当时设计中的巨型飞艇长320米，高82米，宽65米，计划第一艘飞艇的出厂日期是2001年。由于该项目能够创造500多个工作岗位，为了促进东部的经济发展，德国联邦政府及勃兰登堡州政府都给予大力支持，不仅将占地面积极大的废机场以异常优惠的价格卖给该公司，还给予巨额贷款担保。为对此项目表示支持，联邦总理、州总理都亲临公司视察，褒奖有加。

2. 领导力第一要件

颠颐，拂经于丘颐，征凶。

——领导者要常与员工接触，避免孤芳自赏。

对于当今中国的许多公司领导者来说，"以人为本"这个词并不陌生。它日趋频繁地出没于企业家和经理人的唇齿之间，并被镶嵌在各式各样的公司宣言中。满头银发的经营大师比尔·波拉德先生把这个词根植在自己的头脑中，而他的另一个头衔是世界最大的专业服务公司ServiceMaster董事局主席。在他的词典中，"以人为本"被表述为一种价值观和使命感，以及一系列具体的甚至是简单的工作行为。

让公司的年营业额达到70亿美元，让一个普通的保洁工从擦地板中体验到自豪和快乐，这是波拉德推崇并实践的领导力的神奇魔力，而后者更让他感受到一种成功的幸福。

亨利·福特曾经说过一句话，"对于这些员工，我只要他们的双手就可以了，我不需要整个人。"波拉德表示，亨利的观点在现实中是有代表性的。但他认为，这双手属于一个人和一个家庭，他有自己的信念和个性，这些都会影响他作为一个人跟一个组织之间是否产生冲突，而且会不断地影响他的工作成效。

他指出，作为一个公司的领导层，应该把员工作为一个整体的人、活生生的人来理解，而不是单纯把他们看作一台机器。他的职责是保证公司取得收入和利润增长的同时，还要关注人的成长，让员工能在平凡的工作中获得尊重和自豪感，并且帮助他们实现真正地发展。

25年之前的波拉德就是怀着这样的心愿加入Service Master的，数十年的亲身体验让他感受到，公司的管理与经营、存在与发展等一切都要归结到人这个因素上。

他指出，所谓领导力，除了管理经营以外，还包括人的因素。每一个人都有他自己的尊严和价值，也有不同的技能和才华。管理只是组织一批人来完成一项任务，但领导力会激励这些员工，让他们在合适的岗位上主动充分发挥自己的技能和才华，在对其他人做出贡献的同时完成共同的目标。

管理通常会问"什么应该做""应该如何做"，而领导力则关注这样一些问题："哪些人真正适合做这件事""为什么他们要做这些事情"。他强调，领导力第一个要件就是有准备为他人服务的精神。因此Serviee Master选择经理人的重要标准之一，就是必须要有一颗公仆心，基于共同价值观的领导力比管理和经营更加重要，而决定领导风格的往往不是个性，而是他们的内心。

3. 独树一帜，追求进步

颠颐，吉。虎视眈眈，其欲逐逐，无咎。

——公司的经营者和员工都要不断进取。

凯蒙斯·威尔逊，1913年出生在美国，于1951年首次创建"假日客栈"，成立了美国假日客栈有限公司。由于遵循"处处想顾客，事事求创新，时时求进步"的竞争原则，威尔逊的"假日客栈"旅馆网很快遍布美国50个州、世界近50个国家，经营的旅馆高达1700多家、客房30万间，房间利用率也常常达到、甚至超过100%。因此威尔逊被当之无愧地称为"假日客栈之父"。

1951年的一天，38岁的建筑商威尔逊带着母亲、妻子和五个孩子，驾驶着汽车，兴高采烈地到华盛顿游玩，打算在那里度过一个幸福、快乐的周末。但是，用品又黑又脏的旅馆房间陈设简陋，甚至有霉臭味……应该竭尽全力为顾客着想！生意人和游客乘坐火车外出的越来越少，而大多喜欢乘汽车四处游逛。今天汽车已经日益成为主要代步工具，应该为那些喜欢沿着公路观赏风景、消磨时光的旅客提供舒适的食宿和周到的服务。于是，威尔逊想到发行股票的妙计创办起了"假日客栈"。

威尔逊所创办经营的"假日客栈"，本着处处想着顾客的原则，旅馆中不设"经理"，而设"客栈经营人"。由于客人有困难时，大多数不愿意烦劳经理，而客栈经营人却显得自由得多，可以亲切热情地同客人打成一片，实实在在地为客人提供方便周到的服务。旅馆中决不能出现"没有房间"这个标志。因为这不仅意味着不亲切，还意味着不要人家来。人家只要肯来，"假日客栈"就一定要请他进来；即使真的没有房间，也一定要帮助他们另外安排一个好住处。"假日客栈"的房间利用率常常会超过100%，是由于有很多生意人常乘飞机来"假日客栈"聚会，一开完会即搭飞机离去。因此"假日客栈"便可以将同一房间白天租给聚会的人小憩，晚间租给过夜的旅客。

"假日客栈"的一大特点是独树一帜，勇于开拓努力创新。在那个时候，美国的旅馆业情况都不太好，很多都是冷冷清清的。威尔逊将房间设计得光线明亮，空气流通，色调柔和，让旅客充满亲切感。他还在房间里装上空调，放上电视机。这样，游客在饱览沿途风光后，晚上还能享受到有趣的节目，而不至于感到寂寞。他还为孩子们增加了不少服务项目，甚至还为旅客设计了小狗居住的免费狗舍……这些措施，在当时来说，都是新奇的。

那时，美国旅馆业的服务项目是比较少的，难能可贵的是"假日客栈"不仅增设了很多旅馆业的服务项目，还新创设了一些与旅馆业相关项目：设有直接面向市场的专门生产餐馆和厨房设备的工厂，各地的"假日客栈"办有印刷厂，虽然开始仅印刷各地"假日客栈"的菜单、客房指南、信纸、明信片等，但后来很快扩充为"假日客栈印刷公司"，是美国大印刷公司之一；添设有食品加工和家具业务；开办商店，销售的商品从日用品到彩色电视机等百货用品，可谓品种齐全、服务周到。

威尔逊"假日客栈"的另一大特点是不满现状，"时时求进步"。

4. 围绕中心求变革

拂经，居贞吉。不可涉大川。

——经营者善于变革，具有恒心，这样对其自身、公司和员工三方都有利。

许多公司都将"以顾客为中心"作为唯一目标，但最终却难以实现。真正的解决方法是：将"以顾客为中心"的追求与其他目标相结合。

为了争夺市场与客户，很多公司都响亮地提出"以顾客为中心"

的口号，但真实情况往往是公司上层心急如焚，言必称"顾客为上帝"，而中下层员工对顾客需求反应缓慢，甚至怠慢顾客。所以，靠零零星星的改进不能扭转这种颓势，惟有系统地推进"对顾客服务、流程经营和员工参与"三项变革，才能使公司真正发生大逆转。

中国的行政总裁不妨对照思考：自己公司的流程和组织团队有否围绕"以顾客为中心"构建？

每一个独立部门都要努力优化自己的内部效率。目标、目的、考核和职位发展都是在窄小的职能领域内变化的。职能经理及其下属都要集中精力做好自己的工作，或做好自己负责的那块领域，如生产、发货或技术支持。实行职能经营的公司通常会导致服务或质量水平下降、周转时间增加、成本上升。各部门间常常争夺公司资源；部门间会产生经营上的断层，从而破坏跨职能部门的工作流程；某一部门工作改进或变化的时候，往往使另一部门的效率受损；而且在处理顾客关系时缺乏远见，难以满足各方的需求。

一名丰田高级管理人员在强调跨部门管理的重要性时说："仅仅管理你自己部门内的事务还不够。部门经理最重要的职责之一，是改进自己部门与其他部门之间的协调。如果你无法胜任此项工作，那么请去美国公司高就吧。"

经营的需求、目标和前景是所有活动的出发点。经理人是脑，员工是手。管理层掌握宏观的业务远景与策略、经营业绩数据、解决问题和决策的权力。管理层安排做什么下属员工就做什么。

世界在瞬息万变，经理人不再有充分的时间对变化进行预测，仅仅依靠经理不能推动公司变得更好、更快、更新。公司不应固守这种古老的"控制指挥"方法，将控制管理当成万事万物的中心。当零散改进难奏效，意识到需要尽快转向之后，许多公司实施各种改进项目与计划，包括员工参与、授权、培训、激励项目及组织架构改革的目的都是将日常问题的解决、决策、顾客满意度、效率改进的责任和权限等转移到组织的最前线。

5. 培养中层管理者

由颐，厉吉，利涉大川。

——公司领导未必都是精明强干的人，被领导者更不都是平庸的人，管理者要善于使用人才。

成功和有效的员工培训和培养计划，不仅提高了公司员工素质，而且满足了员工自我实现的需要，从而增加了公司凝聚力。不论是多么优秀的员工，公司都负有进行培训和培养的任务。培训和培养不仅仅局限在新员工的岗前培训，主要的重点应当是公司员工的岗位再培训。这不仅能提高员工完成本职工作的技能和知识，通过对员工其他技能的培训，是对员工潜能的进一步发掘。

麦当劳公司在法国的成功，同样也是他们人事制度的成功，它们不仅仅为麦当劳公司带来了巨大的经济效益，带来了公司规模的飞速发展，更重要的是，它们为全世界的公司创造了一种新的模式，甚至是从一个普通的毕业生到独当一面的经理，从这个层面上来看，他们的确为全社会培养了一批批真正的经营者，就商场如战场而言，他们为商战培养了一批批"将军"。麦当劳公司较好地完成了这一点，从而取得了巨大的经济效益，这无疑值得国内公司借鉴。

麦当劳餐馆1979年打入法国，在斯特拉斯堡开设了第一家餐馆。短短的12年之后，它就扩大成遍及30多个城市的由100多家餐馆组成的庞大体系。如此的发展速度和规模，必然需要一个相当成熟的中级管理阶层。在麦当劳，这个阶层主要是由年轻人组成的。

创新是长盛不衰的常规

原文：《象》曰："过涉之凶"，不可咎也。

释义：《象辞》说："涉过深之水会发生凶险"，但如果能及时补救，还是可以化险为夷，最终不会有祸患。

释例：过是经过、度过的意思。经营者要勇于创新，以求出奇制胜。

1. 共同追求"一体利益"

枯杨生稊，老夫得其女妻，无不利。

——管理层内部或员工应注意互相协调、弥补，这有助于事业的进步。

美国早期的公司管理，是以明显的劳资对立为特征的。20世纪初泰罗的"管理革命"促使管理者阶层迅速发展，介入了两大对立阶级之间。

泰罗认为：经营上高度的职能分离，是提高公司效率的"普遍原则"，是推动工业革命的强大引擎。当今美国的管理学者认为，泰罗的"让工人作简单明确的工作，经营者从事计划、组织、指挥"的经营思想对美国公司建立标准化大生产方式做出了杰出的贡献。然而今天这种思想的作用已经枯竭，它甚至成了阻碍公司进一步发展的障碍。

《美国的再开拓》的作者罗伯特·瑞契指出，建立在三权分立基础上的管理原则的活力，现在已经泯灭。这种分离思想的弊病在于：三种力量互相对立，互相制约，引起了劳工不满、经营不彰，它以"劳工不需要思考"、"不需要创造"为假想前提，因此压抑了本来应该努力发掘的劳动者的才华；它使劳动者与公司关系疏远，不愿意为公司牺牲自己的利益，不能为长远利益牺牲眼前利益。这种指导思想使公司内三种力量互相抵消了。

当前，美国公司内这三种力量的实际状况是：第一，劳动者的素质比以往大大提高了；第二，劳动方式在相当多的公司里变成以脑力劳动为主；第三，三者相互关系格局发生了显著变化。现在不仅资本可以控制工人，工人也能够控制资本；资本家不很容易找到工人，工人却比较容易选择资本家。美国职工目前拥有的退休金占全国净资本的一半以上。因此以互相分离制约为方针的管理思想已不利于公司生产要素的"整合"，必须代之以三者合作，共同追求"一体利益"的管理思想。

2. 找到最有潜力的人

枯杨生华，老妇得其士夫，无咎无誉。

——公司的人力资源对公司成长起关键作用。

人才在信息社会中的价值，远远超过在工业社会中的价值。原因很简单，在工业社会中，一个最有效率的工人，或许比一般工人能多生产20%或30%。但是，在信息社会中，一个最好的软件研发人员，能够比一个一般人员多做出500%甚至1000%的工作。例如，世界上最小的Basic语言是由比尔·盖茨一个人写出来的。而为微软带来巨额利润的Windows，也只是由一个研究小组编制出来的。既然人才如此重要，微软研究院是如何去发掘人才的呢？

找出有杰出成果的领导者。这些领导者，有些是著名的专家，但有时候最有能力的人不一定是最有名的人。许多计算机界的杰出成果，经常是由一批幕后英雄研究创造的。无论是台前的专家教授，还是幕后的研究英雄，只要他们申请工作，微软都会花很多的时间去理解他们的工作并游说他们考虑到微软研究院工作。

找出最有潜力的人。在中国，科学信息技术起步较晚，所以，现阶段杰出的成果和世界通讯的领导者比起美国要少得多。基于中国年轻人（如应届硕士或博士生）的聪明才智、基础和创造力，微软专门成立了中国研究院，在中国寻找专家，寻找潜力。

微软在选拔人才时，采取比较特殊的面试方式。每一次面试通常都会有多位微软的员工参加。每一位员工都要先分配好任务，有的会出智力方面的问题，有的会测试创造力及独立思想的能力，有的会考察与人相处的能力及团队精神，面试时，所有的问题都是特别有创意的。

比如，测试独立思考能力时，会提出这一类的问题：

为什么下水道的盖子是圆的？

请估计北京共有多少加油站？

这些问题不一定有正确的答案，但是由此可以测出一个人思维和独立思想的方式。每一位员工面试之后都会把他的意见、决定（必须雇用、应雇用、可雇用、弱雇用或不雇用）、已彻底探讨的方向及建议下面员工可探讨的方向，用电子邮件通知所有下面的员工。最后，在所有的面试结束以后，集体做总结，挑选新员工。通常是在获得全体同意之后才雇用一个人。但就算是全体同意，公司仍会询问申请者的老师、同学或其他可能认识申请者的人的意见。若一切都是很正面的，才会雇用这位申请者。微软正是通过这样的严格组织、谨慎态度和深入面试来表达对人才的重视。

3."钻空子"的战略

藉用白茅，无咎。

——经营者以占领市场为目标，但不要陷进无序的市场竞争之井。

日本公司不论在哪一个市场，都以获得占有率为终极目标。然而，在欧美公司所占领的很多世界市场上，日本产品在技术和销售方面都跟不上竞争对手。他们如果采用正面"强攻"的办法，就难以取胜。所以，日本公司经营者往往采取扬长避短、避实就虚策略，根据"自己发现的市场需求，满足需求"这一现代市场营销学的原则，通过选择没有竞争对手或者对手势力较弱的区域；瞄准那些对手没有发现的市场，寻找机会。

在东南亚、拉美、远东等地，他们采取的是乘虚而入的方式占领市场。在亚洲各国，日本的家电产品几乎没有遇到欧美厂家的挑战，松下、东芝、索尼、日立、三洋等商标迅速在亚洲妇孺皆知；在拉美、巴西，日本有5家牌号的彩色电视机进入了当地市场，夺得了统治权。虽然美国人也参与了巴西市场的竞争，但无法力挽狂澜，使美洲成为"日本美洲"。

日本人对市场的开发，主要针对竞争对手没有发现的领域而探索和开发，出奇制胜。比如像小型汽车、摩托车、电视机、收录机、复印机等。日本本田、理光、佳能等公司成功地占领了美国市场。即使如此，也没有引起美国人足够的警惕，他们把日本人的很多商品看作是"一种玩具"。美国哈利·戴维森公司董事长哈利·戴维森面对进入美国市场的日本人的轻型摩托车进行过如此一番评论，他说："摩托车只用于消遣、娱乐。它不会被当成交通工具。以前我们生产过这种类似于玩具的东西，但因市场不好，很快就停止生产了。所以我们对这种'玩具'前途看得非常清楚。"

美国佬这一回大大失算了！日本人在这一被"交通"遗忘的角落苦心追求，终于取得了巨大的成功。

这是一种"钻空子"的战略。日本商人十分善于发现别人"家里"的"缝隙"，从而插上一脚，乘巨人沉醉之机入室偷香窃玉。在过去的40年时间里，日本公司就是凭借着这种战略原则，在世界市场上占据了一席之地。

充分发挥过人的胆识

原文：《象》曰：水洊至，习坎；君子以常德行，习教事。

释义：《象辞》说：《坎卦》的卦象是坎（水）下坎（水）上，为水流之表象。流水相继而至、潮涌而来，必须充满前方无数极深的陷坑才能继续向前，所以象征重重的艰险困难；君子因此应当坚持不懈地努力，反复不间断地推进教育事业。

释例：只有经得起重重考验的公司，才能取得更辉煌的业绩。

1. 签订合同的最佳火候

习坎，入于坎窞，凶。

——经营者决策前切不要轻举

妄动，而应慎思斟酌。

有很多理由证明早签订合同比晚签订合同好。如果大家在合同主要条款方面已经基本上达成了一致，在对方改变主意之前把合同签订下来是比较可行的，这将是一份能够得到充分履行的合同。但是，有经验的经理会怀疑对方是在催促他草率地签订合同。对方越是着急要他签订合同，就越是在提醒他应该再对合同仔细审查一遍；对方越是要他快点签字，他就越是觉得要慢慢地来。

当然，如果对方是一个经验丰富的商人的话，他就不会明显地流露出希望你快点签字的意思来。他不会对你说："请你在下个星期以前签订这份合同。"他的"葫芦"里有的是要你尽快签订合同的花招。

一个比较普通的办法就是等待，一直等到快到年底时再给他寄去合同草案。出于法律上的考虑，有些人会赶在12月31日之前签订这份合同。出于税收或者完成销售配额的考虑，他们可能希望在本财政年度内收到你的汇款。但是，如果你基于上述原因而甘愿签订对你不太合算的合同，那么，这就不值了。

事实上，许多公司就经常用这种方法来催促别人尽快与他们签订合同，对此，应该采取非常讲究但又极其简单的防守办法。你可以告诉对方，他们应该给你足够的时间，以便你能够认真地对合同进行审查，你至少需要几个星期的时间，大约到下一年年初，你会给他们一个答复。而且，你还要告诉他们，一旦你经过审查，认为合同规定得很全面翔实，你会很乐意签字的。然后，你可以提出要求，请他们在本财政年度内提前有担保地支付部分款项。

你甚至需要写信表明你希望签订合同的诚意，以确保即使你没有按时签字，那笔钱也能够汇过来。这是一种非常好的双赢策略，对方也没有承担什么风险，你也可以很快得到付款。但是，最重要的是，对于那些不是非常合算的合同，你是绝对不应该签字的。

2. 避免正面冲突

樽酒簋贰，用缶，纳约自牖，终无咎。

——公司冲出困境需主客观两方因素，当客观条件不具备时，经营者不可求速，要慢慢探寻脱险的方法。

一个公司总有起步的时候，作为弱者，要想生存、发展乃至夺取市场的领导地位，关键是选择好战略。诚然，弱者可以向强者发动正面的、直接的挑战，如果能够成功，收获的果实也多，但风险太大，一般没有胜算的把握。这时，最有效的方法是实施柔道战略，即先保存好自己，然后去战胜对手；避免与对手发生正面冲突；以弱者姿态出现；攻其不备，乘虚而入。最后一条"攻其不备，乘虚而入"道出了柔道战略的真谛。

世上没有十全十美的事物，任何强者乃至市场领导者都会有或这或那的缺点。一般说来，强者的缺点正在于它是强者，它通常要拿出巨额费用用于开发新产品和新市场、扩张分销渠道、培育市场，后继者花费较小的代价就可学习其经验，模仿或改善其产品和营销方案；市场领导者往往由于"触角伸得太长"，分散资源，侧翼空虚；市场领导者易犯"大公司病"，缺乏活力，经营守旧，效率下降，成本增加；市场领导者还容易志得意满，丧失警惕，麻痹大意，等等。经营专家彼德·德鲁克在《创新与企业家精神》一书中，针对美国公司一而再、再而三地败在日本公司手下这一残酷事实，总结出美国公司存在的五种极普遍的坏习惯，日本公司正是利用这些坏习惯，乘虚而入的。

3. 改变决策，体现明智

坎不盈，祗既平，无咎。

——经营者由于自身决策失误而导致公司经营进入困境，要努力反省，寻找出路。

坚持自己的决策也要把握一定

的前提——当自己的决策明显偏颇的时候，就不能坚持错误，而是应该果断地寻求改变的策略。许多经营者都觉得改变主意是一种无能的表现，而实际上则恰恰相反，及时改变的错误主意是明智的举动，这非但不会遭人耻笑还能赢得人们的尊重。当然，如何圆满地改变自己的决策，其中也大有"艺术"可言。

（1）选择一定的时机。如果情况发生变化，那你在一分钟内改变想法也无可厚非。不过在改变决策以前，最好还是选个最佳时机。一般来说，做出决策与改变决策之间的时间越长，这种变化就越容易被人们所接受。因为，时间会使环境发生变化，环境又能让人发生变化，而且时间久了，人们也就渐渐淡忘了你以前所持的态度。

（2）列出充足的理由。明确地罗列出你之所以改变决策的理由，别人就不会认为你朝令夕改。理由越多，大家就越相信这不是个草率的决策。这个道理再明显不过了，可是许多经营人员只凭直觉妄下断言。当手下问起为什么改变想法的时候，得到的只是诸如："因为我想这么做！"或"我愿意！"那样硬邦邦的回答。从这些回答里，人们只能看到一个飞扬跋扈的老板的形象。

（3）不妨试着作一次武断的决定。假如你既没有拖延时间的借口，又找不出足够的理由，在这样的情况下，不妨试着作一次武断的决定。显然，这样的决策一旦宣布，肯定会招来一片质疑，可对你来说理由总归是有的。

4.以拿来主义替代冒险

系用徽纆，置于丛棘，三岁不得，凶。

——当公司经营好转时，经营者务必小心谨慎，戒骄戒躁，防止过分冒险。

冒险虽能带来乐趣，但却不是商人的目的。众所周知，电脑行业是一个高风险的行业。在微软公司的"三不哲学"里面，第一条就是

"不要冒险"。微软公司一旦发现其他公司软件功能比自己的优越，便采用拿来主义，运用在自己的软件中，而不冒险去做。

虽然这会引起司法诉讼，但是，精明的比尔·盖茨知道，所有的司法诉讼都需要一个漫长的过程。而且，微软公司有的是金钱，大可请最好的律师为自己辩护。与冒险开发新产品相比，诉讼的费用要少得多，例如：苹果公司与微软公司的司法纠纷，在经过长达十年的诉讼以后，所有的参与人员都感到疲惫不堪，最后大家只好和解了事。

国际性大公司也只能有如此的结局，一些规模小的新兴公司，就只能采取其他方法来保护自己了。网景公司的遭遇，就是微软公司在互联网络大战中实施拿来主义的一个例证。

作为互联网络领域里的一个新成员，为了赶上对手，微软买下了曾是网景公司竞争对手的一家公司的产品，将其加入到自己的产品生产线中，并且不惜在功能上模仿网景的产品。

如今的微软公司开发人员也充分把握了"三不哲学"的精髓。知道如何从竞争对手那里得到设计思想和理念，巧妙地否认自己的产品与对手的有相同或相似之处。

虽然人们对微软公司在软件开发上所具有的绝对优势表示怀疑。但是，微软公司的 Windows 系统却能够获得几乎百分之百的市场上的成功。这是微软公司的营销策略与产品策略的优势，因此，他让大家相信，微软才是最好的。

因为微软公司有庞大的用户群，即比尔·盖茨用不着担心自己的产品是否会被人接受，他可随心所欲地加入和其他公司不兼容的功能和标准，用其手中的用户群来迫使其他公司就范，从而迫使对方不得不跟随他的标准。

一流决策与人心等高

原文：《象》曰："履错之敬"，以

辟咎也。

释义：《象辞》说："在开始行事时，由于急于求成而出现错乱，后来能恭敬慎重且未轻举妄动"，主要是为了避免灾祸的发生。

释例：离卦的卦德是附，依附于其他物体，如灯火依附于芯捻子；灶火依附于柴草。从词义上看起来是矛盾的。为什么是矛盾的？离是离开、分离，而依附呢？是靠近、亲近，这不就是矛盾吗？古人就是利用这种矛盾显示易象、易理。所以离的卦德除了依附，还有"附丽"。所以处世经商要善于把握人际关系。

1. 决策的两个内容

履错然，敬之，无咎。

——在公司打入新市场之初，经营者要慎重、全面地做公司规划决策。

何谓决策呢？这里面有两个内容：

（1）用人。公司如何用人，如何用好人，关系重大。多形式地引进人才，多形式地运用现有人才，多形式地全方位培养人才，多形式地锻炼人才，对于管理者来说，是职责中的第一需要。

（2）产品开发。包括产品的修改、完善及系列化，包括相通产品的开发，包括全新产品的开发，这种开发对于领导的胆识、气魄和素质，是一种硬碰硬的考验。

2. 决策的两个依据

突如其来如，焚如，死如，弃如。

——公司的制度、决策规划要随时代变迁而更新。

今日杜邦，是世界上最大的化学公司。可是，谁能想到，杜邦也曾龙困浅滩。20世纪初，杜邦公司濒临危机，无人敢接重任，杜邦家族拟将公司出卖给别人。这时候，三位堂兄弟出来力挽家危，廉价买下了杜邦公司。

这三位堂兄弟具有经营大公司的丰富知识，而且又有在铁路、钢铁、电气和机械行业中采用先进经营方式的实践经验。他们与泰罗私交也不错。上任伊始，他们就果断地抛弃了"亨利将军"的那种单枪匹马式的经营方法，精心推出一个集团式经营的新经营体制。杜邦公司是美国第一家实行集团式经营的公司。

集团式经营设立"执行委员会"，这一组织隶属于最高决策机构董事会，作为公司的最高管理机构。董事会闭会期间，公司大部分权力都由执行委员会行使，董事长兼任执行委员会主席。1918年，执行委员会的规模是10个委员、6个部门主管、94个助理。这些高级管理者年龄大多在40岁上下，正是精力旺盛的时候。

杜邦公司抛弃美国当时流行的体制，创造出预测、长期规划、预算编制和资源分配等新管理方式。在实行管理职能科学分工的基础上，设立制造、销售、采购、基本建设投资和运输等职能部门。居于这些职能部门之上的，是一个高度集中的总办事处，它掌握着销售、采购、制造、人事等工作。

执委会实行一周一次会议制。负责听取情况汇报，审阅业务报告，审查投资和利润，讨论公司政策，并商讨各部门提出的建议。采用投票、多数赞成的方法对各种问题进行表决，权力高度集中在执委会手中。各单位申请投资，一定要经过有关部门专家审核，超过一定数额的投资，部门主管没有批准权。

执委会的预测和决策，一方面依据发展部提供的充足数据，另一方面依据各部门的详尽报告。各生产部门和职能部门必须按月、按年向执委会汇报工作。月度报告汇报产品的销售情况、收益、投资以及发展趋势；年度报告汇报五年、十年计划，以及投资、研究和发展方案。

在集团经营管理体制下，由于权力高度集中，能够实现统一指挥、垂直领导和专业分工。因此公司秩序井然，职责清楚，效率显著提高。20世纪初，杜邦公司生产的五种炸药占当时全国总产量的64%~74%，生产的无烟军用火药则完全占领了市场。第一次世界大战中，协约国军队有40%的火药来自杜邦公司。1918年杜邦公司的资产增加到3亿美元。到今天,杜邦成为化学工业的巨型航空母舰。

3.千钧一发时的决断力

王用出征,有嘉折首。获匪其丑,无咎。

——公司取得成就后,经营者要努力维持好局面,防止昙花一现。

不妨看看一家曾经一度摇摇欲坠的公司:英特尔。1985年,当时来自日本的强大竞争压力已经把英特尔的存储芯片挤到了出血大甩卖的境地,观察家们都认为这家公司已经山穷水尽,忙着给它写"讣告"。然而,英特尔没有像宝丽来这样等死,它一咬牙来了个壮士断腕——彻底退出存储芯片业务,从此专攻微处理器。

当时英特尔的创始人安迪·葛洛夫和戈登·摩尔曾经无数次地反躬自问:"假如董事会把我们一脚踢开,换一个CEO坐到这个位置上,你觉得他应该怎么办?"摩尔当年的回答就是放弃存储芯片。

这种千钧一发之际的洞察力与决断力就在那一刻灵光闪现。后来他们回首这段往事时说,当时的问题也就是一个形势需要你做什么的时候你敢不敢做的问题。

经管畅销书作者吉姆·柯林斯花了多年的时间来研究伟大的公司与平庸的公司之间到底有何区别。"其实有一个泾渭分明的标志,就像你拿石蕊试纸去辨别酸碱一样,你只要看当有一堆痛苦的事实摆在面前的时候,他们是选择怨天尤人,还是选择勇敢面对。"葛洛夫和摩尔在那样一个紧要关头迫使自己站在一个旁观者的角度冷静、诚恳地承认眼前残酷的事实,结果赢得了时机。

4.建立远景的能力

黄离,元吉。

——公司经营过程中,经营者时刻要居安思危,建立公司远景。

为公司确立方向,是公司领导人的首要职责。著名调查机构盖洛普(Gallup Organization)研究30年来对全球4万多名领导人和高层经理的调查结果发现,确立公司发展方向是领导人最主要的能力之一。

在中国，为公司明确大方向，多年来已经成为领导人的常规工作。由此，他们也引领出一批像联想、海尔、长虹那样的成功公司。在这些公司中，领头人自身的价值观取向，在建立公司中扮演了极其重要的角色：

美国 Fordham 大学商学院副院长、北大国际 MBA 项目美方主任杨壮教授说："张瑞敏、柳传志和倪润峰都有一套信仰和价值观，它们为公司文化奠定了基础，促进了公司战略的实施。"

然而，当今经济环境不确定性因素的增加，给方向确立带来了新的挑战。只为公司指出一个笼统、宽泛的大方向，给员工带来的仍将是一片迷茫。

全球领先的领导力开发机构智越咨询公司（Achieve Global）的一项最新调查表明，建立远景的能力"如果很糟糕，甚至不具备该能力，那么产生的后果就不仅仅是员工得不到激励，更严重的是他们会因为迷失方向或者怀疑目前的方向，而导致郁闷和焦虑。"关于公司远景，中国公司需要更多的认识。

与人沟通可确保胜局

原文：《象》曰：虽凶居吉，顺不害也。

释义：《象辞》说：虽然会发生凶险的事情，但是只要安居静处，便可以避灾远祸了。

释例：咸，本义是指全部、多、皆、全等义。"咸"在卦里不作"咸"，而是作"感"。咸字下面应该加一个心字。那这里为什么不直接用感字？为什么有"感"的意思，又把心去掉呢？这是作《易》者用心良苦，意思是，讲是有心，它又是无心；它有有心的一面，又有无心的一面。关键看你是用什么心去感应。所以还是不用心好，如果用心，那就局限了。无心的"咸"是自然感应，有心的"感"是人为的感应，这就是作《易》者这么一种微妙的用意，用字巧妙，说明《易》与天地准"。经营者要用领悟能力好的员工，不要用那些只会机械效仿的人。

1. 让客户喜欢自己

咸其股，执其随，往吝。

——搞销售开拓市场不可盲目，要从认识自己开始。

顾客们比较喜欢从他们喜欢的销售人员那里购买东西，这意味着作为营销人员的你可以通过认识自己来达到提高你与顾客沟通的技巧。米歇尔·尼科尔斯（Michelle Nichols）是一位营销顾问、培训师和演讲家，她所服务的公司总部设在休斯敦，她将自己的营销经验总结成文，以飨读者。

她在文中谈道："在我开始自己的推销生涯之初，我的一位顾客想购买一种供银行使用的设备，我确信，这种产品只有我这里才有，但问题是，他不喜欢我。当我预期他要忍受在一份大额货物销售订单上签上我的名字的这么一种痛苦时，我就忍不住偷偷发笑。但我笑得太早了，他找到了一个解决痛苦的办法——不买我的货品，另谋出路。

"这是我销售生涯中经历的第一次打击，然后，教训接踵而至。后来，我听说了这样一句至理名言：如果两个人都想完成一笔交易时，则任何的细节都不会让他们分道扬镳；但是，如果他们当中有人不想完成这笔交易时，则即使所有的细节都具备了，交易依然会泡汤。这句名言所要表达的最核心的一点是：对于销售人员来说，解决销售难点的最关键是要懂得如何让客户喜欢自己。"

正如上例，尼科尔斯说："如果当时我能意识到处理好处于敌对情绪的关系，就能让我得到这份订单的话，我就会躲在幕后指挥完成这笔交易，说不准还会接到这位客户的另一份的银行设备订单了。进一步说，如果当初我能被这位客户接受了，天知道，我将会获得多少额外的业务。事实上，即使只能拿到部分金额的订单也总比什么都没拿到要强。"

营销专家 Jack Nadel 曾说过："所有的生意都是要通过人来完成的。"尽管市场销售部门将所有的时间都花在广告宣传和时髦的电脑展示上,希望通过这些营销途径来招徕顾客。但到最后,大家都还是得面对面地谈生意。这就意味着如果你是销售人员,就必须让那些有价值的顾客喜欢和信任你们。

2. 实行"绩效付酬"

贞吉,悔亡;憧憧往来,朋从尔思。

——做事决策要有主见,领导者要把握公司的总体目标。

成功的领导者必须在公司内部建立起有效的激励体制,透明的赏罚制度,实行"绩效付酬",让优秀的员工得到更多的认可,使他们产生归属感。

一些中国公司为了调动公司领导人的积极性,对他们实行年薪制。他们所获得的报酬与普通员工的差距越来越大。这对公司领导人激励员工实现公司经营目标,发挥了重要的作用。

但是也要注意问题的另一方面,就是要避免由于公司高层的报酬,影响到领导人与员工的工作关系。

John Kotter 认为,发达国家公司高层管理人员的薪酬体系需要改革。这种体系在拉开高层管理人员与普通员工的薪酬差距的同时,也在他们的关系中树立了一条鸿沟。这十分不利于公司整体事业的发展。

由全球著名行政总裁组成的研究经营与市场问题及对策的权威机构 The Conference Board 有一份调查报告指出,高级管理层和决策委员会的接班问题被行政总裁视为一项主要的经营挑战,这反映出人才培养的重要性。

在成功的公司中,培养他人的能力,是判断行政总裁成熟度的重要标准。韩国三星电子公司的金正旭指出:"如果一个领导人害怕自己的属下比自己厉害,而把自己的属下给'淹死'的话,这样的领导下不会有能干的人才。因此,一个不遗余力培养人才的领导者,才会拥有很多人才。这样,成功的机会才会更多、更大。"